2017

湖北高校大学生思想政治教育发展报告

主　编　巨　英
副主编　谭绍江

WUHAN UNIVERSITY PRESS
武汉大学出版社

图书在版编目(CIP)数据

湖北高校大学生思想政治教育发展报告.2017/巨英主编.—武汉：武汉大学出版社,2019.12
ISBN 978-7-307-15540-4

Ⅰ.湖… Ⅱ.巨… Ⅲ.大学生—思想政治教育—研究报告—湖北—2017 Ⅳ.G641

中国版本图书馆 CIP 数据核字(2018)第 300270 号

责任编辑:胡国民　　责任校对:汪欣怡　　版式设计:韩闻锦

出版发行：**武汉大学出版社**　(430072　武昌　珞珈山)
(电子邮箱：cbs22@ whu.edu.cn　网址：www.wdp. com.cn)
印刷:武汉市江城印务有限公司
开本:720×1000　1/16　印张:15.75　字数:281 千字　插页:1
版次:2019 年 12 月第 1 版　2019 年 12 月第 1 次印刷
ISBN 978-7-307-15540-4　定价:48.00 元

前　言

《湖北高校大学生思想政治教育发展报告（2017）》是由湖北省人文社会科学重点研究基地——大学生思想政治教育评价中心编写的系列出版物。自中共中央办公厅、国务院办公厅于2015年印发《关于进一步加强和改进新形势下高校宣传思想工作的意见》以来，此报告力图展示湖北省高校思想政治教育工作在2017年度的新进展、新变化和新思路。在此基础上，对省内各高校的思政工作从总体上进行科学评价，呈现湖北高校思想政治教育工作的具体安排及开展落实情况，也分析了这些工作存在的问题，提出了建议和意见，以此建立一个不同层次高校之间以及同一层次高校之间的交流平台，为下一年的工作提供借鉴和支持。

较之前版报告，此报告具有两大特点：一是专注湖北省大学生思想政治教育发展实践，采取从总体到一般、从描述状况到科学评价的分析过程对2017年度湖北省大学生思想政治教育发展情况进行总结，分为专题研究、深度调查、科学评价、特别关注和大事记五个部分。这些内容的设计坚持“以问题为导向，将长期跟踪研究、专题特色研究和科学评价结合起来，重点从已有高校的新举措和新思路中挖掘应用对策”的研究思路。二是以评价中心2017年所建立的科学评价体系为依据，通过对湖北省内部分高校思想政治教育工作进行深入的实证调查，力图展示一年以来高校思想政治教育工作的全貌。本着“解决问题”的主旨，在肯定《关于进一步加强和改进新形势下高校宣传思想工作的意见》颁布之后湖北高校在思想政治教育工作方面所取得的成绩的同时，也看到了一些共性的问题，并对这些问题的解决提出了对策建议。

因本报告首次转向大规模的实证调查研究，加之时间仓促，所选取的几个专题可能在准确性、科学性和全面性上仍然有待加强和完善。因此，今后如何对湖北高校思想政治教育发展状况进行科学的评价，并在实践过程中进一步完善已有的科学评价体系，这将是本中心长期致力探索和研究的方向。希望本报告能够为所有希望了解湖北高校思想政治教育发展状况的相关单位、学者提供参考，我们也将以习近平新时代中国特色社会主义思想为指导，更加努力地完善日后的工作。

编写组

2018 年 1 月

目 录

专题研究：思政工程建设的新进展

深度调查：大学生政治认同的“新常态”

科学评价：思政工作的定量分析

特别关注：新形势下高校思政工作现状

大　事　记

专题研究：思政工程建设的新进展

校园文化建设

黄敦兵

湖北省各级党委、政府、高校坚持把大学生思想政治教育工作摆在首要位置，把它当做生命工程、未来工程来抓，将校园文化建设作为着力推进的六大工程之一。各高校将校园文化建设放在精神文明建设的高度，成立专班、组织专人开展校园文化建设，以培养大学生的良好习惯、文明素养和社会责任感。

目前，湖北各高校已形成党、政、工、团齐抓共管，民主党派积极参与的良好格局，并结合学校特点，提炼总结校园文化内蕴，打造校园文化品牌，学习宣传大学生先进典型，弘扬主旋律，凝聚正能量，开拓了培育和践行社会主义核心价值观的新途径和新思路。以下就几个新亮点，综括一下湖北高校在校园文化建设方面的新做法。

一、志愿者精神展现新气象

湖北省各高校基于增强大学文化的自省、自觉、自信、自强意识，积极开展健康向上、丰富多彩的校园文化活动。

首先，打造品牌成氛围。2006 年以来，湖北各高校打造了近 300 项体现时代特征和学校特色、深受学生喜爱的校园文化成果和品牌，共有 83 项已获教育部思想政治工作司表彰，武汉大学的珞珈文化系列、华中科技大学的“党旗领航工程”、华中师范大学的“一二九”诗赛、江汉大学的“延安精神”教育、武汉纺织大学的“美在纺大”系列活动等品牌效应明显。

近年来，校园文化建设亮点不断，打造大学生学雷锋志愿服务活动品牌，成为一道靓丽的风景。各高校对大学生社会实践和志愿服务活动进行统一部署和安排，推进学雷锋活动常态化、机制化，培育了一批五星志愿服务组织和五星志愿服务者，作为典型代表之一的志愿者服务组织——吴天祥小组展现了志愿者精神的新气象。有专家这样评价，志愿者已构成 1000 万武汉市民的“骨骼”，武汉正在成为一座“志愿者之城”。①

其次，培育正气树新风。全国优秀共产党员、优秀党务工作者吴天祥是武汉市精神文明的象征、湖北省思想政治宣传工作的杰出代表，他数十年如一日全心全意为人民服务的精神与行动感动了中国。从吴天祥，到1万多个“吴天祥小组”，再到如今数万个志愿者组织，现在湖北武汉常年从事志愿服务的市民已达百万人。在湖北省123所高校中，湖北经济学院、武汉理工大学、江汉大学、湖北财税职业学院、武汉大学、华中师范大学六所高校成立的吴天祥小组最为典型，除华中师范大学的小组是由该校教育学院管理外，其余五所高校小组均属于校级社团。湖北经济学院吴天祥小组成立时间最早，于1998年4月建设成立“武汉金专学吴天祥小组”，后来经过两次更名改为“湖北经济学院吴天祥小组”，目前结构健全，活动得力，获得了较高的评价。比如，2001—2004年连续四年被评为武汉市武昌区“先进吴天祥小组”，2004年被评为“湖北省优秀青年服务集体”，2007年被评为“湖北省优秀社团标兵”，2014年被评为“湖北省大学生百优社团”。

再次，凝聚能量促和谐。高校吴天祥小组作为校园自愿者先锋队，在组织和宣传校园、社区和社会公益活动上充分发挥了模范带头作用，在实践中不断提高各个小组的凝聚力，小组发挥学生社团的优势，为建设和谐校园、和谐社区、和谐社会作出了巨大的贡献，六所高校吴天祥小组已经发展成为富有高校特色的公益性社会组织。

二、道德模范引领时代新风

湖北各高校为建立健全实践育人工作制度，为大学生思想政治教育营造良好宣传舆论氛围，及时开展了大学生思想政治教育先进典型的宣传。各高校将培育和学习宣传大学生先进典型作为弘扬主旋律的重要抓手，注重切合当代学生的思想状况、内心关切、利益诉求，着力树立“看得见、摸得着”的道德标杆，使青年学生在先进典型的精神感召下成长，更多地加入到先进行列中来。

首先，湖北各高校深入实施先进典型培育工程。一是通过“身边人讲述身边事、身边事教育身边人”的形式，编辑出版《美丽的青春故事——湖北高校优秀大学生故事选萃》续集，免费发放高校，组织大学生学习。编写第二届“十佳辅导员、十佳班主任、十佳思政课教师”先进事迹读本，充分发

① 夏静，余坦坦. 一个吴天祥，影响一座城［N］. 光明日报，2014-12-01.

挥师生先进典型的模范带头作用。二是加强高校先进典型生成机制研究，对全省高校群英谱进行系统扫描，研究总结先进典型产生的制度基础、文化环境及工作方法，用真理和真情的力量催生道德力量，为高校群星效应靓丽名片不断增添新的色彩。

其次，在培育和宣传先进典型过程中，统筹管理，注重实效。一是突出先进典型的时代性、先进性，把党的意志和人民心声相结合，把宣传主张和受众需求相结合，从社会公认对象中选树先进典型。桂希恩，以一个医生的良知向艾滋病瘟神开战；黄桂英，大爱无疆坚守 17 年的承诺……一个个感人至深的故事，诠释着一座城市的良心。二是突出先进典型的思想性、针对性，在先进典型精神的提炼和升华上，抓住最能体现时代要求的闪光点，全面准确把握精神实质，强化当代大学生的社会责任意识和担当意识。近年来，仅武汉就先后涌现出 8 位全国道德模范、40 多位中国好人、5 位全国优秀志愿者、两个全国优秀志愿服务组织，形成了武汉“群星现象”，体现出“武汉人热情善良、重信守义、豪爽豁达、坚忍执着的精神特质”（原武汉市委书记阮成发语①）。三是突出先进典型的示范性、群众性，以青年学生的视角和欣赏习惯来表现典型人物，坚持贴近实际、贴近生活、贴近学生，唤起广大学生的共鸣，启人心扉。每推出一个大学生典型人物，都通过研讨会、座谈会、报告会、出版物、陈列室等方式和载体来传播先进典型的精神，形成了挖掘典型、树立典型、学习典型的接力棒传统。

最后，在坚守学术道德、维护学术尊严、抵制学术不端行为方面，湖北高校组织有方，举措有力。比如，教育厅组织举行了“做负责任的科学研究”“敢走善走，走一步是一步”等多场报告，组织策划了《立信、爱国、坚守——三位院士谈科学道德与学风建设》等系列报道，通过座谈引导青年学生热爱科学、追求真理，自觉抵制投机取巧不端行为。比如，按照“以德为先、师德楷模”的标准，遴选出 30 名在鄂科技界、教育界学术造诣深厚、品行德高望重的科学家、科技工作者，组成“湖北省科学道德和学风建设宣讲团”，到高校开展巡回宣讲，丰富宣讲活动资源。而荆楚网、湖北科协网、湖北省教育厅网、《湖北科协》等网站和刊物开辟了专栏，集中报道了有突出贡献专家的先进事迹。同时，湖北省教育厅向各单位发布了院士专家的主题报告影像资料及《科学道德与学风建设宣讲参考大纲》等文字资料，营造了良好的宣讲教育氛围，进一步加强了宣讲教育力度。

---

① 夏静，余坦坦. 一个吴天祥，影响一座城［N］. 光明日报，2014-12-01.

三、高端平台推进理论提升工程

时任湖北省委书记李鸿忠在第二十二次全省高校党的建设工作会议上指出，高等教育的“第一任务”是培养中国特色社会主义事业合格建设者和可靠接班人，“第一教育”是理想信念教育；“第一学科”是马克思主义理论和中国特色社会主义理论；“第一课程”是立德树人，培养正确的世界观、价值观、人生观。时任省委副书记张昌尔指出，要大力推进阵地建设工程，守好课堂主阵地，用好互联网新阵地，抓好校园文化阵地。① 当前，各高校全力推进意识形态建设工程，从基层基础抓起，发挥高校各级党组织、教职工党支部、学生党支部、先锋模范党员的表率作用，更加突出地把高校党建和思政工作者的关键作用立起来，在搭建高端理论提升平台方面推出了很多新做法。

第一，湖北省委实施“青年马克思主义者培养工程”，从 2014 年起每年遴选 50 名左右在校优秀大学生，截至 2017 年，已经开班四期，以理论培训和基层岗位锻炼相结合的方式进行培养。实施“高校马克思主义中青年理论家培育计划”，每年培育 20 名马克思主义中青年理论家，锻造一支能握紧“麦克风”、用好“麦克风”的马克思主义中坚力量。湖北“青马工程”的探索，建立了党政机关、共青团、高校三位一体的大学生骨干选拔培养合作的新格局。

第二，湖北省委高度重视青年学生理想信念教育，省委主要领导高度重视大学生理想信念教育工作，多次参加大学生骨干的主题党日和团日活动，以“答学生问”的形式，就“信仰”问题与大学生进行了平等对话、坦诚交流，引发了全省广大青年学生的热烈讨论。共青团湖北省委以“百生讲坛”活动为载体，深入推进“四进四信”活动，具体表现为：一是以项目竞赛为抓手示范引领，开展省、校、院三级“百生讲坛”项目竞赛；二是以团课巡讲为平台广泛覆盖，评比遴选省、校、院三级“百生讲坛”主讲人，开展学校、院系、团支部之间的团课巡回演讲；三是以网络展示为手段强化宣传，开设省级专题网站、校园网专题版块，并通过微博、微信、APP 等形式，广泛宣传“百生讲坛”；四是以成果转化为方式大力推广，积极与各类媒体和专业机构开展合作，录制电视节目、开发网络产品、出版学习文集，以加强内容供给。比如，2016 年 5 月，湖北省高校“百生讲坛”活动启动，面向全省高校基层

---

① 黄俊华，张进，邹汉青. 李鸿忠指出：高校党委书记要做懂教育的政治家［N］. 湖北日报，2014-04-22.

团支部评选活力团支部和省级优秀主讲人。湖北工业大学团委当即精心发动各级团组织面向全校团支部广泛开展“百生讲坛”活力团支部创建和优秀主讲人遴选，并策划开展了“理论学‘习’我来讲”主题团会、“百生讲坛”演讲比赛、时政分析大赛、“我的青春我的团”团支部活力秀等形式多样、内涵丰富的学习教育活动。这些活动，力争向原著学习、向团队学习、向实践学习，将“百生讲坛”的重要内涵与精神动力内化于心、外化于行。

第三，湖北省成立了湖北省网络文化建设与信息安全管理领导小组，进一步强化了网络文化的建设与信息管理工作。该小组立足“时机、道义、表达”“三个制高点”，积极推进构建网络思想政治教育体系，拓宽思想政治教育阵地，积极扩大“红色地带”、转化“灰色地带”，尽量消除“黑色地带”，不断拓展网络思想政治教育途径和手段。组织开展网上网下相结合的、丰富多彩的校园主题教育活动，实现网上网下互动，突出活动的思想性，增强活动的吸引力和感染力。

第四，各高校进一步加强文明校园建设，自 2011 年以来不断深入开展“两访两创”活动，建立舆论引导、矛盾调处、心理疏导、应急反应等长效机制，维护学生身心健康和校园和谐稳定，并在此基础上，湖北省高校进一步推进文明校园的建设。2016 年“两访两创”活动以“访三室转三风”（访教室、寝室、教研室或实验室，干部转作风、教师转师风、学生转学风）作为主题，突出“实现访谈‘全覆盖’”“巩固文明寝室创建成果”“推进文明校园创建”三项任务，巩固文明寝室创建成果，助力文明校园创建，展示校园风采和“两访两创”活动成果，把“两访两创”活动向广度和深度推进。

结　　语

湖北各高校现在已经形成一批校园文化建设品牌，道德模范形象、志愿者精神、理论提升平台等各个方面亦日益展现出新的亮点和特色。另外，各高校加强学校科学道德和校风学风建设，注重结合传统节庆日、重大事件和开学典礼、毕业典礼等开展主题教育活动，并立足学生学习生活实际，积极开展学生宿舍及生活园区文化活动。

这些活动的开展有一个共同点，即结合当前的理论热点与现实问题，将社会主义核心价值观融入校园文化的各个层面，将大学生思想政治教育工作贯穿到学生成长成才的全过程，取得了实效，获得了好评。

（黄敦兵，博士，湖北经济学院马克思主义副教授）

湖北省高校大学生党建工作对人才培养的贡献度研究

——以某高校大学生党建工作调查为例

李 燕

大学阶段是大学生“三观”形成的重要时期，也是其人生发展道路抉择的关键时期。高校作为社会主义大学，政治上必然担负着培养社会主义合格建设者和接班人的历史重任。近年来，各高校与时俱进，结合时代发展要求和学生自身特点，积极开展思想政治教育方式方法的改革和创新，在课堂教学、大学生活动、大学生党建、校园文化建设等方面，对大学生在思想政治上的健康发展和成长成才进行了积极探索。

教育既是一项综合工程，也是一项个体工程。在学生的思想教育活动中，我们调查发现，每种教育方式都能对大学生思想建设发挥一定程度的影响和作用。大学生党建作为思想政治教育的一项重要内容，是高校人才教育培养的重要构成部分，也是培养社会主义合格接班人的重要保证。邓小平同志指出：“中国的稳定，四个现代化的实现，要有正确路线来保证，要有真正坚持马克思列宁主义、毛泽东思想和党性强的人来接班才能保证。”① 因此，切实细致、深入负责地做好大学生党建工作，对于高校全面贯彻党的教育方针，坚持社会主义办学方向，深化教育体制改革，实施人才培养与发展战略，具有重要的意义和作用。

本文主要通过具体的数据分析，初步探讨和研究高校大学生党建工作的各方面教育状况对人才培养的贡献度，以便对高校大学生党建工作的教育方式方法和成效得失进行更好的分析和总结，为进一步提高高校党建工作的针对性和有效性，为国家社会培养出更多爱党爱国、政治立场坚定、专业素质优秀的党和国家事业合格的接班人，提供一种思路。2017 年 3 月，因各种因素的制约，本文仅对湖北部分高校的大学生党建状况进行了问卷抽样调查，共发放 700 份

---

① 邓小平文选（第 2 卷）[M]. 北京：人民出版社 1994：193.

问卷，收回有效问卷630份，有效率为90%。问卷针对目前高校党建的各方面状况进行了调研，在问卷基础上进行分析，希望能对指导和改进大学生党建工作提供些许价值和帮助。

一、高校的特殊性决定了大学生党建对人才培养具有重要战略意义

21世纪的世界是经济全球化、政治多极化、科学技术日新月异的时期。在和平与发展的时代主题下，如何加强特定历史时期下的高校大学生党建工作具有重要的现实意义和战略意义。

（一）大学人才聚集，人文荟萃，决定了大学将成为新时期党员发展的主源头和主阵地

高校是培养优秀人才的摇篮，是聚集知识群体的圣地，是当代青年张扬个性、成长成才的重要平台。高校的人才培养直接关系到中国特色社会主义建设事业的兴衰成败，关系到我国在激烈的国际竞争中能否屹立于世界民族之林。这不仅是一项关系高等教育发展的重要任务，更是一项关系我们党和国家发展命运和前途的战略任务。

大学是中国人才富聚之地，几乎囊括了中国最优秀的人才。他们影响甚至掌握决定着中国的前途与未来。因为当代大学生掌握着丰富的科学文化知识，富有创新精神和发展潜力，是国家人才资源的重要组成部分，更是先进生产力的代表者、先进文化的传播者、人民利益的维护者。随着时代的发展和教育的普及，国家各行各业的工作都将由接受过高等教育的人来承担。因而高校作为培养和选拔高素质人才的摇篮，必须发挥党建的龙头作用，为党和国家造就一批理想信念坚定、勇于承担民族振兴和国家富强历史任务、德智体全面发展的优秀人才。

大学聚集了中国最优秀的一批人才，大学生是未来社会主义建设的主要接班人，因而大学生必将成为新时期党员发展的主要源头，大学必将成为党发展自己的主阵地。截至2016年6月，我国高校仅在校大学生党员总数就逾211万人，占全国高校学生总数的7.7%，学生党支部7.96万个。① 大学生成为党新鲜血液的重要来源已是毋庸置疑的事实，而且大学生党员在很大程度上发挥

① 张烁．高校在校大学生党员211万人：党旗下青春正闪耀［EB/OL］．［2017-05-04］．http：//edu. people. com. cn/n1/2017/0504/c1053-29252756. html.

着先锋模范的作用。

问卷就身边的大学生党员整体形象做评价的调查，结果显示（具体见表1）：

表1　　大学生党员整体形象

		频率	百分比	有效百分比	累计百分比
有效	1	214	34.0	34.1	34.1
	2	188	29.8	30.0	64.1
	3	199	31.6	31.7	95.9
	4	26	4.1	4.1	100.0
	合计	627	99.5	100.0	
缺失	系统	3	0.5		
合计		630	100.0		

注：1、2、3、4表示问卷该选题的选项编号；由于四舍五入，允许统计误差在±0.1之间，后面表格也存类似情况。

34.1%的被访者选择“1、很好”，即在同学中很多地方起到了先锋模范带头的作用；30%的被访者选择“2、较好”，即比普通同学积极点，政治觉悟高一些。这两项占比64.1%。可见被访大学生对高校发展的学生党员认可度还是比较高，大多数学生认为大学生党员在各方面比普通同学要优秀，觉悟和积极性也较高。党组织只有充分吸纳这些学生中的优秀分子，并将他们培养好、教育好，才能使他们在学生时代和社会发展中，承担起先锋表率和模范带头作用，才能在社会主义现代化建设和中华民族伟大复兴的历史征程中，承担重任、合格接班。抓好大学生党建工作，不仅关乎到党的未来，还关乎到中国的未来，这是一项刻不容缓的历史任务。

（二）大学生的特点、大学的环境，决定了大学生党建工作在人才培养中具有关键性的意义和作用

大学生党建工作的客体是当代大学生，而大学生相对于其他行业的党建对象来说，又有着其自身的特殊性。首先，大学生刚刚从高中进入大学，实现了人生阶段的一大转变，而且这个阶段，也是大学生人生观世界观价值观形成的重要阶段。随着知识、阅历、心理及环境的变化，面对宽松自由的大学习环境、西方国家“西化”思潮的渗透、社会风气和新兴媒体等各种因素的冲击，

他们因社会阅历和知识底蕴等因素的制约，其“三观”很容易受到各种社会现象和社会思潮的影响，具有很强的波动性和可塑性。

问卷就“大学生党员决定入党前在思想上对党的认识”状况进行调查，结果如表2所示：

表2　**大学生党员决定入党前在思想上对党的认识**

		频率	百分比	有效百分比	累计百分比
有效	1	118	18.7	44.7	44.7
	2	129	20.5	48.9	93.6
	3	14	2.2	5.3	98.9
	4	2	0.3	0.8	99.6
	5	1	0.2	0.4	100.0
	合计	264	41.9	100.0	
缺失	系统	366	58.1		
合计		630	100.0		

注：1、2、3、4、5表示问卷该选题的选项编号。

调查结果显示：48.9%的党员学生选择的是条件“2”，即比较模糊，并不是非常清楚思想要达到一个怎样的思想境界；还有5.3%的党员学生选择条件“3”，即完全没认识；只有44.7%的学生党员选择条件“1”，表示在思想上很清晰，知道自己为什么入党，思想认识也能达到一定的境界。这个调查结果说明绝大部分的学生党员在决定入党之前，思想政治上认识是模糊不清的，需要培养并提高他们的思想政治意识。

其次，大学生毕竟是接受高等教育的知识分子群体，具有自我认知和辨别的能力。因而在思想和认知上有其特殊性，他们对任何教育都不会再像高中生或是社会其他群体那样毫不怀疑地接受，而是有自己的思考和辨别能力。因而在高校进行大学生党建工作，不能简单地宣传说教。如果没有能真正打动他们的内容和思想，没有真正对他们具有感染力和吸引说服力的东西，即便灌输再多，效果也不一定好。

最后，大学环境又是一个相对开放，甚至是给学生价值观树立带来冲击和挑战的环境。一方面，大学教育在给大学生树立正确科学的人生观、世界观、价值观，让他们树立坚定的信念、远大的理想，教他们真、善、美；而另一方面，大学作为一种半开放的环境，国际国内各种消极社会因素也弥漫在校园的上空。

特别是在国际上，西方敌对势力正加紧图谋对我国实施“西化”“分化”，青少年一代是他们争夺的重点目标，部分青年学生对一些深层次的基本理论问题也存在模糊认识。而且随着改革的不断深化，意识形态领域多种思想文化交融，在高校也日趋表现得激烈。这些消极的价值理念，时时刻刻冲击着大学生们所受到的正面教育。在矛盾和焦虑中他们也非常迷茫。因而高校必须抓住大学生以及大学这个特殊的发展阶段，充分发挥大学生党建工作的功能，引导学生树立正确的人生观、世界观和价值观，其所培养的人才才不会偏离既定的方向，才能满足社会发展的需要、满足党自身成长的需要。特别是在教育大众化的时代背景下，伴随着招生规模的扩大和在校学生人数的增多，为促进当代大学生尽快成长和成熟，高校需要站在人才培养的战略高度去关注当代大学生的党建工作。

（三）党的自身建设与发展，对高校大学生党建工作提出了更高的要求

中国共产党的性质是中国工人阶级的先锋队，同时也是中国人民和中华民族的先锋队，是建设中国特色社会主义事业的领导核心。中国共产党在新的历史时期，肩负着推进中国特色社会主义现代化建设、实现中华民族伟大复兴的历史重任，不仅需要全党同志付出艰辛的努力，更需要不断地为中国共产党补充新鲜血液，培养造就一大批面向 21 世纪的合格人才，使我们党能始终充满生机和永葆青春活力。高校大学生自然成为党在未来社会主义建设中的中坚力量来源。因为大学生具有精力充沛、思维敏捷、综合素质高、学习能力强、勇于开拓进取和勇于创新等优点。这些都是一个优秀的政党以及这个政党提高自身执政能力和水平所需要的。

尤其在 21 世纪这个知识经济、信息技术主导世界发展的时代，世界政治呈现多极化发展。不论是应对瞬息万变的经济科技发展，还是应对复杂多变的世界政治环境，当今不同于革命年代，做党的事业的接班人不能仅凭赤诚的爱国之心，还应该懂得现代知识、技术文化、思想政治等，将自己的命运同国家、民族的事业紧密相联。高等教育不仅要为国家输送优秀的建设人才，而且要培养一批坚定的马克思主义者、合格的共产党员、社会主义事业的可靠接班人。只有思想政治和专业素质都过硬，才是党的可靠的、合格的接班人。因此，当今大学在给社会国家输出人才的时候，还应该发展其中思想素质过硬的人才，以使其成长为党的接班人。而这一工作是否能做好，关键看大学党建工作的成效如何。大学党建工作成效如何，关乎着党未来的命运和前途。

总之，大学生党建工作是高校育人工作的重要组成部分，是一项与时俱进、不断创新的系统工程，必须从入学到毕业进行全程化系统教育，从机制的

建立上入手，积极主动适应新形势的要求。要结合高校及大学生的特点，有计划、有针对性地做好大学生党建工作，为高校的改革、发展与稳定提供坚强有力的政治、思想和组织保证，为党的事业培养更多更优秀的建设者与接班人。

二、目前大学生党建工作在人才培养中的贡献度有待改善

（一）认真处理好思想政治教育的内容、形式、效果之间的辩证关系，才能发挥出改造大学生思想的最大功效

实现思想政治教育有效和高效，是高校政治教育工作者孜孜以求的现实问题，也是专家、学者苦苦探求的理论课题。目前不容回避的实际情况是，高校的思想政治教育在很多领域陷入了低效甚至无效的困境，迫切需要高校思政教育工作者探寻思想政治教育低效的原因，找到增强思想政治教育实效性的途径和规律。我们认为，思想政治教育出现这样的困境的原因之一，是理论上没有认清、实践中没有能很好地处理思想政治教育过程中形式、内容与效果三者的辩证关系。

问卷就“一名优秀的大学生党员应该具备哪些素质以及你更看重哪一点”进行问卷调查，结果如表 3 所示：

表 3　　学生最看重的大学生党员应具备的素质

		频率	百分比	有效百分比	累计百分比
有效	1	61	9.7	22.0	22.0
	2	64	10.2	23.1	48.1
	3	16	2.5	5.8	50.9
	4	60	9.5	21.7	72.6
	5	21	3.3	7.6	80.2
	6	5	0.8	1.8	82.0
	7	7	1.1	2.5	84.5
	8	43	6.8	15.5	100.0
	合计	277	44.0	100.0	
缺失	系统	353	56.0		
合计		630	100.0		

注：1、2、3、4、5、6、7、8 表示问卷该选题的选项编号；由于四舍五入，统计误差在±0.1 之间，后面表格亦存在类似情况。

被访者最看重的素质是条件“2”，即“高尚的思想道德素质”，占比23%；最不看重的素质是条件“6”，即“学习成绩优秀”，占比仅1.8%。其他条件也涉及有关党员的思想道德素质的问题。从调查结果可以看出大学生倾向认为优秀的人才最重要具有的素质应该是思想道德素质。当就“大学生党员你认为最应该考察的最主要三个指标”进行问卷调查时，则呈现如表4、表5所示特点：

表4 **考察大学生党员的主要指标2**

		频率	百分比	有效百分比	累计百分比
有效	0	77	12.2	12.2	12.2
	1	552	87.6	87.8	100.0
	合计	629	99.8	100.0	
缺失	系统	1	0.2		
合计		630	100.0		

注：“0”表示“不赞同”，“1”表示“赞同”。

表5 **考察大学生党员的主要指标4**

		频率	百分比	有效百分比	累计百分比
有效	0	525	83.3	83.7	83.7
	1	102	16.2	16.3	100.0
	合计	627	99.5	100.0	
缺失	系统	3	0.5		
合计		630	100.0		

注：“0”表示“不赞同”，“1”表示“赞同”。

87.8%的被访学生认为道德品质是主要指标，而认为专业成绩作为主要指标的仅占16.3%，在选择中所占比重最小。由此可见，衡量优秀大学生党员的最重要指标并非他们的专业素质，而是他们的思想道德素质和为人民服务的意识及牺牲奉献精神等。

问卷就“入党的先决条件”进行调查也反映出类似状况，如表6所示：

表 6　　入党的先决条件

		频率	百分比	有效百分比	累计百分比
有效	1	92	14.6	46.2	46.2
	2	61	9.7	30.7	76.9
	3	20	3.2	10.1	86.9
	4	26	4.1	13.1	100.0
	合计	199	31.6	100.0	
缺失	系统	431	68.4		
合计		630	100.0		

注：1、2、3、4 表示问卷该选题的选项编号。

46.2%的被访者认为作为一名党员，入党的先决条件就是思想觉悟高。各方面的因素显示，大学生党建工作，思想建设应摆在首位，而目前大学生党建工作中最重要的问题也是如何进行思想道德建设。

问卷就“目前高校思想政治教育形式手段及效果”进行问卷调查，结果如表 7 所示：

表 7　　形式效果

		频率	百分比	有效百分比	累计百分比
有效	1	56	8.9	9.3	9.3
	2	164	26.0	27.2	36.5
	3	264	41.9	43.9	80.4
	4	118	18.7	19.6	100.0
	合计	602	95.6	100.0	
缺失	系统	28	4.4		
合计		630	100.0		

注：1、2、3、4、5 表示问卷该选题的选项编号。

调查结果显示条件“3”，即“适当减少形式增加效果”的比重最高，占比 43.9%；认为“现在高校思想政治教育形式泛滥、很反感”的占比 9.3%；认为“形式比较多也很有收获”的占比 27.2%；认为“形式不多没感觉”的占比 19.5%。统计数据显示，被访者绝大多数认为目前高校思想政治教育形式多于实质，应该适当减少形式以提高思想政治教育的实效。

目前高校大学生党建中的确普遍存在思想政治教育和建设形式方法单一，内容老套、缺乏创新等现实问题。其实从大学生课堂的思想政治教育到引导学生积极向党组织靠拢的思想政治教育宣传和政治学习中，党和国家以及学校都高度重视。但从实际情况来看，部分高校习惯于的思路和做法，从形式到内容的创新上都没能跟上时代发展的需要，没能掌握好当代大学生思想政治发展的特点和新变化，思想政治教育工作成效不尽如人意。

很多学生在这个过程中并没有发自内心地出现思想上的转变和认识上的提高。大学的思想政治教育确实受到国际国内社会严峻环境和现实的冲击挑战从而难以达到好的效果，学校可能花费巨大的努力好不容易给学生们树立积极向上的思想价值观，可一遇到现实，理论思想有可能受到冲击和挑战，从而给学生造成一定程度的困惑。在大学生中实行思想政治教育的很多积极成果不断被各种社会丑恶现象和“西化”“资产阶级自由民主”等思潮影响、削弱甚至否定，没有在学生思想建设中发挥出的最大效能和影响。空洞的思想政治教育没有实在的思想政治教育内容，而没有思想政治教育内容，就算有所谓思想政治教育形式，当然也就不会有任何效果；相反还会引起人们对思想政治教育的反感，产生的危害甚至比没有思想政治教育形式、不做任何工作还要大。在思想政治教育理论研究和实际工作中，有的人只把精力放在思想政治教育形式的优化上，而没有把思想政治教育内容问题放在更加突出的位置上。无论思想政治教育形式适当与不适当，如果没有科学正确、切合实际的思想政治教育内容，就不会产生正面的、向上的思想政治教育效果；离开思想政治教育内容，“漂亮、美观”的思想政治教育形式也只能是一种摆设，不可能发挥任何积极作用。

综上所述，思想政治教育要取得预期效果，不是一件容易的事情。思想政治教育只有采取合适的形式，安排恰当的内容，并处理好形式、内容、效果的辩证关系，才能取得实效。

（二）切实履行好大学生党员的教育、培养、发展环节的工作任务，才能形成发展合格党员的长效机制

建立系统的党员培养教育体系是大学生党建工作的关键。要做好党员和入党积极分子的教育和培养工作，必须理顺关系，建立有效完整系统的长效运行机制。发展怎样的优秀大学生入党？如何发展优秀的大学生入党？严格把控优秀人才入党的选拔、教育、培养过程，对最终能否培养出合格的共产党员，影响带动其他大学生入党等具有非常重要的意义。

问卷就“大学生入党在组织程序上存在的主要困难和问题”进行调查，结果如表8所示：

表8　　大学生入党在组织程序上存在的主要困难和问题

		频率	百分比	有效百分比	累计百分比
有效	1	100	15.9	25.6	25.6
	2	163	25.9	41.8	67.4
	3	24	3.8	6.2	73.6
	4	41	6.5	10.5	84.1
	5	28	4.4	7.2	91.3
	6	34	5.4	8.7	100.0
	合计	390	61.9	100.0	
缺失	系统	240	38.1		
合计		630	100.0		

注：1、2、3、4、5、6表示问卷该选题的选项编号。

问卷显示，41.8%的被访学生认为目前发展党员工作存在的主要问题和困难是“入党程序复杂”，其次才是“入党积极性不高、吸引力不强”，占25.6%。而出现组织发展困难的关键原因，则可从表9中找出。

表9　　组织发展困难的关键原因

		频率	百分比	有效百分比	累计百分比
有效	1	119	18.9	22.9	22.9
	2	130	20.6	25.0	47.9
	3	153	24.3	29.5	77.4
	4	116	18.4	22.4	99.8
	5	1	0.2	0.2	100.0
	合计	519	82.4	100.0	
缺失	系统	111	17.6		
合计		630	100.0		

注：1、2、3、4、5表示问卷该选题的选项编号。

调查结果显示，出现组织发展困难的关键因素是“党的制度虽健全，但落实不到位”，占 29.4%，而“思想政治教育深入不够”占 25%。

问卷就目前大学生党建存在的最突出的问题进行调查，结果如表 10 所示：

表 10 大学生党建最突出的问题

		频率	百分比	有效百分比	累计百分比
有效	1	116	18.4	30.2	30.2
	2	178	28.3	46.4	76.6
	3	11	1.7	2.9	79.4
	4	79	12.5	20.6	100.0
	合计	384	61.0	100.0	
缺失	系统	246	39.0		
合计		630	100.0		

注：1、2、3、4 表示问卷该选题的选项编号。

46.4%的被访者表示：大学生当前面临最突出的问题是“理想信念教育不到位”，这也是由大学生党员思想不过硬造成的。

因为作为当代大学生，其具备的知识才能已经能达到一定高度，学习一直是他们主要的任务，掌握知识和技能也是他们未来的生存之道，无需过多强调学生们都会关注。然而，由于大学生党建工作不以提升大学生的专业素养为重点，往往不会让学生产生足够的重视。作为优秀的人才，大学生最缺乏的就是能匹配上他们知识的思想、信念和情操。因而大学生党建工作不管是党员的发展、教育或是党支部建设，其首要的任务就是关注大学生思想政治素质的建设。通过大学生党建工作，让在校大学生明确自己应该坚守的政治立场，树立为什么理想而奋斗，明确学习和生活应坚守的信念和准则。目前高校的思想政治建设因各种主客观因素，其主要任务集中在党员发展前的宣传、党校教育、入党积极分子的考察培养和发展预备党员等程序化工作中，在党员发展过程中的跟踪指导和培养教育普遍不够。

今天高校的大学生思想政治教育在人才的培养中应该说发挥了很大的作用。但不得不承认，因各种因素的制约影响，确实没有发挥出它最大的效能。一是当今大学生普遍存在信仰缺乏、对共产主义事业的自信心明显不足、对于共产主义信仰的认识不全面或兴趣不浓等问题。加之受市场经济大潮的冲击，实用主义思想较严重，部分学生认为思想政治教育的“两课”根本不需要上，把主要的精力放在专业课程的学习上，而忽视必要的政治理论水平的提高。至于入党前的各种思想教育和培训，也基本被当成走流程、走过场，不入心也不入脑。思想政治学习淡化，理想信念、政治信仰相对薄弱，思想动机不纯，目光短浅，志向不高。不论课上课下的思想政治教育工作，没有深刻地影响到学生的思想和头脑，成效非常有限，在高校人才培养中没有发挥出应有的功能。二是社会的发展进步使社会思想和价值取向多元化，大学生入党动机也呈现出多样性、复杂性和功利性特征，个体的发展和利益主导着入党动机，甚至存在入党态度不端正的严重问题。三是由于培养和考核的形式和内容已不能适应当今大学生的特点，导致培养教育的目的收效甚微，出现学生党员的理论和政治素养每况愈下现象，以及一些学生党员入党前积极进取，入党后悄无声息，先锋模范作用不明显等一系列问题。四是随着高等教育规模的扩大，学生人数剧增，由于党建工作者的时间和精力有限等因素导致党建工作队伍力量相对薄弱，容易出现管理不够规范、培养不够到位等一系列问题。

学生党员的培养教育是一个长期过程，既不可能一蹴而就，也不会一劳永逸。只有加强对高校学生党员的教育和管理，将学生党员的培养教育贯穿于入党前后的整个过程，不断完善党建机制，提高党员质量，努力增强党组织在青年学生尤其是高素质群体中的核心影响力，吸引更多青年学生紧紧凝聚在党的周围，党才能在国家建设中赢得青年、赢得未来。

（三）严格发挥好大学生党组织的条例、规章、制度的刚性约束作用，永葆大学生党员队伍的纯洁

问卷就“你所在党支部书记官僚作风是否严重”进行调查，结果如表11所示：

表11　**党支部书记的作风**

		频率	百分比	有效百分比	累计百分比
有效	1	48	7.6	20.2	20.2
	2	158	25.1	66.4	86.6
	3	27	4.3	11.3	97.9
	4	5	0.8	2.1	100.0
	合计	238	37.8	100.0	
缺失	系统	392	62.2		
合计		630	100.0		

注：1、2、3、4表示问卷该选题的选项编号。

66.4%的被访者选择条件“2”，即“还好，比较平易近人”；22%的被访者认为“官僚作风严重，从不深入学生实际”。

问卷就“大学生党员是否在校风、学风建设上发挥先锋模范带头的作用”进行调研，结果如表12所示：

表12 党员作用

		频率	百分比	有效百分比	累计百分比
有效	1	73	11.6	18.7	18.7
	2	137	21.7	35.0	53.7
	3	115	18.3	29.4	83.1
	4	64	10.2	16.4	99.5
	5	1	0.2	0.3	99.8
	6	1	0.2	0.3	100.0
	合计	391	62.1	100.0	
缺失	系统	239	37.9		
合计		630	100.0		

注：1、2、3、4、5、6表示问卷该选题的选项编号。

34.9%的被访学生认为“发挥了一定的作用”。党的作风建设现在最严重的问题是党内贪污腐败，而大学生党建作风建设最大的问题并不是严重的衙门作风或贪污腐败，重点在党务工作者对大学生党建工作精力投入有限，很多工作做得还不是很细致。因为高校党务工作者基本是各级书记或辅导员担任，很多党务工作者本身就是学生的领导者、管理者，既有行政党务管理工作，很多还肩负着教学任务。这些使他们投入到学生党建上的精力有限，加之社会上不良风气的影响，校风、学风、党风也受到消极影响。

问卷就“党支部的组织生活状况”进行调研，结果如表13所示：

表 13　　**党支部的组织生活状况**

		频率	百分比	有效百分比	累计百分比
有效	1	67	10.6	28.0	28.0
	2	54	8.6	22.6	50.6
	3	56	8.9	23.4	74.1
	4	20	3.2	8.4	82.4
	5	28	4.4	11.7	94.1
	6	14	2.2	5.9	100.0
	合计	239	37.9	100.0	
缺失	系统	391	62.1		
合计		630	100.0		

注：1、2、3、4、5、6 表示问卷该选题的选项编号。

28%的被访者认为党支部的组织生活“活泼且有教育性和政治性”，占比最高；只有 5.9%的被访者认为党支部的组织生活单调严肃、调不起积极性，没有教育性和政治性。

问卷就“参加党支部组织生活的态度”进行问卷调查，结果如表 14 所示：

表 14　　**参加党支部的组织生活态度**

		频率	百分比	有效百分比	累计百分比
有效	1	158	25.1	65.0	65.0
	2	54	8.6	22.2	87.2
	3	22	3.5	9.1	96.3
	4	9	1.4	3.7	100.0
	合计	243	38.6	100.0	
缺失	系统	387	61.4		
合计		630	100.0		

注：1、2、3、4 表示问卷该选题的选项编号。

调查显示，64.8%的被访者表示参加党支部的组织生活是党员的责任和义务，很高兴参加。这说明党员对党的组织生活非常重视，所以一定要加强党的组织建设。问卷就“目前党的组织建设上哪方面的工作最需要加强”进行调查，结果如表15所示：

表15　　组织建设方面需要加强的工作

		频率	百分比	有效百分比	累计百分比
有效	1	103	16.3	47.5	47.5
	2	52	8.3	24.0	71.5
	3	60	9.5	27.6	99.1
	4	2	0.3	0.9	100.0
	合计	217	34.4	100.0	
缺失	系统	413	65.8		
合计		630	100.0		

注：1、2、3、4表示问卷该选题的选项编号。

47.2%的被访者表示“最需要加强的是推行党务政务公开，决策前广泛听取党员意见”。

上述调查结果显示，现在大学生党建组织建设中存在的问题还非常多，重数量轻质量、重形式轻内容、重发展轻管理教育等问题都大量存在，严重影响了大学生党建在人才培养中的积极贡献。首先是入口关把握不严格，让部分投机、拉关系、不合格的大学生成为党的一员。现在有些大学生入党是为了找好工作、为了荣誉、为了面子，并不会冒什么风险，因而部分并非真正具有共产主义信念的大学生进入党内几乎成为常态。本来大学生党支部对入党积极分子进行慎重地选拔、培养、教育、监督是极为重要的组织考察程序和过程，这本可以有效避免众多不合格的大学生混入党内，破坏党的形象。但入党程序也被社会很多不良风气所沾染，部分党支部负责人为了关系、为了数量，把一些不符合党员要求的大学生也拉进了党的队伍，这对其他大学生在成才过程中的消极影响非常明显，对党组织未来的发展十分不利。

同时，入党后部分学生党员参加的党组织生活缺乏创新性，形式单一。多年来，高校大学生基层党组织的活动主要是学习文件、听报告、参观革命历史纪念地、参加义务劳动等，内容相对单薄，形式缺乏吸引力，不能满足新的条件下加强大学生党员教育的需要；没有根据当代大学生这一特殊群体的新特点，使活动的形式和内容多样化、丰富化。大学生党员很多处于被动接受、被动学习和被动参与状态，缺乏主动参与、思考和讨论的热情，造成他们积极性不高，学习效果不好。大学生党支部也没有把学生党员的活动与团组织、社团及班级活动紧密结合起来，使学生党员活动脱离了班集体和广大学生，党员的先锋模范作用和党组织的战斗堡垒作用没有充分发挥出来，群众基础不深厚，在同学中的影响力和号召力逐渐减弱。这不仅对大学生党员朝着积极方向发展带来消极影响，对非党员学生也造成不利的思想认识。

虽然当前各高校大学生党建工作中普遍有一整套党员发展的规章制度和机制，但在细节上和具体执行的环节上做得还不够好，尤其是缺乏有效的监督和激励措施，因而党员发展质量受到影响。问卷就“高校当前的制度建设情况”进行调查，结果如表 16 所示：

表 16　**高校党建的制度建设情况**

		频率	百分比	有效百分比	累计百分比
有效	1	156	24.8	28.4	28.4
	2	136	21.6	24.8	53.2
	3	187	29.7	34.1	87.3
	4	9	1.4	1.6	88.9
	5	60	9.5	10.9	99.8
	6	1	0.2	0.2	100.0
	合计	549	87.1	100.0	
缺失	系统	81	12.9		
合计		630	100.0		

注：1、2、3、4、5、6 表示问卷该选题的选项编号。

34.1%的被访者选择条件“3”即“建立了一些制度，但具体的规定大家都不甚清楚”，但认为“制度健全并能严格贯彻执行”的比重也很高，占 28.4%。

问卷就“目前大学生党建工作存在问题该如何监管”进行调查，结果如表 17 所示：

表 17　　大学生党建工作的监管

		频率	百分比	有效百分比	累计百分比
有效	1	99	15.7	23.7	23.7
	2	43	6.8	10.3	34.0
	3	201	31.9	48.1	82.1
	4	75	11.9	17.9	100.0
	合计	418	66.3	100.0	
缺失	系统	212	33.7		
合计		630	100.0		

注：1、2、3、4 表示问卷该选题的选项编号。

48.1%的受访者表示“应该建立有效制度机制来保障”。

在党员发展工作中，往往存在标准不一、执行不严的现象，导致了部分达不到条件的学生也加入了党组织，影响了党建工作的严肃性和党组织在学生心目中的威望和吸引力。许多高校的学生党员发展工作由学生党支部和从事学生管理工作的党员辅导员老师负责。目前往往存在着如下问题：第一，随着高校扩招之后，各高校从事学生管理工作的师资力量普遍不足，他们往往身兼数职，各项事务繁杂，随着大学生党员队伍的逐年扩大，他们因为时间和精力有限对支部工作投入有限。第二，高校学生党支部往往十分重视党员发展过程的程序规范化，但忽略了对大学生党员的组织、管理、教育和培训。甚至明知党员发展中存在一些问题，但却没有给予足够的重视，在主观上故意漠视有些问题。第三，现在高校许多政治辅导员从学校到学校，年纪尚轻，党建工作经验缺乏，缺乏系统性的培训，对大学生党员的发展工作管理、监督、执行不到位。第四，高校学生党建队伍流动性过高，年轻同志在学生管理队伍培养一段时间，具备了一定党建工作经验后，往往又面临着转岗、升职、升学等现实要求。

总之，当前大学生党建工作因各种原因还存在种种缺陷和问题，还没能充分发挥出大学生党建工作在高校人才培养中的最大贡献。只要面对以上现实问题加以改进，应该能够进一步提高大学生党建工作在人才培养中的贡献度。

三、提升大学生党建工作在人才培养中贡献度的应对策略

精准抓住大学生党建工作中目前存在的问题加以改进完善，对提高大学生党建在人才培养中的贡献度具有重要意义。

问卷就“高校学生党建工作对大学生成才的贡献大小”进行调查，结果如表 18 所示：

表 18　　高校学生党建工作对大学生成才的贡献度

		频率	百分比	有效百分比	累计百分比
有效	1	185	29. 4	30. 8	30. 1
	2	189	30. 0	30. 7	61. 9
	3	191	30. 3	31. 1	92. 0
	4	49	7. 8	8. 0	100. 0
	合计	614	97. 5	100. 0	
缺失	系统	16	2. 5		
合计		630	100. 0		

注：1、2、3、4 表示问卷该选题的选项编号。

31. 1%的被访者认为“起了一定作用”，30. 0%的人认为“很重要”，30. 8%的人认为“作用不大”，只有 8%的人认为“完全不起作用”。从调查结果看，暂且不论贡献大小，“有贡献有作用”的比重占到 61. 2%，说明高校党建工作对大学生成才上的影响和作用是重要的，但还有 38. 8%的认为“没起到什么作用”，显然加强提升大学生党建工作在人才培养中的贡献度还有很大的改进与提升空间。

（一）改革思想政治建设的形式和内容，发挥大学生党建在人才培养中灵魂的作用

问卷就“高校在哪些方面（可多选）使你对党的思想政治理论有所提高”进行访问，结果如表 19~表 22 所示：

表 19　　党建工作对大学生思想政治理论基础的提升 1

		频率	百分比	有效百分比	累计百分比
有效	0	59	9.4	23.2	23.2
	1	195	31.0	76.8	100.0
	合计	254	40.3	100.0	
缺失	系统	376	59.7		
合计		630	100.0		

注：“0” 表示 “没有提升”，“1” 表示 “有提升”。

表 20　　党建工作对大学生思想政治理论基础的提升 2

		频率	百分比	有效百分比	累计百分比
有效	0	108	17.1	42.5	42.5
	1	146	23.2	57.5	100
	合计	255	40.5	100.0	
缺失	系统	375	59.5		
合计		630	100.0		

注：“0” 表示 “没有提升”，“1” 表示 “有提升”。

表 21　　党建工作对大学生思想政治理论基础的提升 3

		频率	百分比	有效百分比	累计百分比
有效	0	155	24.6	61.0	61.0
	1	99	15.7	39.0	100.0
	合计	254	40.3	100.0	
缺失	系统	376	59.7		
合计		630	100.0		

注 “0” 表示 “没有提升”，“1” 表示 “有提升”。

表 22　　**党建工作对大学生思想政治理论基础的提升 4**

		频率	百分比	有效百分比	累计百分比
有效	0	143	22.7	56.3	56.7
	1	111	17.6	43.7	100
	2	1	0.2	0.4	100.0
	合计	254	40.3	100.0	
缺失	系统	376	59.7		
合计		630	100.0		

注："0"表示"没有提升"，"1"表示"有提升"。

调查结果显示，在对大学生思想政治认识提高的方面，占比最高的是条件"1"，即"党课、政治理论课、形势政策课等学校课堂教育"，占比 76.8%；其次是"身边亲人党员的言传身教"，占比 57.5%；"各种形式的政治学习和活动宣传"，占比 43.5%；"辅导员、班主任及身边党员同学的介绍"，占比 39%。上述调查结果显示，高校思想政治教育课的作用在大学生思想道德素质的培养和提升方面发挥的作用最大，影响也是最大。高校党建在思想建设上的重点应该放在提升大学生思想政治理论课的学习效果上。

问卷就"高校大学生思想政治教育工作在你成才道路上的作用"进行调查，结果如表 23 所示：

表 23　　**高校思政工作对大学生成才发挥的作用**

		频率	百分比	有效百分比	累计百分比
有效	1	83	13.2	37.4	37.4
	2	94	14.9	42.3	79.7
	3	45	7.1	20.3	100
	合计	222	35.2	100.0	
缺失	系统	408	64.8		
合计		630	100.0		

注：1、2、3、4 表示问卷该选题的选项编号。

41.8%的被访者认为"高校的各种思想政治教育工作卓有成效"，但

36.9%的被访学生则认为“各种思想政治教育基本流于形式”，还有20%的被访学生认为“有成效但效果不大”。从这组调查结果数据看，37.4%的学生还是认为“目前高校的思想政治教育工作存在的问题大、效果差，急需改进和加强”。

思想建设在整个大学生党建工作中发挥着灵魂的作用。改造思想，必须触及灵魂。大学生党建思想政治建设工作不仅要涉及面广、宣传力度大，更重要的是入心入脑，真正有效果，从而发挥出大学生党建工作在高校人才培养中的灵魂作用。从目前大学生思想政治建设存在的问题看，最为重要的是创新思想政治建设的形式和内容，发挥出思想政治建设在人才培养中的最大贡献。思想政治建设效果不好，存在的最大问题是形式老套、内容说教、不能打动学生。

首先说思想政治建设的形式。党和国家对高校大学生的思想政治教育一直高度重视，从全面在课堂上实施思想政治理论课，到大学生党建中的党校培训宣传，再到平时学生日常党团及大学生活等无不将大学生的思想政治教育放在首位。因为谁都明白，抓住了大学生的思想就抓住了他们的灵魂、就抓住了人才培养的方向，就能为党和国家培养出真正的接班人。大学生党建中思想政治建设首先应化形式于无形，在无形中达到思想政治教育的目的。因为思想政治教育应该是一个润物细无声的过程，有特定的形式和礼仪反而适得其反。西方国家都在教育中高度关注本国青少年的思想政治教育，因为每一位国家的执政者希望本国培养的人才是忠诚于自己的国家和人民，但他们的聪明之处在于将这种教育化于无形之中，而不是拿特定的课程和形式来做载体。问卷显示，学生对党校、座谈、课堂教学等这些常见的思想政治教育形式都不太感兴趣，而讲座、媒体宣传报道以及身边发生的真实故事对他们的感染力和思想触动更大。所以，在以后大学生党建工作中应该根据时代的新特点，根据大学生的特点，尽量多采用新的非正规性的教育形式，将思想政治教育的内容渗透其间。

其次，形式再创新而内容陈旧也不能起到好的教育效果。并非所有传统形式的思想政治教育都是失败的，问卷研究显示，授课生动的课堂和党校教育让很多大学生在思想上有很大的促动和收获，在对党的知识以及理论水平上也有很大的提升。可见，思想政治教育一定要有打动人灵魂的东西。简单的说教、政治化的文件、苦口婆心的教导往往适得其反，不能感染人、打动人。现在不管是党校课程还是课堂的思想政治教育课程，政治痕迹和政治文件的色彩都很浓，目的性很强，不像一个学科，容易让大学生产生戒备心理。其实高校里思想政治理论课本是哲学、政治学、经济学、历史、文化、法律等各种人文学科的一个集合，这在西方所有大学都是开设并认可的学科，真正按照学科讲好，对学生的思想政治教育作用会非常大，这其中完全可以穿插对党的历史、理论和知识的教育，并非需要像现在这样刻意地规定什么是思想政治教育课，什么是党课，弄得学生课都没上就开始反感。只有当既有思想政治教育形式又有思想政治教育内容，而且思想政治教育形式和内容相互适应时，思想政治教育才会有效果。

（二）加强党员发展工作，发挥大学生党建在人才培养中的路标作用

大学生党建工作最重要的虽然是思想政治建设，但这也是不好把控、不易衡量成效的工作。学生更看中、影响力最大的还是党员发展工作，要积极发挥好党员发展工作在学生中的影响带动作用。首先要加强提升大学党务工作者的水平和能力。大学基层党组织建设现在还非常缺乏有能力有水平的基层党务工作者。这些人把握着大学生党建的命脉。不论是入党积极分子的选拔，还是入党程序的把控，以及对大学生组织建设的管理工作等，没有过硬的思想素质和工作能力，没有足够的精力投入与时俱进的创新精神，很难把大学生党建工作做好。现在大多学生基层党组织领导管理基本是辅导员在一线，而辅导员基本是年轻的党员，自己本身没有管理党务工作的经验，加之还有繁重的学生管理工作，既缺思想高度，又缺专业能力。因而大学生党建一定要为基层大学生党组织配备足够的党务工作者，对年轻的党务工作者也需要加大培训和引导。

其次，要严格执行党员发展程序，创新开展党组织生活。现在很多党组织的党员发展程序执行不严格，党组织生活缺乏实际内容，流于形式。甚至有些党组织连形式也不顾及了，党费不是按时交而是隔半年或一年一次性交纳，党组织生活也不是按照规定时间定时开展，党员的培训和学习工作开展得也非常有限，发挥基层党组织的堡垒作用有限。要真正发挥基层党组织作用，不仅要不折不扣执行落实党章所规定的基层组织建设任务，更为重要的是还要不断创新组织活动的形式和内容，增强党员的参与度、自信心和凝聚力。

（三）完善党的作风和机制建设，发挥大学生党建在人才培养中保驾护航的围栏作用

不论是组织建设，还是作风建设，出现问题常常与制度不完善、机制不健全有关。制度好，对大学党建工作能起到保驾护航的作用。现在大学生党建工作还缺乏完善的制度和机制，也影响了人才的培养。党的制度建设涉及很多方面：党员学习机制、培养人责任追究机制、党员组织管理机制、考核监督机制等都构成了对党员管理以及党建工作的制度内容。但最重要的还是教育、管

理、监督制度。一要进一步完善这些制度的过程管理和监督反馈，确保取得实效。二要形成合力，要充分发挥所有教职工力量，要利用一切有效时间，加强对大学生的党的知识教育。三要使党的教育常态化、日常化，党员更是要以身作则、言传身教，在潜移默化中达到使大学生受党的教育的目的。四要牢牢把握和主动掌控舆论氛围，正确引导大学生的思想建设，坚决破除和减弱不良风气和思潮对大学生的影响，形成良好的党性培养土壤。

（四）强化党组织领导，拓宽工作思路，积极发挥大学生党建工作在人才培养中的作用

高校各级党组织对高校党建工作虽然一直以来都非常重视，但在高校改革的进程中，也出现了党组织职能萎缩，在相关的行政、管理等工作中党组织作用下降，在大学生和教职工中影响力减弱等问题。要加强党的领导，就必须进一步赋予党组织更多的职能，确保党组织的权威性，才能发挥好党组织在各项工作的关键作用。要进一步拓宽思路，找到有效途径，积极开展党组织生活，积极发挥党员在各项事务中的作用，增强党员的存在感和参与感。在各项工作中还要注意充分发展党组织中党员的模范带头和引领作用，不断提升党员的责任意识。只有高校各级党组织的战斗能力强了，自身的思想意识强了，我们才能更好地发挥大学生党建在人才培养中的作用，才能保证培养人才的正确方向，也才能在培养合格社会主义事业接班人的工作中取得最终的胜利。

（李燕，博士，湖北经济学院马克思主义学院副教授）

深度调查：大学生政治认同的“新常态”

大学生政治认同调查报告

罗　骋

随着国内社会转型的加剧、全球化浪潮的冲击，中国社会面临着种种挑战和前所未有的考验。政治认同是人们对政治系统的价值、效用及其执行者形成一定的认知、情感、心理归属，并期望通过参与政治实践对政治过程产生一定影响的行为活动。① 大学生作为中国特色社会主义事业的建设者和接班人，其政治认同关乎着国家政治体系的稳定和社会的繁荣进步。因此，了解当前在校大学生的政治认同情况，在一定程度上为高校思想政治教育如何科学站位并做好顶层设计提供参考，有利于思想政治教育活动有的放矢地展开，有利于进一步提高大学生的政治素养和担当精神，培养新时代人才。此次调查于 2017 年 3 月在湖北省高校大学生中展开，以量化研究方式，从政治认知、政治参与、社会民主制度认知认同、执政党认同以及政治效能感五个维度设计量表，选取高职高专院校、民办本科院校、省属本科院校和教育部属本科院校四种高校类型，使用 SPSS22.0 统计软件进行分析。共发放问卷 642 份，收回有效样本 521 份，回收率为 81.2%。其中男生 307 名，占 58.9%；女生 214 名，占 41.1%。大一、大二、大三的样本量较为均衡，大四毕业生因实习、找工作等原因不在校，受测样本较少，因此研究数据的解释力对于大四学生来说相对较弱。调查对象基本情况如表 1 所示：

表 1　**调查对象基本情况**

变量名称	类别	频数	百分比
性别	男	307	58.9
	女	214	41.1

① 戴建波. "90 后" 大学生政治认同实证研究——基于湖北七所高校的调查分析 [J]. 高教探索，2016，(7)：104-109.

续表

变量名称	类别	频数	百分比
政治面貌	中共党员（包括预备党员）	80	15.4
	共青团员	399	76.6
	群众	30	5.8
	缺失	12	2.3
专业	文科经管类	283	54.3
	理工类	198	38.0
	艺体类	18	3.5
	医科类	16	3.1
	缺失	6	1.2
年级	大一	192	36.9
	大二	202	38.8
	大三	120	23.0
	大四	6	1.2
	缺失	1	0.2

注：由于四舍五入，统计误差在±0.1之间。

一、政治素养处于上升状态

政治素养是指政治主体在政治社会化的过程中所获得的对他的政治心理和政治行为发生长期稳定的内在作用的基本品质，是社会的政治理想、政治信念、政治态度和政治立场在人的心理中形成并通过言行表现出来的内在品质。

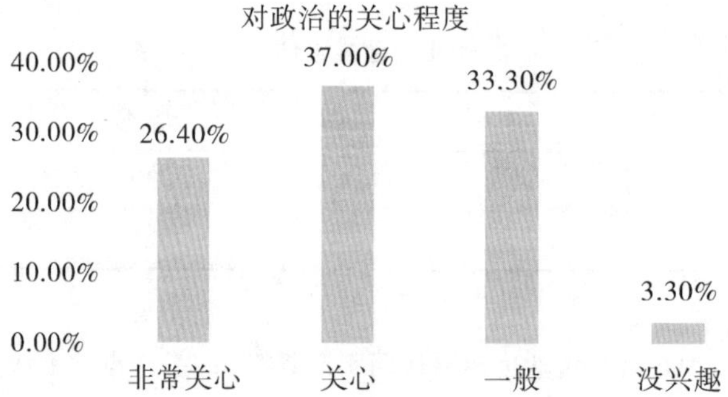

图1　大学生对政治的关心程度

根据调查（见图1），大学生对政治“关心”占比最多（37.0%），随后依次是“一般”（33.3%）、“非常关心”（26.4%）、“没兴趣”（3.3%）。因此，在政治态度层面，当前大学生较为关注政治生活，具有一定程度的社会责任感和国家主人翁意识，政治冷漠化状况有所改善。

大学生关于“政治对生活的影响情况”的评价（见图2），占比最多的是“一般”（59.92%），“影响深刻”位列第二（22.18%），随后是“很小”（14.98%）和“从未听说过”（2.92%）。可见，大学生对于政治影响性的认识有了一定的觉悟，事不关己的心态有了很大改变。

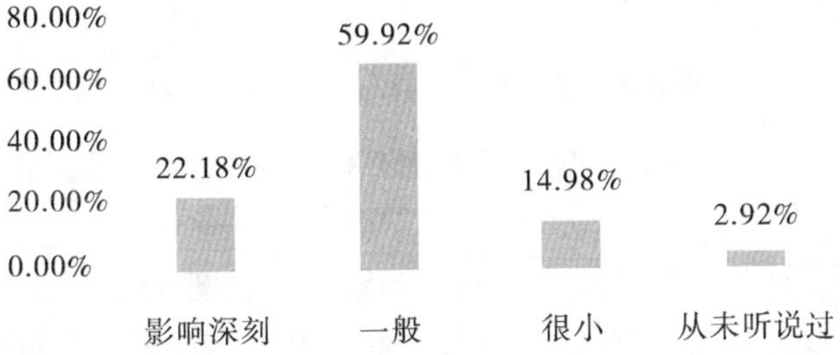

图2　政治对生活的影响

对我国人权状况的看法（见图3），在64.08%的大学生持肯定态度（13.59%的大学生认为“好”，50.49%的大学生认为“逐渐好转”）之外，26.79%的大学生对此持否定态度，其中20.19%的大学生认为“逐渐恶化”，6.60%的大学生认为“根本无人权可言”，9.13%的大学生表示“不清楚”。

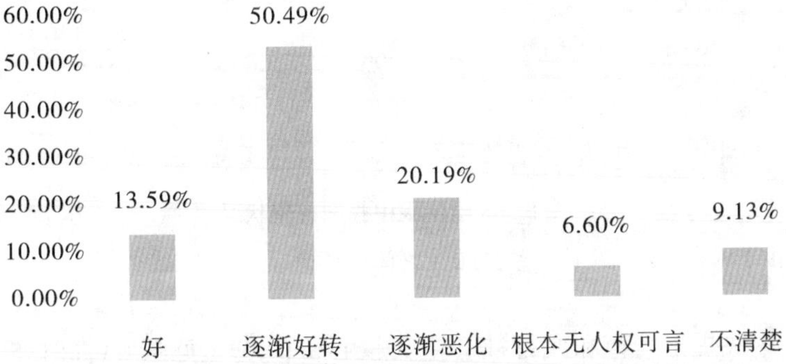

图3　如何看待我国人权状况

在“如何看待工农群众在社会的地位”问题上（见图4），36.8%的大学生认为是“国家的主人”，其次认为是“弱势群体”（25.4%），认为是“社会最底层”（17.5%）和认为是“普通人”（17.3%）占比相近，3.0%的大学生认为“说不清”。

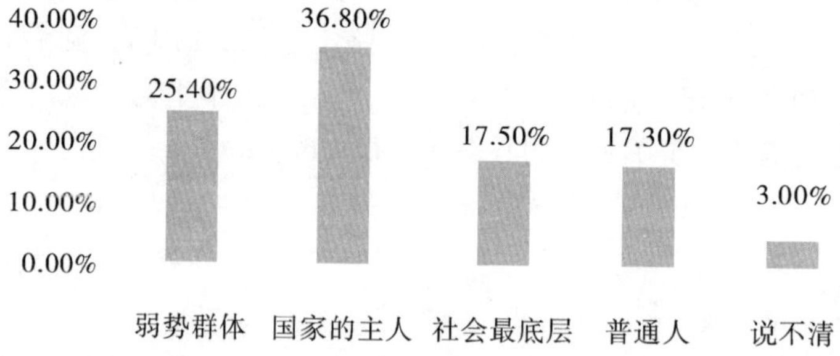

图4　如何看待工农群众在社会的地位

在“如何看待我国当今民主状况”问题上（见图5），17.92%的大学生认为“很不错，较为完备”，62.7%的大学生认为“比过去有所进步，但还不够完美”，8.2%的大学生认为“一般，谈不上好坏”，8.4%的大学生认为“不算好，但还不至于绝望”，2.34%的大学生认为“很不好，漏洞百出”，0.39%的大学生认为“不清楚”。

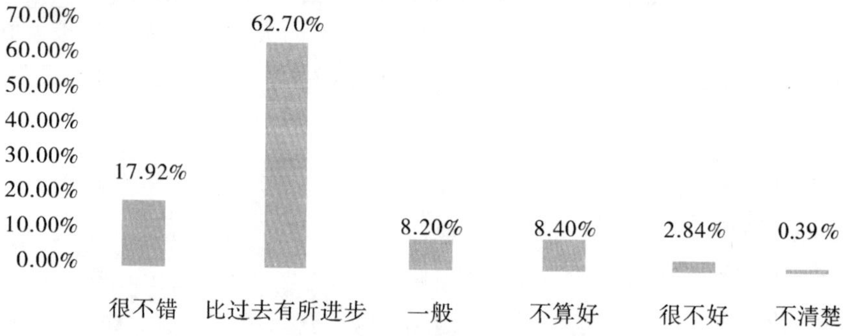

图5　大学生眼中我国民主状况

注：由于四舍五入，统计误差在±0.1之间。

对于中央提出培育和践行社会主义核心价值观（见图6），51.5%的大学生认为“非常必要和及时”，25.1%的大学生认为“没必要”，10.5%的大学生认为“无所谓”，12.9%的大学生认为“说不清”。

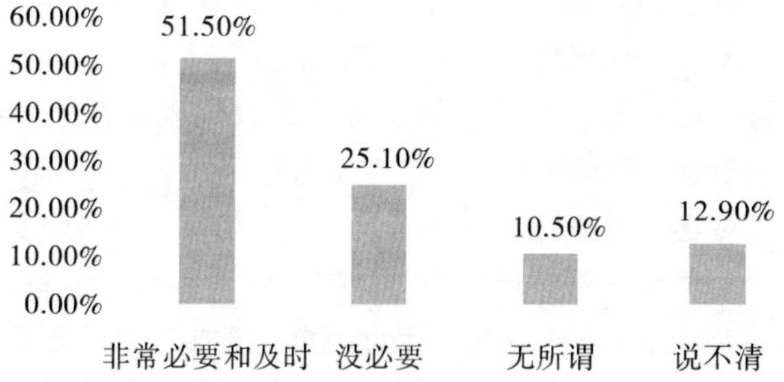

图 6　大学生对培育和践行社会主义核心价值观的态度

当前大学生还表现出了对建设中国特色社会主义的信心和坚定立场。在对中国特色社会主义道路的支持问题上，如图 7 显示，27.49%的大学生表示“非常支持”，48.54%的大学生表示“比较支持”，19.49%的大学生表示“支持”，3.90%的大学生表示“比较不支持”，0.58%的大学生表示“不支持”。总之，对于现今我国总的政治制度（见图 8），18.4%的大学生认为“非常好”，61.2%的

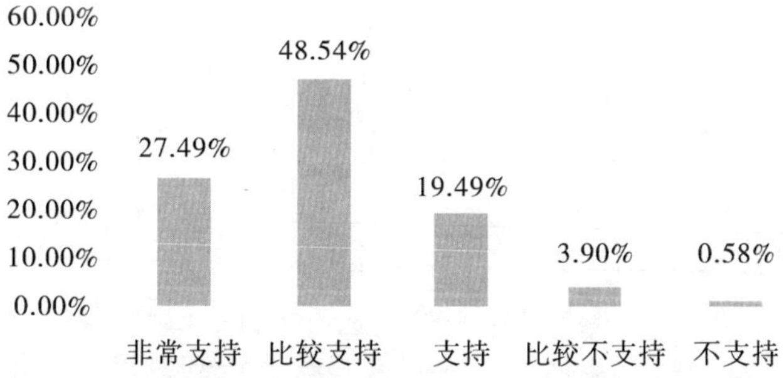

图 7　大学生对中国特色社会主义道路的支持度

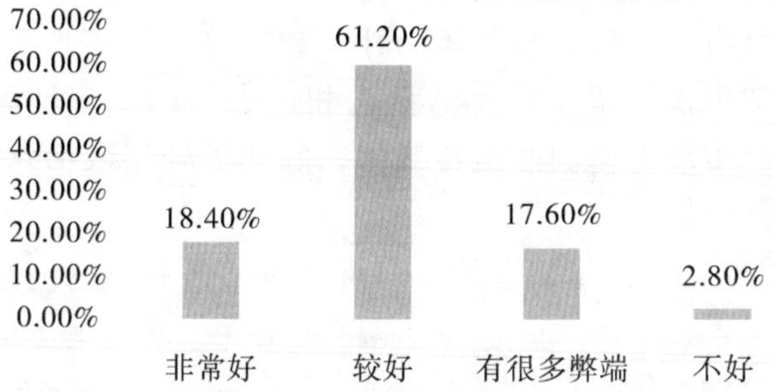

图 8　大学生对我国政治制度的认可度

大学生认为“较好，仍需完善”，17.6%的大学生认为“有很多弊端”，2.8%的大学生认为“不好，应该使用西方的政治制度”。

从政治行为层面来看，对于是否参加过人大代表选举的问题（见图9），77.89%的大学生表示“没参加过”，而“参加过”的大学生占比较小（22.11%）。可见当前大学生对选举事务的参与不够，政治参与性不强。由于当前大学生在转化为日常的行为实践方面仍有欠缺，例如，政治参与度不高，主动实践少，这表现为政治行为层面上存在缺失。因此当前大学生的政治素养未达到理想状态，仍具有很大的进步空间。

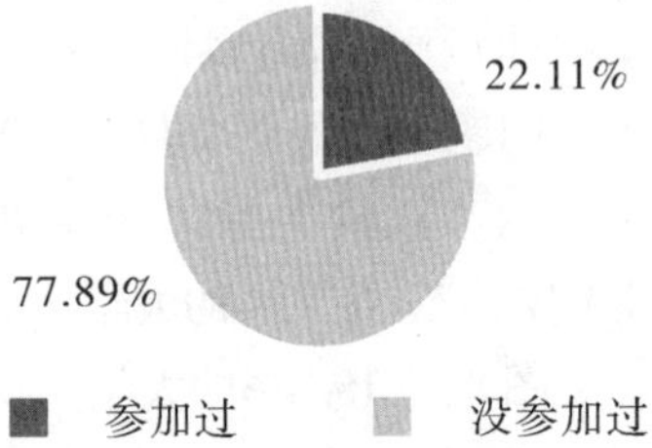

图9　大学生参加人大代表选举的状况

二、政治认知处于初级阶段

政治认知是政治主体对于政治生活中各种人物、事件、活动及其规律等方面的认识、判断和评价，即对各种政治现象的认识和理解。① 政治认知过程包括三个阶段：政治知觉、政治印象和政治认知判断。政治知觉是政治主体对政治认知客体形成的整体概念；政治印象是政治主体在政治知觉的基础上对认知客体形成的较为固定的记忆；政治认知判断是政治主体对认知对象的综合分析，是对认知客体的评价和推论。总体来看，当前大学生对于政治基本知识仅停留在表象的认识和过去的印象中，尚未透过表象、深入肌理去把握本质上机制的运作规律，因此仍处于政治认知过程的政治知觉和政治印象阶段。

对于“政治认同”这一概念的认识情况（见图10），83.43%的受访大学

① 丁建飞，朱慧．大学生政治认知现状及特征分析［J］．市场周刊（理论研究），2017（4）：113-114，26.

生对此不是十分了解，其中61.01%的受访大学生表示对政治认同为“模糊概念”，3.90%的受访大学生表示“从没听说过”，18.52%的受访大学生表示“听说过这个词”，16.57%的受访大学生表示“十分了解”。

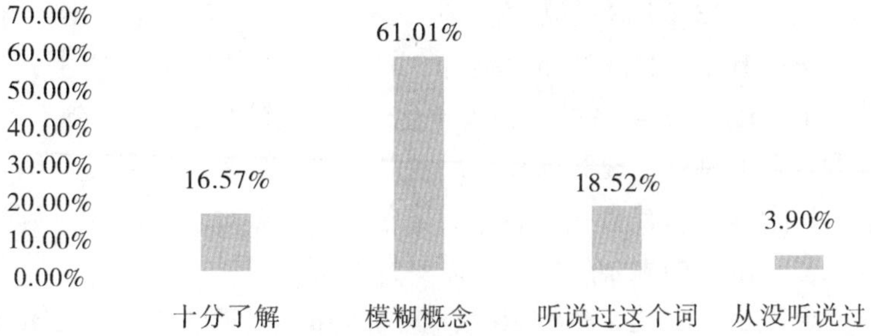

图10　大学生对“政治认同”概念的认识

对于我国社会民主制度的了解情况（见图11），17.37%的受访大学生表示，对于人民代表大会制度“非常了解”；14.89%的受访大学生表示，对于多党合作和政治协商制度“非常了解”；11.09%的受访大学生表示，对于民族区域自治制度“非常了解”；10.08%的受访大学生表示，对于基层民主与群众自治制度“非常了解”。对于人民代表大会制度、中国共产党领导的多党合作和政治协商制度、民族区域自治制度和基层民主与群众自治制度“比较了解”的受访大学生比例分别为35.91%、36.75%、34.44%和35.85%。对于以上四项基本政治制度表示“一般了解”的受访大学生与“比较了解”的受访大学生比例大致持平，分别为34.56%、35.01%、42.08%和36.63%。以上两组数

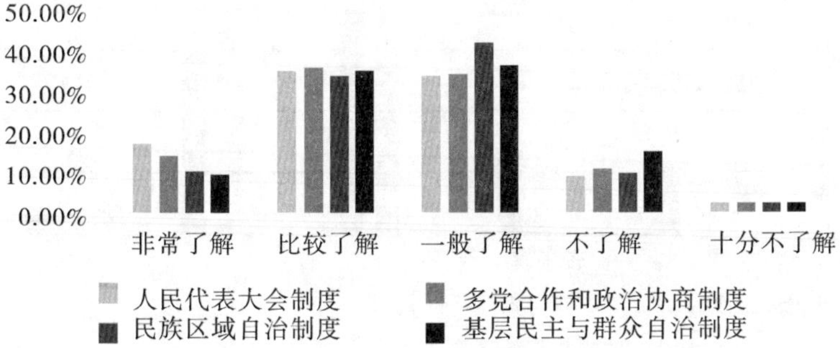

图11　大学生对我国社会民主制度的了解状况

据中差别较大的是受访大学生对民族区域自治制度的了解程度，这说明大学生需要更多地关心国家的民族政策和相关的政治制度，而不是只知其名，不知其所以然。

数据还显示，有12.16%的受访大学生“不了解”或者“十分不了解”人民代表大会制度，13.35%的受访大学生“不了解”或者“十分不了解”多党合作和政治协商制度，11.67%的受访大学生“不了解”或者“十分不了解”民族区域自治制度，17.44%的受访大学生“不了解”或者“十分不了解”基层民主与群众自治制度。对我国社会民主制度的了解不足将不利于大学生在未来生活或工作中坚定对社会主义制度的信念，这一点对于大学生，尤其是那些未来可能服务于基层的大学生们而言需要特别重视。

相对于宏观层面上关于政治制度设置的认知，对于公共行政主体与行政机关的区别、地方政府的运作规律、基层治理的运作模式等微观层面上地方政府运作的问题，调查结果也暴露出了当前大学生政治认知的局限性（见图12）。具体来看，对于我国地方政府运作表示“非常了解”或“比较了解”的大学生占比分别为21.1%（公共行政主体与行政机关的区别）、22.3%（地方政府的运作规律）、24.6%（基层治理的运作模式）；表示“不了解”或“十分不了解”相对占比较多，分别为55.7%（公共行政主体与行政机关的区别）、41.8%（地方政府的运作规律）、36.3%（基层治理的运作模式）；表示“一般了解”分别为23.2%、35.9%、39.1%（公共行政主体与行政机关的区别、地方政府的运作规律、基层治理的运作模式）。

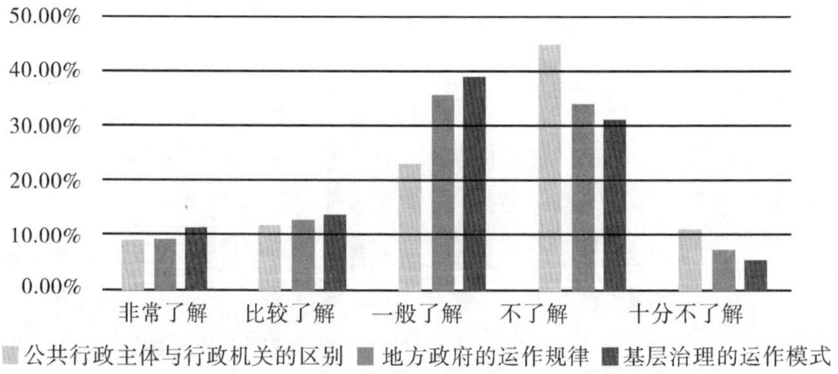

图12　大学生对我国地方政府运作的了解状况

三、政治认同处于低级层次

政治认同可分为三个层次：初级层次、中级层次、高级层次。初级层次是本能上的认同，即人们对社会组织具有天然的和下意识的归属感，是依据人的社会性而产生的一种对周围与自己密切相关事物的一种天然的认同，例如血缘、种族、地域、国家的认同等；中级层次是情感上的认同，即人们对社会政治组织所产生的热爱、信赖、追随、亲近、归属等，情感上的认同更多地受个人社会经历与阅历的驱使；高级层次是理智上的认同，即人们在对全部自然及社会关系的把握中，在理性的指导之下所产生的认同。政治认同是一个从感性到理性，从本能、情感再到理智的认知过程。

调查显示（见图 13），当代中国大学生在了解政治状况的途径上，选择“网络”的占比最多（54.9%），“新闻媒体”位列第二（34.5%），随后是“亲身参加体验”（8.1%）和“其他”（2.5%）。由此看来，以互联网为载体的包括微博、微信、知乎等新媒体的兴起使信息传播的方式呈现出多元化趋势，因而网络传播对大学生政治认同产生的作用和影响不容忽视。正如马克思所说，人的本质是一切社会关系的总和。正是因为个人不可能独立于社会结构和社会关系之外，在个体与群体间的相互作用中，使得政治认同具有传播性和社会性。网络多元化思潮和信息的干扰与冲击，使得价值观尚未固定成型的大学生很可能失去理性的政治识别力和判断力，在蜂拥而上的集体行动中为了被社会成员接受和认可、不至于处于孤立境地，被视为异端，因此常常表现为不假思索的“跟风”“随大流”和“拿来主义”。正如古斯塔夫·勒庞的《乌合

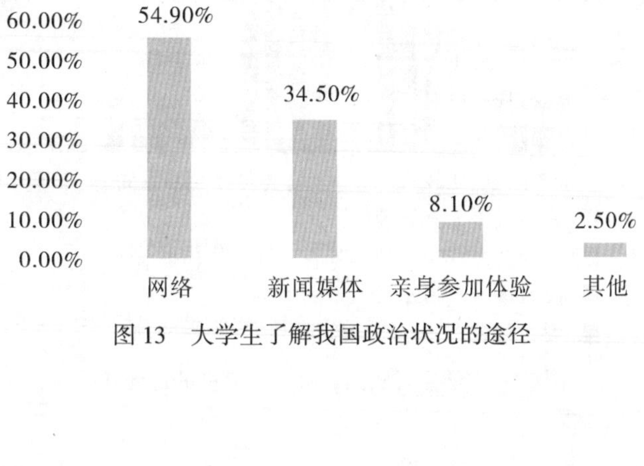

图 13　大学生了解我国政治状况的途径

之众：大众心理研究》所阐述的观点，个人将不自觉地进入集体意识，做出脱离理性的无意识行为。可见，从某种程度上来说，当前大学生的政治认同可能出于盲目或功利化考虑，处于下意识的本能上的认同，即初、中级层次，对于某一政治现象通常缺乏一种反思性思考后的理智上的认同。

调查显示，当前大学生对社会民主制度认可较高，包括社会民主制度的价值和效能两个方面，对于我国社会民主制度的情感归依或价值认同较高（见图14）。受访大学生中，有50.87%的大学生"非常赞同"和"比较赞同"人民代表大会制度，50.8%的大学生"非常赞同"和"比较赞同"中国共产党领导的多党合作和政治协商制度，51.7%的大学生"非常赞同"和"比较赞同"民族区域自治制度，54.89%的大学生"非常赞同"和"比较赞同"农村村民自治制度和城市社区居民自治制度；同时，也有一部分受访大学生表示对以上政治制度"一般赞同"，比例分别为38.06%（人民代表大会制度）、34.8%（中国共产党领导的多党合作和政治协商制度）、35.5%（民族区域自治制度）以及31.84%（农村村民自治制度和城市社区居民自治制度）。另外，也有少数学生不赞同以上政治制度，对于人民代表大会制度，11.07%的受访大学生表示"不赞同"或"非常不赞同"，对于中国共产党领导的多党合作和政治协商制度，有14.4%的受访大学生表示"不赞同"或"非常不赞同"，对于民族区域自治制度12.8%的受访大学生表示"不赞同"或"非常不赞同"，对于农村村民自治制度和城市社区居民自治制度有10.74%的受访大学生表示"不赞同"或"非常不赞同"。

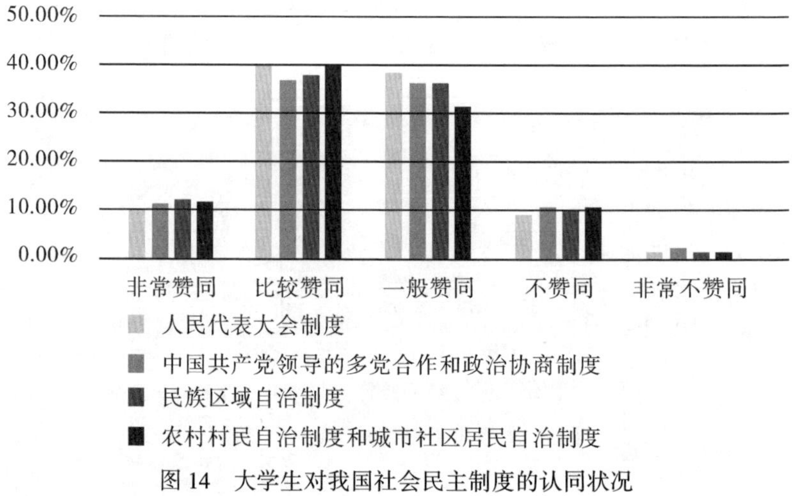

图14　大学生对我国社会民主制度的认同状况

在我国社会民主制度的效能认可方面，当前大学生的认同度也较高。如表2显示，对于人大代表选举过程克服了走过场问题，28.93%的受访大学生表示“比较赞同”；对于人大代表参政议政的主动性及能力素质比较强问题，29.24%表示“比较赞同”；对于人大代表对决定之事切实履行了监督权利问题，28.74%表示“比较赞同”；对于人民代表大会制度不存在公民自主自发政治参与热情不高问题，28.18%表示“比较赞同”；对于我国的多党合作与政治协商不仅仅是“咨询性”的，而是实现了制度化、规范化和程序化问题，32.04%表示“比较赞同”；对于我国多党合作制克服了“上热、中温、下冷”的民主发展不平衡状况问题，28.79%表示“比较赞同”。对于人大代表选举过程克服了走过场问题，38.64%表示“一般赞同”；对于人大代表参政议政的主动性及能力素质比较强问题，40.16%表示“一般赞同”；对于人大代表对决定之事切实履行了监督权利问题，41.75%表示“一般赞同”；对于人民代表大会制度不存在公民自主自发政治参与热情不高问题，36.99%表示“一般赞同”；对于我国的多党合作与政治协商不仅仅是“咨询性”的，而是实现了制度化、规范化和程序化问题，41.55%表示“一般赞同”；对于我国多党合作制克服了“上热、中温、下冷”的民主发展不平衡状况问题，37.55%表示“一般赞同”。对于人大代表选举过程克服了走过场问题，9.13%表示“非常赞同”；对于人大代表参政议政的主动性及能力素质比较强问题，12.09%表示“非常赞同”；对于人大代表对决定之事切实履行了监督权利，11.07%表示“非常赞同”；对于人民代表大会制度不存在公民自主自发政治参与热情不高问题，11.74%表示“非常赞同”；对于我国的多党合作与政治协商不仅仅是“咨询性”的，而是实现了制度化、规范化和程序化问题，11.26%表示“非常赞同”；对于我国多党合作制克服了“上热、中温、下冷”的民主发展不平衡状况问题，9.73%表示“非常赞同”。对于人大代表选举过程克服了走过场问题，17.86%表示“不赞同”；对于人大代表参政议政的主动性及能力素质比较强问题，15.2%表示“不赞同”；对于人大代表对决定之事切实履行了监督权利，15.92%表示“不赞同”；对于人民代表大会制度不存在公民自主自发政治参与热情不高问题，19.18%表示“不赞同”；对于我国的多党合作与政治协商不仅仅是“咨询性”的，而是实现了制度化、规范化和程序化问题，12.82%表示“不赞同”；对于我国多党合作制克服了“上热、中温、下冷”的民主发展不平衡状况问题，20.04%表示“不赞同”。对于人大代表选举过程克服了走过场问题，5.44%表示“非常不赞同”；对于人大代表参政议政的主动性及能力素质比较强问题，3.31%表示“非常不赞同”；对于人大代表对决定之事切实履行了监督权利，2.52%表示“非常不赞同”；对于人民代表大会制度不存在公民自主自发政治参与热情不高问题，3.91%表示“非常不赞同”；对于我国的多党合作与政治协商不仅仅是“咨询性”的，而是实现了制度化、规范化和程序化问题，2.33%表示“非常不赞同”；对于我国多党合作制克服了“上热、中温、下冷”的民主发展不平衡状况问题，3.89%表示“非常不赞同”。

表2　　大学生对我国社会民主制度效能的认可度

	非常赞同	比较赞同	一般赞同	不赞同	非常不赞同
人大代表选举过程克服了走过场	9.13%	28.93%	38.64%	17.86%	5.44%
人大代表参政议政的主动性及能力素质比较强	12.09%	29.24%	40.16%	15.20%	3.31%
人大代表对决定之事切实履行了监督权利	11.07%	28.74%	41.75%	15.92%	2.52%
公民参与人大代表选举热情不高问题	11.74%	28.18%	36.99%	19.18%	3.91%
我国的多党合作与政治协商不仅仅是“咨询性”的，而是实现了制度化、规范化和程序化	11.26%	32.04%	41.55%	12.82%	2.33%
我国多党合作制克服了“上热、中温、下冷”的民主发展不平衡状况	9.73%	28.79%	37.55%	20.04%	3.89%

在执政党认同方面，对执政党领导的认同，就是对中国特色社会主义和民族国家的认同。绝大多数大学生对中国共产党的认同感较高。图15表明，在党和政府切实代表了人民的利益、得到人民群众广泛认同和有力支持问题上，15.9%表示“非常赞同”，47.9%表示“比较赞同”，29.0%表示“一般赞同”，5.7%表示“不赞同”，1.6%表示“非常不赞同”；在党和政府实现了团结、民主、和谐的协商民主的功效问题上，15.9%表示“非常赞同”，47.9%表示“比较赞同”，29.0%表示“一般赞同”，5.7%表示“不赞同”，1.6%表示“非常不赞同”；在党和政府维护了民族团结和社会稳定问题上，20.0%表示“非常赞同”，45.5%表示“比较赞同”，29.0%表示“一般赞同”，4.3%表示“不赞同”，1.2%表示“非常不赞同”；在党和政府有效地防止了政府官

员的腐败问题上，18.87%认为“非常赞同”，40.27%认为“比较赞同”，26.65%认为“一般赞同”，10.51%认为“不赞同”，3.70%认为“非常不赞同”。另外，较多大学生相信中国共产党的领导能力，对中国共产党有能力带领中国人民取得社会主义现代化的成功抱有信心。57.56%对此持肯定态度，12.97%认为不可能，还有29.47%模糊不清，表示很难说。

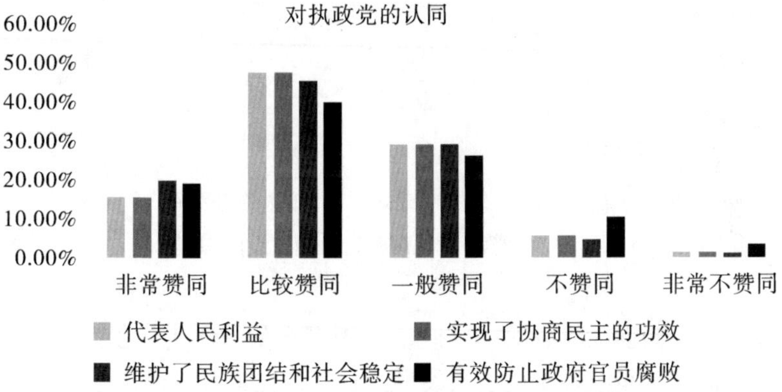

图15　大学生对执政党的认同度

在现行工作内容和成绩认同方面，当前大学生对政府发挥的作用、政府效能等认同度总体较高。图16表明，78.8%认同我国改革开放至今的成绩，其中31.6%认为取得了很大的成绩，47.2%认为“尚可”。另有15.0%认为“一般”，5.7%认为“不理想”，0.1%认为“很差”，还有0.4%对此“不太了解”。

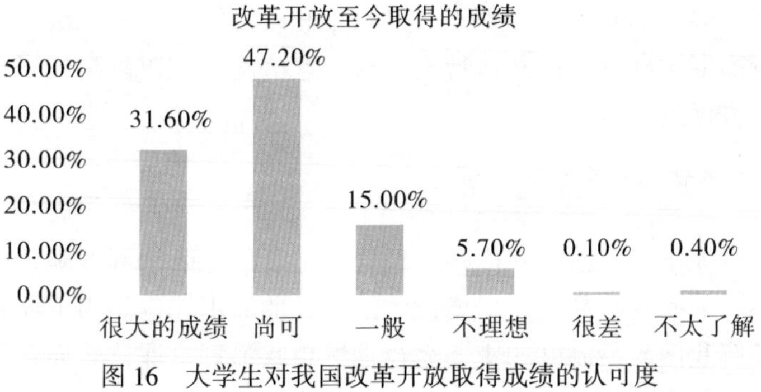

图16　大学生对我国改革开放取得成绩的认可度

在对我国现行的法制建设的看法方面（见图 17），25.64%认为“取得了很大进步”，66.34%认为“取得一定进展”，4.5%认为“基本停滞不前”，3.52%认为“发生了倒退”。

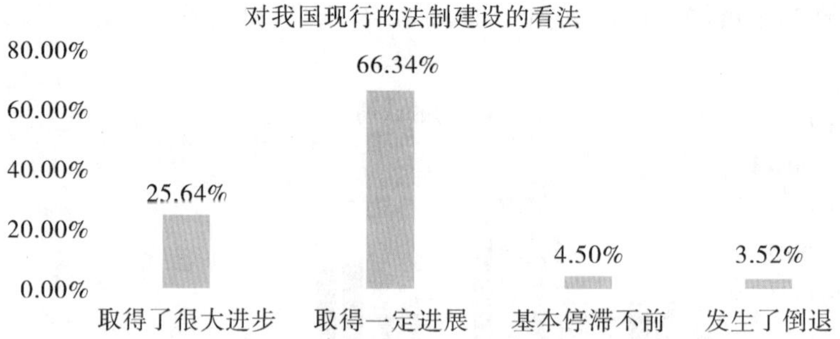

图 17　大学生对我国现行法制建设的态度

总体来看，当前大学生对一些政治知识存在认知匮乏、了解不清的问题，因此政治认同难免是感性上的、自发的产物，往往带有不稳定性。也有学生出于功利目的来学习政治知识，其政治认同往往未达到理智层次上的认同。

四、加强和改善大学生政治认同的建议

从以上分析可知，大学生在政治情感和态度上对政治关心度较高，政治素质有所提高，在宏观层面拥护中国共产党的领导，对我国社会主义民主政治制度认可度较高，肯定当下政府的方针政策和工作实效。然而，在微观层面上，大学生却存在着政治认知模糊即对诸多政治制度和地方政府运作机制了解不足等问题，因此表现出政治认知处于政治知觉和政治印象这一初级阶段、政治认同未达至较高层次即理智的总体特点。对于这些问题，建议高校思想政治教育可以从以下方面进行改进：

（一）增设政治学类的通识课程

针对部分大学生政治认知模糊，对社会主义民主政治制度和地方政府运作机制了解不足的问题，高校可以增设政治学类的通识课程。当下非政治学类专业的学生了解我国政治制度的主要途径是思想政治理论课，然而，思想政治理论课所涉政治制度的内容仅为其中的一个章节，并不能引导学生全面、系统、深入地了解我国的政治制度和地方政府运作机制。因此，通过开设政治学类通

识课程，如“当代中国政府与政治”，可以引导学生从专业的角度、理智的层面建立对我国政治制度的坚定信念。

（二）在课堂教学中适当增加实践教学环节

实践教学有助于大学生了解社会生活和政治生活，使其提早参与到整个政治体制运行过程中，从而促进大学生对政治运行机制的了解，提升其政治效能感，使其在毕业后积极参与政治过程，而不是停留在政治情感的积极关注层面。因此，有必要在高校的相关课程当中增加实践教学的环节。这些环节既可以是深入基层政府、社区进行调研走访，也可以是在校园当中对实际政治过程的模拟，以此增加大学生对政治活动的兴趣，增强政治信赖感和政治责任感，促其真正地成为社会主义事业的接班人。

（三）注重学生“辨析式”思维培养

没有经历思维辨析、情感认可、价值判断与选择的政治认同，是虚假、盲目、被动、短暂的认同，学生只有经历“辨析式”的思维路径，才能达至真实、理性、自觉、长远的认同。因此，“辨析式”思维培养应当贯穿教学与实践的整个过程，教师应发挥好科学引导和启发式教学的作用，对于错误观念及时纠错和厘清，同时充分发挥学生自身的主观能动性和认知主体的作用，剖析问题的同时也要注重建设性，启发学生独立思考，鼓励其勇于探索，发现问题并解决问题，从而提升自身对于事物是非好坏的思辨能力。

（罗骋，湖北经济学院马克思主义学院副教授）

当代“90后”大学生自我认同现状的实证调查报告
——以湖北六所高校调研为例

吕梦醒

自我认同是个体心理健康的必备条件，也是享受生活的基础。它是个体在特定生活环境中，通过自我探索和反思，将内在感觉与外部评价加以综合而形成的对自我的认知以及对关涉到个体发展的一系列重大问题，如处事风格，职业发展方向，生活方式等的思考和选择，最终使个体达至一种没有内在心理障碍，能与自我、他人、社会和谐相处的生活状态。自我认同是关系到我们如何进行自我认知，如何处理自我与他人、自我与社会关系的重要问题。自我认同的建构过程，不仅是一个心理过程，更是一个直接参与到政治、法律、道德、审美等各种社会实践的过程，在这个过程中自我认同的获得能够让驰骛于外物的浮躁内心重新获得自我价值的根基，使个体能够突破技术和物质的壁垒实现自由全面的发展。

一、研究背景与意义

（一）研究背景

从2008年第一批“90后”大学生步入大学到如今，高等教育的“90后”时代已经全面拉开帷幕。“90后”大学生成长于风云际会的现代性社会，无论是基本特征、生活方式还是价值观念都呈现出诸多与其父辈以及“70后”“80后”们不同的特点。据教育部公布的2014年高校学生思想政治状况滚动调查显示：当代“90后”大学生：他们平均智商超过了以前的同龄人，活泼、开朗、思想开放、动手能力强，悟性高，好奇心强，接受新生事物能力强；自我个性张扬，极力表现与众不同；对网络十分依赖，受到大量信息的包围，信息和知识丰富；内心有时较为空虚；价值观则更加务实。另据统计，中国近年来每年至少有两百余名大学生轻生自杀，而且这个数字呈上升趋势。实际上，当代“90后”大学生不可避免地正在遭遇自我认同问题的困扰，特别是个体化浪潮和社会风险的双重夹击使本就被现代性动摇了传统与文化根基的自我认同变得更为严重。从具体情况来看，大学生自我认同问题主要表现为：在自我确认方面，缺乏自信与自我膨胀并存，缺乏自信的大学生对自己评价偏低甚至消极，面临挑战时选择逃避，对未来容易陷入无力状态而导致苦闷与焦虑。自我膨胀的大学生不能正确地认识自己、评价自己，特别是认识不到自身的缺点和不足，不易被周围环境接纳和认可，而在接收到外界否定性评价时非常容易受到情感挫伤；在人际交往方面，无法把握好与他人的距离，一部分大学生随波逐流，盲目从众，丧失自我；一部分大学生追求特立独行，游离于他人和集体之外，这种状态易导致人际关系的淡漠，思想的偏激，情感上的孤独。在社会认同方面，玩世不恭与愤世嫉俗并存，一部分大学生发展方向迷茫，社会责任感缺乏，逃避现实，陷入一种不负责任的颓废生活状态，例如沉迷于虚拟的网络生活；另一部分大学生不能正确处理自我与社会的连带关系，在社会认知方面出现偏差，或过度悲观或过度理想化，当自我想象受挫于坚硬的社会现实时，就会出现诸多不满情绪，甚至迁怒于他人，出现报复社会的不健康心理。可以说，当代中国大学生由于遭遇自我认同困境而引发的一系列不良后果给思想政治教育工作者提出了严峻的挑战，在这种情况下，从思想政治教育视角出发关注大学生自我认同，反思高校思想政治教育应当如何帮助当代大学生化解成长风险，就具有深刻的现实意义。

（二）研究意义

首先，从理论意义上讲，大学生自我认同问题研究，既有助于丰富和发展当代大学生自我认同理论，也拓宽了大学生思想政治教育的研究视野。在以往的相关研究中，对于大学生自我认同问题单纯从个体心理层面的研究比较多，而自我认同是一个多方面因素共同作用的过程，对它的研究缺乏从围绕个体生活世界的整体视角。本文运用理论研究与实证研究相结合的方法对大学生自我认同的现状、特点、问题、影响因素等方面进行综合研究，挖掘大学生自我认同出现问题的原因并从思想政治教育的角度提出相应对策可有效弥补这些方面的不足。

其次，当今大学校园屡见不鲜的各类校园事故无不提醒我们，当代大学生的心理健康问题已经到了我们不得不警惕的地步，本文关于大学生自我认同问题的现状调查、成因探讨和策略论述对于社会、学校和家庭如何为大学生创造一个理想的育人环境，对于学生个人在自我认同问题面前如何进行有效的调适以化解其成长风险，促进大学生的全面发展，都具有直接的指导意义。以自我认同为切入点，多维度地考察大学生心理或思想问题产生的心理根源和社会根源，在此基础上提出应对策略，不仅有助于增强高校大学生思想政治教育的针对性和实效性，建立科学、合理的预防大学生心理问题的长效机制，而且对于促进大学生身心健康发展，维护社会稳定和实现可持续发展，构建社会主义和谐社会都具有一定的促进作用。

二、研究设计

（一）研究工具

本文以埃里克森的自我同一性理论为基础，以玛西亚自我同一性状态模型为依据，采用修订后的自我同一性状态量表（EOM-EIS-2）进行研究。自我同一性状态量表由 EOM-EIS-2 量表修订而成，EOM-EIS-2 量表是 Adams 等研究者以埃里克森的同一性理论及玛西亚的同一性状态模型为基础制定的，分为同一性获得、同一性延缓、同一性早闭和同一性扩散四个分量表，其中“同一性获得”指个体经过一段时间的探索成功解决认同危机，获得稳定的同一性状态；同一性延缓是指个体正在经历同一性危机，正在寻求可能的解决路径；同一性早闭是指个体对自我同一性缺乏探索，直接接受父母或权威人士的期望；同一性扩散状态则指个体对自我同一性既缺乏探索的勇气又缺乏解决问题的热情，处于一种消极的危机应对状态。每个分量表均包括意识形态及人际关系两大领域，意识形态分为政治、宗教、职业、人生观 4 个方面，人际关系分为性别角色、友谊、娱乐和约会 4 个方面，共计 8 个子量表，共 64 个项目，均使用 6 点计分法。该量表在北美、欧洲、大洋洲、亚洲等地区广泛地应用于研究、教育和临床等领域，有较好的心理测量学指标，被认为是最有影响、应用最为广泛的自我同一性评价量表。此外本文还使用了 Berzonsky 制定的同一性风格问卷（ISI-4）。Berzonsky 等人在 ISI-3 的基础上不断修改，于 2012 年编制 ISI-4，目前最新的 ISI-4 由 36 个项目组成，其中各个风格都各自包含 9 个项目，各分量表的内部一致性系数在 0. 86~0. 89 之间。（Berzonsky，2012）

（二）研究对象

本文的调查对象为当代“90 后”大学生，在武汉市 6 所不同类别、不同规模和不同教学质量的大学，采取多阶段随机抽样的方法抽取样本。此次调查共发放问卷649份，回收有效问卷572份，有效回收率为88.1%。样本信息如表1所示。

表1　“大学生自我认同状况调查问卷”样本分布

学校类别					
		频率	百分比	有效百分比	累计百分比
有效	高职高专	117	20.5	20.5	20.5
	省属本科	185	32.3	32.3	52.8
	民办本科	90	15.8	15.8	68.6
	教育部属本科	180	31.5	31.5	100.0
	合计	572	100.0	100.0	

注：由于四舍五入，统计误差在±0.1之间，后面表格也存在类似情况。

年级					
		频率	百分比	有效百分比	累计百分比
有效	大一	95	16.6	16.6	16.6
	大二	140	24.5	24.5	41.1
	大三	168	29.4	29.4	70.5
	大四	169	29.5	29.5	100.0
	合计	572	100.0	100.0	

专业					
		频率	百分比	有效百分比	累计百分比
有效	文科经管类	324	56.6	56.6	56.6
	理工类	202	35.3	35.3	89.9
	艺体类	27	4.7	4.7	94.6
	医科类	19	3.3	3.3	100.0
	合计	572	100.0	100.0	

性别					
		频率	百分比	有效百分比	累计百分比
有效	男性	318	55.6	55.6	55.6
	女性	254	44.4	44.4	100.0
	合计	572	100.0	100.0	

政治面貌					
		频率	百分比	有效百分比	累计百分比
有效	中共党员（包括预备党员）	93	16.2	16.2	16.2
	共青团员	447	78.1	78.1	94.3
	群众	32	5.6	5.6	100.0
	合计	572	100.0	100.0	

民族					
		频率	百分比	有效百分比	累计百分比
有效	汉族	462	80.8	80.8	80.8
	少数民族	110	19.2	19.2	100.0
	合计	572	100.0	100.0	

户籍					
		频率	百分比	有效百分比	累计百分比
有效	农村户口	294	51.4	51.4	51.4
	城镇户口	278	48.6	48.6	100.0
	合计	572	100.0	100.0	

是否是独生子女					
		频率	百分比	有效百分比	累计百分比
有效	是	307	53.7	53.7	53.7
	不是	265	46.3	46.3	100.0
	合计	572	100.0	100.0	

三、当代大学生自我认同现状实证调查分析

（一）当代“90后”大学生自我认同总体情况

根据EOM-EIS-2同一性状态量表的制定者Adams等人确立的同一性状态评分标准，以各分量表平均值以上标准差处（M+SD）为划分点来判定样本所处的同一性状态。具体的划分准则为：若只在一个分量表上得分高于划分点则为纯粹同一性状态，若四个分量表得分均未达到划分点，则处于同一性未分化的延缓状态；若在多个分量表上得分均高于划分点则处于同一性转化状态，此时按照较低水平状态进行判定，例如处于同一性延缓—同一性获得转化状态的样本按照同一性延缓状态划分（见表2）。①

表2　四种同一性状态的均值与标准差

	N	极小值	极大值	均值	标准差
同一性获得状态	572	1.63	6.00	3.8408	0.77773
同一性延缓状态	572	1.63	5.50	3.6198	0.65391
同一性早闭状态	572	1.00	5.25	2.7095	0.73770
同一性扩散状态	572	1.00	5.50	3.3256	0.73372
有效的N（列表状态）	572				

后来Jones（1994）等研究者将划分点进一步精确到平均数以上半个标准差处，即M+SD/2，本文亦使用此划分点作为同一性状态的划分依据（见表3）。据此，通过调查结果分析得出，样本中位于同一性获得状态的大学生有76人；位于同一性延缓状态的有216人；位于同一性早闭状态的有103人；位于同一性扩散状态的有178人。大学生自我认同四种状态的分布比例由高到低分别为同一性延缓状态（37.7%）、同一性扩散状态（31.1%）、同一性早闭状态（18.0%）及同一性获得状态（13.3%）。

① Bennion L D, Adams G R. A revision of the extended objective measure of ego-identity status: An identity instrument for use with late adolescents [J]. Journal of Adolescent Research, 1986 (1).

表 3　　**大学生自我同一性状态分布表**

同一性获得与否					
		频率	百分比	有效百分比	累计百分比
有效	否	496	86.7	86.7	86.7
	是	76	13.3	13.3	100.0
	合计	572	100.0	100.0	

同一性早闭与否					
		频率	百分比	有效百分比	累计百分比
有效	否	469	82.0	82.0	82.0
	是	103	18.0	18.0	100.0
	合计	572	100.0	100.0	

同一性扩散与否					
		频率	百分比	有效百分比	累计百分比
有效	否	394	68.9	68.9	68.9
	是	178	31.1	31.1	100.0
	合计	572	100.0	100.0	

同一性延缓与否					
		频率	百分比	有效百分比	累计百分比
有效	否	356	62.3	62.3	62.3
	是	216	37.7	37.7	100.0
	合计	572	100.0	100.0	

由表 3 可见，当代大学生自我认同现状不容乐观，同一性地位分布不均匀，大部分大学生处于较低水平的同一性延缓和同一性扩散状态，处于较高水平的同一性获得状态的学生为数最少。这一结果与国内目前现有研究成果基本保持一致，也符合笔者的研究预期。

（二）当代“90后”大学生自我认同的人口学差异

从调查结果中可以看出，大学生自我认同状态在院校、年级、专业、户籍、独生子女与否等变量上存在差异，在性别、民族及政治面貌等变量上则无显著差异。在院校方面，不同院校的大学生分别在同一性延缓及早闭两种状态分布上存在显著差异，主要表现为三本院校大学生同一性延缓比例高于二本及一本院校大学生，而一本院校大学生同一性早闭状态比例高于二本及三本院校大学生。在年级方面，不同年级大学生在同一性四种状态分布上均存在显著差异，主要表现为：在大一阶段，大学生同一性在成就和延缓维度上比例较高，处于较好的发展水平。从大二开始，大学生在较低水平的早闭和扩散状态的分布比例就有所提高，到了大三阶段这种情况最为严重，至大四阶段又略有好转。在专业方面，同一性扩散状态与专业呈显著相关，其中人文经管类大学生在同一性扩散水平要低于其他专业大学生。在其他状态分布上各个专业则无明显区别：在户籍方面，同一性延缓及早闭状态与户籍问题呈显著相关，而在同一性获得及扩散状态上无显著差异，具体表现为农村大学生延缓状态比例高于城镇大学生，而城镇大学生在同一性早闭状态上比例要明显高于农村大学生；而独生子女也是与同一性早闭状态显著相关，非独生子女在早闭状态的比例上明显少于独生子女。此外，在性别、民族与政治面貌三个变量上，经卡方检验证明，四种同一性状态分布并无显著差异，说明大学生同一性发展水平与这几个因素相关度不高。

（三）当代“90后”大学生自我认同的发展特征

以埃里克森的同一性理论为基础制定的同一性状态量表分别对个体在意识形态和人际交往两大领域下的政治、信仰、职业、人生观以及性别角色、友谊、娱乐活动和交往方式这8个方面进行测量以便详细的掌握受访者在各个方面的认同状态。根据调查结果，当代“90后”大学生自我认同的发展具有以下特征。

1. 自我认同发展领域不均衡

经调查发现，当代“90后”大学生自我同一性发展在两大领域共8个层面上的发展并不均衡。其中，在意识形态领域的发展水平要明显低于人际关系领域的发展水平。如表4、表5所示，有15.5%的大学生在人际关系领域达到同一性获得状态，而在意识形态领域这一比例仅为7.1%。通过对意识形态领域的职业、信仰、政治观念以及人生观4个层面进行详细分析发现，这大学生在4个领域的得分都比较低，以职业意向为例，仅有4.6%的大学生处于同一性获得状态，即“通过长时间的探索和尝试已经明确自己以后的职业方向”，有超过一半的大学生（55.8%）是处于同一性延缓状态，即“一直在试图评价个人能力以探索自己适合做什么样的工作”；有17.6%的大学生在职业选择上倾向于听从父母的意见：“自从父母说出他们的期望后，我对职业问题就再也没有任何疑问了”；有21.9%的大学生处于职业同一性扩散状态，即“我没有想过自己想从事的职业，有什么工作就先做什么，等有了更好的再说”。

表4　　意识形态领域同一性状态分布表

	频率		百分比	有效百分比	累计百分比
	意识形态同一性获得	41	7.1	7.1	7.1
	意识形态同一性延缓	228	39.9	39.9	47.0
	意识形态同一性早闭	119	20.8	20.8	67.8
	意识形态同一性扩散	184	32.1	32.1	100
合计	572		100.0	100.0	

表5　　人际交往领域同一性状态分布表

	频率		百分比	有效百分比	累计百分比
	人际交往同一性获得	89	15.5	15.5	15.5
	人际交往同一性延缓	215	37.6	37.6	53.1
	人际交往同一性早闭	77	13.5	13.5	66.6
	人际交往同一性扩散	191	33.4	33.4	100
合计	572		100.0	100.0	

2. 自我认同发展过程不稳定

此次调查发现，在大一阶段，大学生同一性在成就和延缓维度上比例较高，处于较好的发展水平；从大二开始，同一性发展在较低水平的早闭和扩散状态的比例就有所提高，到了大三阶段这种情况最为严重，可以说大三阶段是大学生同一性发展水平较低的阶段，早闭和扩散状态的大学生均占据较高比例。这一现状说明大学生自我认同水平的发展既不是一蹴而就的，也不是恒定不变的，即使已经达成较高水平的同一性状态，也有可能发生水平的倒退。在四个年级段中，分布范围最广的依然是延缓状态，始终保持在32.1%~46.7%的范围内（见表6）。

表6　　**年级与同一性状态**

年级＊同一性获得与否　交叉制表					
			同一性获得与否		合计
			否	是	
年级	大一	年级中的%	81.0%	19.0%	100.0%
		同一性获得与否中的%	18.8%	28.7%	20.1%
	大二	年级中的%	86.5%	13.5%	100.0%
		同一性获得与否中的%	35.0%	35.7%	35.1%
	大三	年级中的%	88.7%	11.3%	100.0%
		同一性获得与否中的%	28.0%	23.3%	27.3%
	大四	年级中的%	90.5%	9.5%	100.0%
		同一性获得与否中的%	18.2%	12.4%	17.4%
合计		年级中的%	86.7%	13.3%	100.0%
		同一性获得与否中的%	100.0%	100.0%	100.0%

年级＊同一性延缓与否　交叉制表					
			同一性延缓与否		合计
			否	是	
年级	大一	年级中的%	53.3%	46.7%	100.0%
		同一性延缓与否中的%	17.2%	24.9%	20.1%
	大二	年级中的%	60.9%	39.1%	100.0%
		同一性延缓与否中的%	34.3%	36.4%	35.1%
	大三	年级中的%	67.9%	32.1%	100.0%
		同一性延缓与否中的%	29.8%	23.3%	27.3%
	大四	年级中的%	66.9%	33.1%	100.0%
		同一性延缓与否中的%	18.7%	15.3%	17.4%
合计		年级中的%	62.3%	37.7%	100.0%
		同一性延缓与否中的%	100.0%	100.0%	100.0%

续表

年级＊ 同一性早闭与否 交叉制表					
			同一性早闭与否		合计
			否	是	
年级	大一	年级中的%	90.8%	9.2%	100.0%
		同一性早闭与否中的%	22.3%	10.3%	20.1%
	大二	年级中的%	88.8%	11.2%	100.0%
		同一性早闭与否中的%	38.0%	21.8%	35.1%
	大三	年级中的%	76.2%	23.8%	100.0%
		同一性早闭与否中的%	25.4%	36.2%	27.3%
	大四	年级中的%	67.5%	32.5%	100.0%
		同一性早闭与否中的%	14.3%	31.6%	17.4%
合计		年级中的%	82.0%	18.0%	100.0%
		同一性早闭与否中的%	100.0%	100.0%	100.0%

年级＊ 同一性扩散与否 交叉制表					
			同一性扩散与否		合计
			否	是	
年级	大一	年级中的%	74.9%	25.1%	100.0%
		同一性扩散与否中的%	21.9%	16.3%	20.1%
	大二	年级中的%	63.8%	36.2%	100.0%
		同一性扩散与否中的%	32.5%	40.9%	35.1%
	大三	年级中的%	67.2%	32.8%	100.0%
		同一性扩散与否中的%	26.6%	28.9%	27.3%
	大四	年级中的%	75.1%	24.9%	100.0%
		同一性扩散与否中的%	19.0%	14.0%	17.4%
合计		计数	668	301	969
		年级中的%	68.9%	31.1%	100.0%
		同一性扩散与否中的%	100.0%	100.0%	100.0%

3. 在认同体验上矛盾突出

从总体来看，当代“90后”大学生正面临高自信、高成就欲的心理特征与较低水平的同一性发展现状之间的矛盾。表面上“90后”大学生以思想成熟、自信独立著称，但实际上这种高自信并不等同于高水平的自我认同。正是由于高成就欲的大学生在极力试图掌控自我人生的这一路上试图高歌猛进，却正面临着无比坚硬的社会现实，所以从现实来看，当代大学生正在陷入一种对自我认同的矛盾状态：自信却又脆弱的心理状态，在独立与依赖之间的辗转徘徊，追求独特却又沉溺于消费主义进而转向陷入自我的消解，等等，这些问题都是大学生在构建自我认同途中必须突破的困境。

四、当代大学生自我认同的影响因素探析

自我认同的最终目的是使个体达致一种没有内在心理障碍，能与自我、他人、社会和谐相处的生活状态，它是社会环境及个体交互作用的产物。埃里克森在其同一性理论中强调了这一点，认为个体在发展中逐渐形成的人格，是生物的、心理的和社会的三方面因素构成的统一体。事实上，无论是心理学家埃里克森还是社会学家吉登斯，虽然他们在阐述自我认同因视角差异而各有侧重，但都非常强调环境对自我认同的影响。因此本文将大学生自我认同的影响因素划分为家庭因素、学校因素及个人因素三个方面 ：

（一）家庭因素

1. 家庭环境对大学生自我认同的影响

“家庭是孩子产生原始的自我感觉以及形成基本的身份、动机、价值和信念的背景。”① 个体终其一生的发展都无法脱离“家庭”这个生活场域，在进入社会之前家庭是个体社会化的重要场所，在成人之后家庭又是个体情感陪伴的主要源泉，可以说家庭是个体发展最为重要的物质家园和精神家园，从对个体品德、志向到人际交往的处理；从日常生活消费习惯的养成到生活情趣的熏陶；从行为处事、工作态度到对职业的选择；从幸福观的培养到如何拥有一个健康的体魄，家庭对个体发展的影响是全方位的，而这些问题都是与个体的自我认同息息相关的，因为所有对个体发展来说重要的内容也均是对于个体建立

① M. 罗森堡，R. H. 特纳．社会学观点的社会心理学手册［M］. 孙非，等，译. 天津：南开大学出版社，1992：182.

自我同一性的有价值的议题。本文在进行家庭环境与自我认同状态相关性分析后发现，家庭环境与同一性获得状态之间相关系数为 0.234，且 P=0.00，P<0.001，呈显著正相关，即家庭环境认知得分越高，同一性获得领域得分越高；与同一性早闭状态亦呈显著正相关；与同一性扩散状态呈显著负相关，即家庭环境认知得分越低，则同一性扩散领域得分越高；而与同一性延缓状态之间则相关度不显著（如表 7 所示）。

由此可见，家庭因素对大学生自我认同的影响还是非常显著的，特别是家庭亲密度较高以及被鼓励独立自主处理问题的大学生在自我认同水平上表现更好。

表 7　　**家庭环境 * 同一性状态 相关性分析**

		家庭环境	同一性扩散	同一性早闭	同一性延缓	同一性获得
家庭环境	Pearson 相关性	1	−0.127*	0.111	0.358	0.243**
	显著性（双侧）		0.000	0.000	0.408	0.000
	N	572	572	572	572	572

注：“*”表示在 0.01 水平（双侧）上显著相关。

2. 家庭教养方式对大学生自我认同问题的影响

“家庭教养方式是指父母在抚养、教育儿童的活动中通常使用的方法和形式，是父母各种教养行为的特征概括，是一种具有相对稳定性的行为风格。”① 在既往的研究中有的学者直接将家庭教育与家庭教养相等同，混合使用。但笔者认为在关涉到大学生自我认同问题上，使用家庭教养方式要比家庭教育更为准确。因为家庭教养与家庭教育在概念上还是有所区别的，家庭教育侧重于父母对子女在社会生活中应用的价值观念、态度体系和社会规范的传递与教导；家庭教养则是教育与抚养的结合，既关注对子女的身体和心理的保育也关注对子女社会化过程中应掌握的知识和技能的培育。在家庭教养方式的理论中，最具代表性的是美国临床心理学家戴安娜·鲍姆林德（Diana Baumrind）。戴安娜·鲍姆林德认为家庭教养方式可以划分为权威型、宽容型和专制型。而根据戴安娜·鲍姆林德的研究发现，权威型的教养方式明显优于其他教养方式，权

① 陈陈．家庭教养方式研究进程透视［J］．南京师大学报（社会科学版），2002（11）：95-109.

威型教养方式下的孩子具有更高的社会责任感和自控能力，也容易得到老师和同辈群体的认同。概括起来，权威型的教养方式具有四个特征：特征一：采用权威型教养方式的父母很注意自己的言行，他们知道自己一言一行对子女的成长带来的影响。特征二：家庭气氛是温暖的，父母没有那种“父母说的算”的家长制，对孩子的态度是既关心又支持，这样的亲子关系使孩子更加容易接受父母的影响。特征三：父母与子女间保持一种平等关系。这些父母允许孩子发表自己的意见，经常和孩子交换意见，所以权威型教养方式也可以称为民主型教养方式。特征四：这些父母在“给孩子独立自主的机会”和“对孩子有所限制”之间达到平衡，既培养孩子独立自主，同时又是有底线，对他们提供一定的监督和引导。这些孩子有一定的独立能力，并且社会责任感较强，同时又能遵守规则，有一定的自控能力。①

家庭教养方式对大学生自我认同的影响主要表现在对大学生的家庭教育问题上。如前所述，权威型（或者说民主型）的家庭教养模式崇尚一种民主平等的家庭成员关系的构建、一种榜样式的父母模范形象的塑造以及一种独立-控制型的子女行为模式的培育。而当前社会的家庭教育模式首先在教育目标上过多偏重于分数且过多地干涉了子女本身的兴趣选择和能力发展。在教育方式上，在独立和控制两个维度上不能做好平衡，不是过分溺爱子女走向放纵的阶段，就是过分控制子女走向了专制的极端。

根据研究需要，笔者在鲍姆林德所列出的教养模型的基础上，对权威型（或者民主型）的家庭教养方式进行多方位描述，对大学生在这一维度的得分进行测量，并与同一性状态之间的关系进行了分析，调查结果如表8所示：

表8　　**家庭教养方式＊ 同一性状态 相关性分析**

		家庭教养方式	同一性扩散	同一性早闭	同一性延缓	同一性获得
家庭教养方式	Pearson 相关性	1	-0.117**	0.068	0.003	0.167**
	显著性（双侧）		0.000	0.050	0.932	0.000
	N	572	572	572	572	572

注：**. 在0.01水平（双侧）上显著相关。

① Baumrind D. Current patterns of parental authority [J]. Developmental psychology Monographs, 1971 (4): 1-103.

由上可知，同一性获得状态与家庭教养方式的相关系数为0.169，对相关系数的检验的双侧P值小于0.001，所以可以认为两变量间的正相关是有统计学意义的，也即家庭教养方式上得分越高，同一性获得状态的得分越高；而同一性扩散状态与家庭教养方式的相关系数为-0.107，对相关系数检验的双侧P值小于0.001，所以可以认为两变量间的负相关是有统计学意义的，即家庭教养方式上得分越低，则在同一性扩散状态的得分越高。此外，家庭教养方式在同一性早闭及延缓状态两种状态上的相关性不显著。总之，家庭环境的两个维度，即家庭亲密关系及家庭教养方式对大学生自我认同水平的发展均存在一定程度的影响。

（二）学校因素

在学校因素的分析上，本文认为主要是从教育关系及教育环境两个层面的上对自我认同产生影响，其中教育关系包括同学之间、师生之间以及大学生与学校服务人员之间的关系，教育环境是大学生所在校园环境所具有特定的精神环境和文化氛围是否能满足大学生自我发展的需要。

首先，从教育关系层面来看。教育关系有广义和狭义之分。广义上的教育关系泛指一切围绕教育活动所产生的关系的总称，狭义上的教育关系则是指某教育机构与受教育者之间为了特定目的，在一定的教育实践行为的基础上发生的权利义务关系。在本文中，教育关系是指在大学这个教育场域中，围绕学生学习、生活各方面建构起来的包括师生之间、学生之间和学校服务人员与学生之间的关系的总和。教育关系之所以重要是因为教育的本源就是人与人之间关系性的体现，正如德国著名教育学家诺尔所说：“教育工作的最终秘密就是正确的教育关系，也就是把教育者和儿童联系起来的创造性的关系。”① 构建一种充满情感意蕴的教育爱的关系对个体自我认同水平的发展极具意义，因为无论是对任何人来说，离开了爱的支持，就不可避免地会陷入心灵的孤寂。在这种被爱的经验中，个体能够知觉到自己被他人所肯定、所接受，获得积极的心理体验和自我形象。具体来说，教育关系中的情感关怀，主要是指在教学中关注学生的情感状态，在学校生活中对关涉到学生身体心理以及价值健康发展的正面情感进行引导和培育，正如情感教育专家皮特朗教授所说：“教育应使每个学生都感到身心愉悦。”②

---

① Herman Nohl. Jugendwohlfahrt. Sozialpadagogische Vortrage [M]. Leipzig: Quelle&Meyer, 1927: 153.

② 朱小蔓. 中国教育：情感缺失 [J]. 读书，2012 (1)：3-15.

其次，从教育环境层面来看，构建一个能够帮助大学生获得安全感和归属感的教育环境是提高大学生自我认同水平的基本条件。在现代社会，流动性的生活让一切坚固的东西都烟消云散了，“客观环境以及就此制定的战术，在人们还没有机会熟悉和把握之前，就已经时过境迁”①。当传统和约定俗成的东西被逐步瓦解，吉登斯口中的个体自我认同赖以建立的根基——本体安全感愈加显得摇摇欲坠。我是谁？我将要往何处去？不再是一个稳步向前的固定轨道而转为无数种变幻莫测的回答。而面对这种境况，高等教育应致力于为大学生营造一个在“流动性生活”中的“确定性存在”，帮助大学生维持好“本体安全感”。在吉登斯的自我认同理论中，本体安全感是个体对人和物的一种可靠性感受，它脱胎于个体婴幼儿时期与母亲的互动。婴儿在出生之后的一段时期是与母亲处于“共生阶段”，随着母亲扩大社交范围，出现越来越多的“不在场”行为，婴儿不断反抗，如果母亲的关爱能够持久存在，不会因为婴儿的“打击报复”而撤回关爱，婴儿就在母亲持久关爱的保护下产生被满足、被呵护的基本安全感。但是这种由父母给予个体的安全感并不能帮助个体跨越社会生活的每个领域，伴随着年龄的增长，个体要逐步的离开家庭、走上社会，而高等教育在个体正式步入社会之前有责任也有义务在某种程度上取代父母的作用，继续提供学生以本体安全感。这不仅是为了提高大学生自我认同水平的需要，也是维持大学生从家庭走向社会这样一个社会化过程连续性的需要。因此高等院校不应仅是冷冰冰地“象牙塔”之代名词，而应使我们的教育生活变得更加亲密化、家庭化，构建一个学生与教育环境彼此依赖、彼此信任的教育共同体。

（三）个体因素

除了外在环境与大学生自我认同水平关系密切之外，大学生的个体因素与自我认同水平之间的联系也是本文重点考察的内容。前文分析了大学生自我认同在人口学方面的特征，即性别、年级、专业和户籍等方面的差异，从宏观上来讲，这也属于自我认同的个体因素部分，但笔者认为人口学变量属于外部附加的个人特征，并不能详细地描绘出大学生自我认同的个体差异。实际上大学生自我认同的个体差异是与大学生的自我探索、人际交往及社会认知方式等个人行为风格息息相关的。通过现有调查发现，大学生的行为风格大致可分为主

---

① ［英］齐格蒙特·鲍曼．流动的生活［M］．徐朝友译．南京：江苏人民出版社，2012：1.

动型、保守型及被动型三种。主动型的大学生能够积极收集信息以寻求关于自我发展一系列问题的答案；保守型在决策时则偏向接受重要他人意见，认知较为封闭；被动型偏向回避关于自我发展的一系列问题，喜欢拖延，行为受环境、他人影响较大而缺乏稳定性。主动型风格与同一性获得极同一性延缓两种状态均呈极显著正相关；保守型与同一性早闭状态呈极显著正相关而被动型风格与同一性获得状态呈极显著负相关而与其他三种状态均呈正相关。由此说明，拥有积极处事风格的大学生在自我认同上水平发展更好，而行事保守或消极型的大学生自我认同发展上问题较大。

五、提升大学生自我认同水平的教育策略

从总体来看，当前大学生自我认同现状不容乐观，处于较低同一性发展状态的大学生比例较大，同时在认同水平上存在发展领域不均衡，发展过程不稳定以及认同体验上矛盾突出等特征。而通过对“90后”大学生自我认同的现状调查及影响因素分析也为高等教育如何促进大学生自我认同水平的提高提供了一些基本思路。

（一）提高大学生意识形态领域的同一性发展水平

据调查，当代“90后”大学生在包括职业、信仰、政治观念以及人生观四个层面的意识形态领域同一性发展水平较低，职业规划模糊，信仰缺失、政治冷漠与价值观混乱是这一问题的突出表现。因此，提高大学生在意识形态领域的同一性水平是化解自我认同困境的重要任务，而这一问题的症结在于当前多元文化冲击下社会主导型价值伦理的式微。主导型价值伦理是指在多样化的社会思潮和价值选择中占据主流地位，为大部分人所认同的价值标准。它的缺失将直接威胁到大学生自我认同构建的核心，因为自我认同建立的过程并非仅是一个心理过程，它是个体参与包括政治、法律、道德等各种社会实践之后的一种综合结果的体现。正如吉登斯所说：“自我认同并不是个体所拥有的特质或一种特质的组合，它是个人依据其个人经历所形成的反思性理解的自我。”① 在自我认同的构建过程中，无论是从内在的个体自我认知，还是外在的身份归类和社会评价都逃脱不了一种价值上的决断，即我们在诸多可能的选择中选择

① ［英］安东尼·吉登斯．现代性与自我认同［M］．赵旭东，方文，王铭铭，译．北京：生活·读书·新知三联书店，1998：58.

何种路径作为自我认同的标准，在某种意义上甚至可以说自我认同实现的过程就是通过对某种价值主张的自觉践履最终获得自我价值感伸张的过程。

在多元文化充斥的现代社会，加强大学生主导型价值伦理的架构的重要途径在于充分重视社会主义核心价值观教育，坚持以一元价值导向引导多元价值取向。“富强、民主、文明、和谐，倡导自由、平等、公正、法治，倡导爱国、敬业、诚信、友善”的24字社会主义核心价值观分别从国家、社会、个人三个层面对当前中国的主流价值导向做出高度提炼，切中肯綮地概括出当代大学生应以何种价值体系处理与国家、社会和他人的关系，其目的就是让大学生在价值爆炸的时代拥有稳定、正确的价值观。但在这里必须强调的是以社会主义核心价值体系作为引导大学生价值取向的主导型价值伦理并不代表对个体权利和自由进行限制，更不是站在当前社会多元文化的对立面，试图消灭多元文化并存的现状，它是一种具有统领性但非排他性的价值伦理，与中国封建社会“崇一尚独”的“专制主义”政治文化理念有本质的区别。

（二）以提高主体间交往理性促进教育场域关系模式的转变

从对大学生自我认同影响因素分析中可以看出，在教育场域中，那些在关系维度上占有优势的大学生往往能够获得更高水平的自我认同感。因此，学校教育如何帮助学生实现各个层面关系之和谐就显得尤为重要。从反省当前教育关系的角度看，以提高主体间交往理性促进教育场域关系模式的转变不失为一条可靠路径。德国当代著名哲学家、社会学家哈贝马斯（Juergen Habermas）认为，在社会公共生活中应实现符合交往理性的“话语意志”的平等和自由：“以语言行为为基础，以交往过程中的相互理解和相互协调为基本机制，以达到交往共同体各主体之间共同认可的合理目标为目的。”① 它所强调是主体间非中心化的交流方式，以相互理解和取信代替相互控制和顺从。后一种交往关系是通过对个体内在情绪的阻隔和对自我感受的遮蔽完成的，比如内心很害怕表面却淡定自若；内心很反感却很难说不，都是属于在控制、顺从关系下压抑自我情绪的表现，个体将在此之间感受到一种自我殖民化的痛苦。但在现实生活中，个体体验自我存在的方式又往往是通过控制、领导他人或是顺从团体与组织从而缔结一种共生关系而达至，这种模式下成长的大学生往往缺乏掌握自我人生的自信，无法获得真正的自由和独立，更没有对抗普世之恶的内在力

---

① 龚群. 道德乌托邦的重构——哈贝马斯交往伦理学思想研究［M］. 北京：商务印书馆，2003：25.

量。因此，无论是父母对子女的养育模式，教师对学生的教育模式又或者是大学生之间的互动模式，都到了需要改变的时候了。

（三）注重对大学生主动型人格的培育

调查显示，主动型风格的大学生在自我认同发展水平上显著高于保守型及回避型风格大学生，受此启发，教育从加强大学生主动型人格培育的角度出发对提高大学生自我认同水平大有裨益。主动型人格是 Bateman 和 Crant 在研究组织行为的主动性成分时首次提出的，具体内涵为“个体较少受环境的约束，而是主动改变环境；他们能识别有利机会，并采取一系列主动行为，直到他们能带来有意义的改变；他们是传达组织使命、发现并解决问题的先导者，他们会采取行动来影响周围的世界”①。虽然从心理学角度来讲，个体的人格特征，处事风格在一定程度上具有先天性因素，并且是在后天长期稳定的行为模式中逐步形成的，要改变谈何容易，但是从教育的本质来看，从无到有、从不知到知、从不能到能、鼓励学生成为更好的自己是教育的应有之义，所以教育应当在培育大学生主动型人格上有所作为。从具体方法上来讲，培育大学生主动型人格首先要有一个公正、平等的教育环境，切实保障大学生的各项权利不受侵害以提高其本体安全感。其次，要正视现行教育中情感意蕴缺失的问题。教育中情感意蕴的缺失容易忽视学生的心理需求，挫伤学生的自信心。在教育过程中如果学生学业的压力不能得到有效疏导、成长的困惑无法被关切指引，饱满向上的精神品质无法被培育，那么伴随压力而来的冷漠、倦怠、焦虑等负面情感就避无可避。因此应加强教育中对学生的情感关怀，以师生之间“爱的承认”促进大学生正面、积极情绪的培养。教育应为大学生提供充分发展自我的机会，鼓励其展示个人特质，培育个人优势项目并给予承认，以增强大学生在群体中的自我价值感。

（吕梦醒，博士，湖北经济学院马克思主义学院讲师）

① Bateman T S, Crant J M. The proactive component of organizational behavior: A measure and correlates [M]. Journal of Organizational Behavior, 1993, 14 (2): 103-118.

科学评价：思政工作的定量分析

湖北省高校大学生思想政治教育工作评价报告（2017）[①]

巨　英

此次全省高校思想政治评估共选取武汉大学、中南财经政法大学、中南民族大学、湖北大学、武汉科技大学、三峡大学、长江大学、江汉大学、湖北工业大学、武汉工程大学、武汉纺织大学、湖北中医药大学、武汉轻工业大学、湖北汽车工程学院、湖北民族学院、湖北医药学院、湖北经济学院、湖北警官学院、武汉体育学院、湖北美术学院、武汉音乐学院、湖北师范学院、湖北文理学院、湖北工程学院、湖北科技学院、黄冈师范学院、湖北理工学院、湖北第二师范学院、荆楚理工学院、武汉商学院等116所高校为样本，以各高校提交给省教育厅的《大学生思想政治教育工作自评报告》所编制的“高校思政政治教育工作指标体系”，辅以实地调查和网络资料，进行综合调查分析。所调查的116所高校的基本情况如下：

一、大学生思想政治教育工作的总体情况

在所调查的116所高校中，均成立了大学生思想政治教育工作校级领导机构，并且每学期至少召开一次校级党政专题会议，都能把思想政治理论课列入学校事业发展规划中，能够切实落实思想政治教育工作各项政策和措施，配齐大学生思想政治教育工作机构的主要负责人，并且具有相关学科学历背景，做到了专职化。与专业院系同等配备了教学、办公设备，做到了保障专项经费专款专用；使用统编教材，“形势与政策”课使用指定辅导资料，课堂规模一般不超过100人，鼓励小班教学，合理安排课堂教学时间。在全校开展各类实践

---

① 本文系湖北湖北经济学院校级项目阶段性成果。项目名称为“社会主义核心价值体系融入思想政治教育的路径研究”，立项编号：XJ201329。

育人活动，开展网络思想政治教育活动，把思想政治理论课列入校级教学成果奖、“精彩”系列等评选活动中去；对学校党政干部及共青团干部组织、协调、实施大学生思想政治教育工作有明确要求；对思想政治理论课教师的专业技术职务评定注重考核教学能力和教学实绩，纳入学校各类教师表彰体系，并为思想政治理论课教师确定一定比例；马克思主义理论学科点均设在思想政治理论课教学科研机构，马克思主义理论学科点不办本科专业、不招收本科生(思想政治教育专业除外)，马克思主义理论学科的学术骨干均是思想政治理论课的教学骨干，每年在核心期刊（北大核心、南大核心）发表论文、出版论著数量不低于全校平均水平；开展思想政治理论课教学改革与创新，并取得显著成果，其经验在全国或全省得到一定的推广；能够推动思想政治理论课建设工作的其他有特色的项目。

（一）高校特征

从学校性质来看，公办学校有 68 所，占 58.6%；民办学校有 48 所，占 41.4%。

从学校类型来看，综合性大学有 27 所，占 23.3%；工科大学有 57 所，占 49.1%；民族类大学有 2 所，占 1.7%；医药类大学有 4 所，占 3.4%；财经类大学有 10 所，占 8.6%；公安政法类大学有 2 所，占 1.7%；体育类大学有 1 所，占 0.9%；艺术类大学有 5 所，占 4.3%；师范类大学业有 7 所，占 6%；农林类大学有 1 所，占 0.9%。

从学校位置来看，位于省会城市的高校有 77 所，占 66.4%。

（二）教学管理

在所调查的 116 所高校中，组织领导较为有力。

从领导重视来看，有 112 所高校党政主要领导每年分别到堂听思政课不少于 4 学时，定期听取汇报，占 96.56%。

从机构设置来看，有 78 所高校有独立的与其他二级院（系）行政同级的思想政治理论课教学科研二级机构。

从教学管理制度来看，有 115 所高校，教学管理制度健全，健全率达到 99.1%。

从课程设置来看，有 103 所高校落实了课程学分，达到学时规定，达标率达到 88.79%。

从“形势与政策”课程开设情况来看，有 106 所高校将“形势与政策”

课程作为必修课列入教学计划，落实规定的课时和学分，落实率达到91.38%。

从实践教学情况来看，有115所高校在实践教学纳入教学计划，落实学分、教学内容、指导教师和专项经费，落实率达到99.14%。

从实践教学基地建设来看，有21所高校建立了1~2个校外实践教学基地，有8所高校建立了3~4个校外实践教学基地，有42所高校建立了5个及以上校外实践教学某地，另有45所高校校外实践教学基地情况不明。

从实践教学覆盖情况来看，有1所高校达到实践教学100%全覆盖，有108所高校实践教学覆盖在学生总数的一半以上，占93.1%；有7所高校实践教学覆盖率在学生总数的一半以下，占6%。

从校园文化建设来看，有94所高校有校史馆，校园文化丰富多彩，占81.03%；22所高校无校史馆，占28.97%。

从心理健康课程开设情况来看，已开设心理健康通识必修课，有心理健康教育机构的高校有115所，占99.14%。

从心理健康教师的配置情况来看，按照师生比不低于1：500的比例配备专职从事心理健康教育的教育，且不少于2名的达标要求，达标的高校有111所，达标率95.69%。

从生均心理健康教育经费的使用情况来看，有3所高校的生均心理健康教育经费在0~2.99元，占2.6%；有2所高校的生均心理健康教育经费在3~5.99元，占1.7%；有10所高校的生均心理健康教育经费在6~8.99元，占8.6%；有13所高校的生均心理健康教育经费在9~11.99元，占11.2%；有16所高校的生均心理健康教育经费在12元及以上，占13.8%；另外还有72所高校的生均心理健康教育经费情况不明，占62.1%。

从校级精品课程数量来看，有77所高校没有校级精品课程，占66.4%；有16所高校只有1门精品课程，占13.8%；有9所高校有2门精品课程，占7.8%；有9所高校有3门精品课程，占7.8%；有2所高校有4门精品课程，占1.7%；有2所高校有5门精品课程，占2.6%。

从省级精品课程的数量来看，有97所高校没有省级精品课程，占83.6%；有15所高校有1门省级精品课程，占12.9%；有2所高校有2门省级精品课程，占1.7%；有2所高校有3门精品课程，占1.7%。

从国家精品课程的数量来看，有112所高校没有国家精品课程，占96.6%；有3所高校只有1门国家精品课程，占2.6%；有1所高校有3门国家精品课程，占0.9%。

（三）队伍建设

从思政课教师配备情况来看，有 82 所高校思政课专任教师按不低于师生 1∶400 的比例配备，占 70.7%；有 34 所高校思政课专任教师的配备低于 1∶400 的比例，占 29.3%。

从专任教师的社会实践情况来看，有 111 所高校每学年至少安排 1/4 专任教师开展社会实践和学习考察活动，占 95.7%；有 5 所高校每学年安排的专任教师开展社会实践和学习考察活动在 1/4 以下，占 4.3%。

从专任教师攻读硕士、博士学位情况来看，有 113 所高校鼓励专任教师攻读马克思主义理论相关学科硕士、博士学位，占 97.4%。

从高级岗位设置情况来看，有 115 所高校岗位比例不低于学校重点学科高级岗位设置的平均水平，占 99.1%。

从辅导员配备情况来看，有 96 所高校按现生比不低于 1∶200 的比例设置一线专职辅导员岗位，研究生配备有专职辅导员，占 82.8%。

从班主任或指导教师的配备情况来看，有 88 所高校配备了兼职班主任或指导教师，占 75.9%。

从班主任考核表彰办法来看，有 99 所高校制定并落实了辅导员班主任考核表彰办法，占 85.35%。

从辅导员专业技术职务评聘来看，有 89 所高校对辅导员专业技术职务单列指标，单设标准，单独评审，占 76.7%。

从高级职称比例来看，有 7 所高校的高级职称比例在 9%以内，占 6%；有 4 所高校的高级职称比例在 4%以内，占 3.4%；有 7 所高校的高级职称比例在 20%~29%以内，占 6%；有 11 所高校的高级职称比例在 30%~39%以内，占 9.5%；有 11 所高校的高级职称比例在 40%~49%以内，占 9.5%；有 18 所高校的高级职称比例在 50%~59%以内，占 15.5%；有 7 所高校的高级职称比例在 60%~69%以内，占 6%；有 9 所高校的高级职称比例在 70%~79%以内，占 7.8%；有 2 所高校的高级职称比例在 80%以上，占 1.7%。

从博士化率来看，有 15 所高校的博士化率在 9%以内，占 12.9%；有 13 所高校的博士化率在 10%~19%，占 11.2%；有 5 所高校的博士化率在 20%~29%以内，占 4.3%；有 3 所高校的博士化率在 30%~39%以内，占 2.6%；有 3 所高校的博士化率在 40%~49%以内，占 2.6%；有 4 所高校的博士化率在 50%~59%以内，占 3.4%；有 6 所高校的博士化率在 60%~69%以内，占 5.2%；有 1 所高校的博士化率在 70%~79%，占 0.9%；有 1 所高校的博士化率在80%以上，占0.9%。

二、大学生思想政治教育工作存在的问题

（一）大学生思想政治教育的形式较为单一

调查发现，目前大学生思想政治教育仍以课堂“灌输”为主要形式，注重“灌”、轻视“输”，对大学生进行思想政治教育一般是集中于固定的教室，学生处于被动的学习状态，缺乏自我探究及分析的氛围；强硬的灌输压抑了学生的个性发展，使学生难以发挥自己的兴趣、爱好和想象，对老师传授的思想政治知识不可避免地产生抵触心理，这些对大学生思想政治综合素质的培养和提高产生了较大的消极作用。另外，第一课堂和第二课堂往往相互分离，不能相互呼应、相辅相成。公寓、网络、社团等思想政治教育的阵地建设相对落后，不能系统发挥大学生思想政治教育功能。

（二）大学生思想政治教育新理念的贯彻落实相对迟滞

从调查来看，各高校处理德育和智育关系的问题上都不同程度地出现了“一手软，一手硬”的现象。即普遍重视学校的办学规模，学科建设以及博士点、师资队伍、科研项目、考研就业情况等硬指标，把大学生思想政治教育视为软任务，不能积极主动地予以关注和相应的资金和设备投入。甚至出现了一些高校对中央提出的加强和改进大学生思想政治教育工作作片面理解，形式化现象比较严重。少部分高校大学生思想政治教育机构不健全，人员编制不完备，数量和质量上都不能适应大学生思想政治工作的需要。再加上激烈的市场竞争环境使得很多高校面临巨大的生存压力，加强和改进大学生思想政治工作很难成为他们最先关注和需要解决的问题。因此，这种认识不到位、配备不齐全、环境不支持的现象必然导致很多的大学生思想政治教育先进理念不能得到及时有效的贯彻落实。

（三）大学生思想政治教育的师资队伍仍不稳定

调查还发现，大学生思想政治教育师资队伍仍并未全面实现专业化、专职化，仅从思想政治理论课教师配备情况来看，在所调查的116所高校中仍有有34所高校思政课专任教师的配备低于1∶400的比例，占29.3%。“半路出家”、中途转行等现象较为突出，仍存在思想不稳、流动性大、随意性强等现

象，影响了大学生思想政治教育工作的实效性。

一些高校的思想政治教育教师在职称、待遇和职业发展前景等方面没有切实保障，使他们的想法和顾虑较多，影响了整个思想政治教育的师资队伍的稳定；特别是辅导员普遍存在工作量大、待遇低等情况，使得一部分辅导员对大学生思想政治教育缺乏热情。一些在大学生思想政治教育工作中表现优异的辅导员又很快被提拔分流至行政管理岗位或教学科研岗位，而辅导员的梯队建设缺乏系统的规划，因而出现了大学生思想政治教育师资队伍的断层、弱化、不稳定等状态。

（四）大学生思想政治教育理论研究对现实问题关注不够

调查发现，大学生思想政治教育理论研究对一些大学生热衷和关注的新事物、新情况、新问题不能给予相应研究和及时指导，难以解决学生思想、心理和认知上的困惑。再加上大学生心智发展不成熟，理性意识缺乏，结果导致学生盲目跟风从众，容易受到外界影响，一些不良信息和行为方式乘虚而入，误导甚至贻害了大学生，从而使得思想政治教育在社会现实面前变得脆弱和无力，不能全方位凸显思想政治教育的当代价值。另外，当代大学生思想政治教育研究忽视了教育教学过程中的现实问题。围绕课堂教学问题，对于如何提高课堂教学效果，如何提高课堂教学艺术，如何提高讲课水平等问题的理论探讨成果相对较少，影响了大学生思想政治教育教学的改进和教学效果的提高。

三、大学生思想政治教育工作存在问题的原因分析

（一）经济全球化对大学生思想政治教育工作提出新挑战

经济全球化带动了文化的全球化的发展。不同的民族文化相互交融，在国际舞台上尽显各自的魅力，为各国展现自身的文化软实力创造了条件。西方国家凭借其强大的经济和科技实力，打着促进世界文化多元发展的旗号向我国发起了强大的文化攻势。强势的西方思想文化已经渗透到中国的政治、经济、文化、科技、教育等各个领域，给民族精神、传统道德、传统文化、社会主义核心价值观带来了一定冲击。例如，淡化了对传统优秀文化、社会主义文化的认知，导致部分大学生对西方思想文化的误读与盲目崇拜，削减了对本民族文化的热爱，弱化了自身的民族自豪感和自信心，没能对中西方思想文化进行正确的取舍与整合；特别是西方追求享乐、金钱利益至上的腐朽没落文化，造成了

部分大学生思想上的混乱和行为上的堕落，从而加大了高校对大学生开展民族精神、传统道德、传统文化、社会主义核心价值观教育的难度。

（二）社会转型期的冲突和矛盾对大学生思想政治教育工作提出了新课题

目前，我国正处于经济体制转轨、社会结构转型的关键时期，虽然通过对内改革，对外开放，我国的社会主义建设取得了举世瞩目的成绩，但随之出现的价值取向多元化与差异性对伦理道德、集体主义的规范构成挑战，使大学生思想政治教育面临新挑战。大学生大多处于人格养成和心理成熟期，思想活跃、个性独立，尚未形成稳定的世界观、人生观。面对多元化的价值观及各类价值观冲突时，部分大学生容易茫然无措，甚至怀疑或否定社会主流价值观，从而削弱传统道德、社会主义核心价值观的规范作用。这就迫切需要加强大学生的传统道德、集体主义、合作与竞争意识教育，引导他们构建坚定的社会主义核心价值观。转型期中国社会的各种社会矛盾和问题，高房价、高药价、高学费、环境污染、贫富差距、贪污腐败等各种社会矛盾和问题都对大学生价值观形成冲击和影响，致使他们理想信念淡薄，逐渐形成自私自利、利益至上、个人主义的倾向，缺乏集体主义观念，轻视自身素质的培养和提高。另外，一些大众传媒受利益驱动，推波助澜，为获得高的收视率和商业价值发表一些不切实际的报道，炒作明星绯闻，传播色情、享乐等不良思想观念，这些都会对大学生思想政治教育产生不良影响。

（三）网络的双重效应对大学生思想政治教育提出新要求

网络是一柄双刃剑，在为信息资源传播创造便利条件的同时，也产生了许多消极影响，尤其是影响了大学生的理想信念和思想道德修养。由于当前网络监管制度不完善、网络道德缺失，大量消极、庸俗甚至反动的信息充斥网络。大学生求知欲旺盛、好奇心强，抗诱惑能力较弱，因此这些负面的网络信息在一定程度上影响了他们的是非判断。此外，一些西方资本主义国家利用网络对我国进行意识形态渗透，在网络上大量散布攻击社会主义制度的言论，致使部分大学生受网络中非马克思主义意识形态的影响，动摇了对马克思主义的信仰。因此，各高校必须趋利避害、扬长避短，积极研究和开展大学生网络思想政治工作，使网络成为弘扬传统文化，社会主义核心价值、宣传马克思主义的前沿阵地；使优秀传统文化、传统道德、社会主义核心价值观通过网络传播给大学生，从而筑牢他们的思想防线，夯实大学生思想政治教育主阵地。

（四）高等教育大众化对大学生思想政治教育提出了新问题

高等教育大众化是对传统精英教育的扬弃。传统精英教育主张高等教育是精英的特权，但是，时代发展让精英教育的观念面临着巨大的挑战，当前科学技术以惊人的速度发展，而且也以惊人的速度转化为生产力。这种发展速度要求高等教育不仅内容要更新，而且培养目标、培养方式都要有根本的改变，才能培养出符合时代要求、跟上科技发展步伐的人才。为此，我国高等教育在20世纪90年代末也开始了从精英教育向大众教育的转变，并且中国高等教育是在短期内通过扩招实现了高等教育大众化。1998年，全国普通高校招生规模为108万人，高等教育毛入学率为8%。自1999年实施高等教育大扩招，至2015年，我国高等教育毛入学率已达到40%。由于高等教育由精英教育转向大众教育，许多高校在人才培养中和大学生思想政治教育工作中重量轻质，追求短期效应和经济效益，把高等教育办成了产业，并没有正确认识大学生思想政治教育的作用，只是单纯地传授知识，不注重学生的社会实践，忽视他们自身的爱好兴趣。这种低效的教育方式导致大学生不相信教师单纯理论性的说教。另外，单纯的应试教育使得他们重分数、轻技能，忽视自身思想素质的提高。学生的学习目的是为了得高分及各种证书，由此产生强烈的投机心理。在考试中运用各种作弊手段，甚至使用高科技作弊，影响了社会的公平正义。大学生思想政治教育需要学生自身进行内化，掌握理解所学知识；与此同时，还应该将自己的社会实践经验作为重建知识体系的催化剂。如果这些社会实践经验和所学的理论知识相符，便可将这些理论纳入自己的知识体系中；反之，则产生排斥心理。如果理论与实践相脱节，会严重影响大学生提高思想政治教育的实效性。

四、加强和改进大学生思想政治教育工作的对策与建议

大学生思想政治教育工作是一项复杂的系统工程，各高校必须严格遵循大学生思想政治教育客观规律，牢牢把握当前大学生的思想和心理特征，在“以人为本”理念的引导下有针对性地开展相关加强和改进大学生思想政治教育活动。

（一）加强人文素质教育，提升大学生思想政治教育的内涵

人文素质教育可以将空洞、枯燥的说教式思想政治教育演变为蕴含丰富人

文色彩的文化大餐，从而增强大学生思想政治教育的吸引力。通过人文素质教育可以丰富大学生的文化生活，提升他们对文化的认知、情感、判断创造的能力。各高校将人文素质教育纳入思想政治教育体系，就是要在开展大学生思想政治教育时充分融入中国传统文化、时代精神、社会主义文化，尽可能地开阔大学生的人文视野，让他们在先进文化的熏陶下提高自己的思想境界，养成良好的道德习惯。具体可以从以下几方面加强人文素质教育：

首先，加强优秀传统文化教育。高校应深入挖掘优秀传统文化的精髓，展现其时代魅力，使之成为培育大学生传统美德的重要源泉。中华民族精神是中国优秀传统文化的灵魂，而爱国主义是中华民族精神的核心，是实现人生价值的精神动力和力量源泉。因此，加强大学生思想政治教育必须继承爱国主义优良传统，教育并引导大学生正确理解爱国主义的内涵和外延，以理性的方式维护祖国的核心利益，反对狭隘民族主义，以及打着爱国主义旗号所进行的暴力违法犯罪行为。

其次，重视时代精神教育、时代精神是每一个时代特有的普遍精神实质，是一种超脱个人的共同的集体意识。因此，各高校引导大学生传承中华民族精神，培育他们的爱国主义传统，除要加强大学生传统文化教育和传统道德教育之外，还要重视培育他们的时代精神，只有这样才能使大学生全面地、完整地传承中华民族精神，从而更好地继承和弘扬爱国主义传统。这就要求大学生要做时代的弄潮儿，既要处理好传统价值观与现代价值观的关系，不可偏颇，又要正确对待传统文化和传统道德，在传承与创新中取其精华，去其糟粕，与时俱进，形成新的符合时代发展要求的民族精神与社会道德。

再次，加强社会主义核心价值观教育。党的十八大提出，倡导富强、民主、文明、和谐，倡导自由、平等、公正、法治，倡导爱国、敬业、诚信、友善，积极培育和践行社会主义核心价值观。富强、民主、文明、和谐是国家层面的价值目标，自由、平等、公正、法治是社会层面的价值取向，爱国、敬业、诚信、友善是公民个人层面的价值准则，这 24 字方针是社会主义核心价值观的基本内容。社会主义核心价值观是社会主义核心价值体系的内核，体现了社会主义核心价值体系的根本性质和基本特征，反映了社会主义核心价值体系的丰富内涵和实践要求，是社会主义核心价值体系的高度凝练和集中表达，是中国对我国的每一个成员的严格要求。因此，各高校在加强和改进大学生思想政治教育工作中，绝不能脱离社会主义核心价值观的土壤。

最后，体现思想文化的多元化与包容性、思想文化的认同与传承，应建立在包容不同思想文化的基础上。因此，通过人文素质教育提升思想政治教育的内涵，需要引导大学生以正确的文化观和理性的心态对待各类思想文化和社会思潮，形成对外来思想文化和社会思潮的兼容并包。中华文化源远流长、博大精深，中华文化既是民族的，也是世界的。因此，大学生弘扬中华文化必须要有国际视野，在与世界各种思想文化进行交流、交锋的过程中，使中华文化成为新时期推动社会各项事业发展的精神动力和智力支持，增强民族自信心和自豪感。

(二) 创新教育载体，发挥网络在大学生思想政治教育中的积极作用

我国互联网信息中心CNNIC2017年发布的第40次《中国互联网络发展状况统计报告》显示，截至2017年6月，中国网民规模达7.51亿，互联网普及率为54.3%；手机网民规模达7.24亿。从职业结构来看，中国网民中学生群体占比仍然最高，为24.8%。① "90后"大学生已经成为互联网最活跃的群体之一，他们利用网络学习、娱乐、交流。因此，高校应当顺应网络时代的要求，结合大学生的兴趣爱好，因势利导，充分利用网络传播的优势，开拓大学生思想政治教育的新局面。

第一，组建大学生网络思想政治教育队伍，增强网络思想政治教育的实效性和影响力。当前网络已成为高校开展思想政治教育的有力武器，实现了师生间的双向互动交流，有效地提升了教育效果，而利用网络开展大学生思想政治教育对教育者的素质提出了严格要求。因此，做好高校网络思想政治教育工作，就必须建立一支以高校教师为主体的、素质过硬的网络思想政治教育队伍。首先，要提升高校网络思想政治教育工作者的政治素养。高校网络思想政治教育工作者不仅要以马克思主义理论为指导，而且要深刻理解党的路线、方针和政策，具有较强的政治敏锐性，能够灵活运用马克思主义的基本立场、观点、方法来分析问题、解决问题。其次，要提升高校网络思想政治教育工作者的专业水平与人文素养。高校应开设网络思想政治教育专门培训班为高校网络思想政治教育工作者普及政治传播学、教育学、心理学、网络信息技术等知识，强化他们的专业素养和能力，要求他们掌握传统文化和传统道德的精髓，深入领会社会主义核心价值观的实质。最后，促进高校网络思想政治工作队伍职业化、专业化。高校网络思想政治教育是一项全新工作，应当明确从业人员的准入规则，提升网络思想政治教育队伍的素质。

第二，让校园网络教育平台成为传播正能量、弘扬主旋律的前沿阵地。高

① 中华人民共和国国家互联网信息办公室. 中国互联网络发展状况统计报告[R/OL]. [2017-08-04]. http://www.cac.gov.cn/2017-08/04/c_1121427728.htm.

校要充分利用互联网信息内容丰富、信息量大、覆盖面广、自由开放、反应及时、交流方便和互动性强的特点，成立专门机构。还应划拨专项经费，打造专职队伍，组织网站建设，在互联网上加强对大学生的思想政治教育，帮助大学生解决思想、学习和生活等方面的实际问题，引导大学生树立正确的人生观和价值观。高校应当让优秀传统文化在校园网络中安家落户，通过校园网弘扬主旋律文化，让广大学生在潜移默化中受到教育和熏陶。高校思想政治工作者要通过网络拉近与大学生之间的距离，增强思想政治教育的人文关怀。各高校既要利用校园网服务于大学生的学习与生活，又要依托校园网络平台，建立弘扬中华传统美德和开展思想政治教育的德育网站。高校可以通过思想政治理论课教学网站重点介绍体现传统美德的历史人物和事件，以及符合新时代精神的先进人物、感人事迹等，如年度感动中国十大人物、年度全国道德模范等，实现网络文化与中华文化的有机结合，让中华民族精神、优秀传统文化、社会主义核心价值观成为大学生的网络精神食粮。

第三，改进网络宣传教育的语言风格，提升网络思想政治教育的实效性。当前大学生的网络语言丰富，话语文本简洁，因此高校在进行网络宣传教育时可选择大学生喜闻乐见的言语形式，尽量少用官话、套话，多用生活化、通俗化的语言文字，运用图片、动漫、影像等大学生喜爱的表现形式展示，并制成数字产品，以增强网络思想政治教育的亲和力，从而提升网络思想政治教育的实效性。

（三）加强校园文化建设，充分发挥文化育人功能

校园文化是以学生为主体，以校园为主要空间，以育人为主要导向，以精神文化、环境文化、行为文化和制度文化建设等为主要内容，以校园精神、文明为主要特征的一种群体文化。加强校园文化建设，充分发挥文化育人功能，对于思想政治教育工作能够起到事半功倍的效果。高校要高度重视校园文化建设，以“文化育人”为导向，在文化氛围、文化设施、物质环境等方面不断改进，建设具有时代特色、办学特色的校园文化，形成良好的校风、班风、学风、教风，为大学生创造良好的人文环境，使他们在文化育人的校园环境中树立正确的理想信念。

一方面，高校应该严格完善各种教育教学制度，努力形成勤奋学习和诚实守信的良好风气。积极开展各种形式的学术讲座，进行思想政治教育和诚信教育。大学生的知识并不只是来自课堂，还来自于学术讲座等其他途径。另外，高校应积极创造条件，充分调动学生参加学生社团的积极性，这种同辈群体性

的社会团体有较强的组织力和号召力，可以通过学术社团开展的各种体育、文化等活动对大学生进行思想政治教育，以培养大学生的民主、团结、协作精神，营造风清气正、积极向上的校园文化。

另一方面，高校教师要创作更多的既反映民族传统，又与时俱进、融入时代内涵文化精品，同时，积极组织开展阅读经典和传播经典活动。高校教师可以推荐和引导学生读一些弘扬中华民族精神和传统美德的经典作品，还可以开设“古典文学欣赏”“中国传统文化概论”“中国哲学概论”等课程，培养大学生的审美情趣，让大学生在阅读经典的过程中找到传统文化与时代精神的契合点，领悟传统文化与新时期社会公德的共同点，进而自主地运用优秀传统文化、传统美德和时代精神塑造正确的品行。

（四）更新教育观念，创新教育方法，完善高校思想政治教育教学环境

创新高校思想政治教育环境是为了使高校思想政治教育能够有一个不断趋于完美的外部条件，创造大学生思想政治教育的良好氛围进一步增强思想政治教育的实效性。

第一，要认识到高校思想政治教育环境建设的重要性、长期性和复杂性。同时，要转变高校思想政治教育工作只是“两课”教师、辅导员、党总支书记、学工处、团委等少数人员及部门的事，与其他人员和部门无关的思想；要转变高校思想政治教育环境中受教育对象仅限于大学生，而广大教师、管理人员则不被包含在其中的保守思想，要加强对教职员工的思想引领，充分发挥他们的积极性和主动性；要转变高校思想政治教育环境仅仅局限于思想政治理论课、党团组织范围内的思想，要把思想政治教育渗透到大学校园的每一堂课、每一个班、每一个人。

第二，构建合理、稳定的高校思想政治教育队伍。做好高校思想政治教育工作，思想政治教育队伍是根本保证。高校要从构建合理高校思想政治教育队伍结构的整体出发，整合思想政治理论课教师、哲学社会科学课教师、党政管理干部、辅导员队伍，兼顾年龄结构、知识结构、角色结构等方面，打造一支结构合理、专兼结合、资源共享的高效思想政治教育队伍。高校要通过教育培训观念、培训目标、培训内容和培训方式、手段等的创新，加强思想政治教育工作队伍培训，不断提高思想政治教育工作者的自身素养和政策水平、组织管理工作水平和工作技能。

第三，高校要加大投入，构建高校思想政治教育的硬环境。要切实保障大学生思想政治教育专项经费的真正落实，防止被挤占、挪用，要充分考虑思想

政治理论课教师的教学、科研和生活需要，给他们提供相对宽松、愉悦的环境，确保他们在日常生活中没有后顾之忧，能够全身心地投入到大学生思想政治理论教育工作中去，提升大学生思想政治教育教学水平。

参考文献

[1] 陈俊. 新学期大学生思想政治教育面临的挑战及应对［J］. 教育评论，2015（2）.

[2] 霍冬旭. 大学生思想政治教育存在的问题及对策初探［J］. 长春教育学院学报，2015（18）.

[3] 田晓明，芮国强，周玉玲. 大学生思想政治教育：问题、成因与对策［J］. 苏州大学学报，（哲学社会科学版），2006（6）.

[4] 陈俊. 新时期大学生思想政治教育面临的挑战及应对［J］. 教育评论，2015（2）.

[5] 陈跃，王毅. 大学生思想政治教育面临的新问题及对策思考［J］. 西南师范大学学报（人文社会科学版），2006（4）.

[6] 胡纵宇，黄丽亚. 大数据时代大学生思想政治教育面临的问题及应对［J］. 学校党建与思想教育，2014（13）.

[7] 赵旭阳，柴江，李亮. 大学生思想政治教育现状、存在问题及对策［J］. 河北农业大学（农林教育版），2011（1）.

[8] 李红军. 高校思想政治理论课考核方式改革探究［J］. 现代教育科学，2009（1）.

[9] 张绍平. 当代大学生的思想特点及成因透析［J］. 毛泽东思想研究，2006（5）.

[10] 蒲清平. 以人为本，切实做好大学生思想政治工作［J］. 西南民族大学学报（人文社科版），2005（9）.

[11] 曾兰. 论内容优化与大学生思想政治教育质量提升［J］. 思想教育研究，2016（2）.

[12] 刘宏达. 当前大学生思想政治教育的几个前沿问题［J］. 江汉论坛，2015（12）.

[13] 王彦丽. 运用网络平台创新大学生思想政治教育工作［J］. 中州学刊，2014（7）.

[14] 肖薇薇，陈同海. 大学生思想政治教育协同创新机制：条件、效应与建构［J］. 学校党建与思想教育，2015（19）.

［15］王彦丽. 转识成质与转质成行：关于大学生思想政治教育路径的思考［J］. 学校党建与思想教育，2015（1）.

［16］文大稷，秦在东. 加强新时期大学生思想政治教育针对性的路径探微［J］. 思想教育研究，2010（4）.

［17］骆郁廷，魏强. 文化发展视域下的大学生思想政治教育［J］. 思想教育研究，2012（5）.

［18］王忠. 当代大学生思想政治教育实践育人运行机制研究［J］. 思想教育研究，2015（1）.

［19］季惠斌. 大学生思想政治教育常态化研究［J］. 思想理论教育导刊，2016（4）.

［20］黄希庭. 当代中国青年价值观研究［M］. 北京：人民教育出版社，2005.

（巨英，博士，湖北经济学院马克思主义学院副教授）

辅导员专项奖励项目研究

卫　莉

高校辅导员是开展大学生思想政治教育的骨干力量。切实加强辅导员队伍建设，大力促进辅导员职业化、专业化，是落实立德树人根本任务、改进大学生思想政治教育的重要举措。《中共中央、国务院关于进一步加强和改进大学生思想政治教育的意见》（中发〔2004〕16号）明确指出：要采取有力措施，着力建设一支高水平的辅导员队伍。

湖北省高度重视高校辅导员的队伍建设，自2013年起每年实施高校辅导员专项奖励项目。辅导员专项奖励项目自实施以来，在解决辅导员生活、工作、学习和发展中遇到的实际困难、增强辅导员工作的吸引力和职业发展动力方面发挥了重要作用，进一步提高了我省高校辅导员队伍的职业化、专业化建设水平。

一、项目基本情况

（一）项目立项背景

2011年4月11日，在第19次湖北省高校党建暨大学生思想政治教育工作座谈会上，时任省委书记李鸿忠在听取了高校党委书记及辅导员、班主任、思想政治理论课教师和学生代表的发言，了解了高校思想政治工作队伍配备、待遇等方面的实际困难后，明确指示要着力解决一两个影响和制约大学生思想政治教育工作的实际问题。

根据李鸿忠书记指示精神，湖北省高校工委和教育厅进行了认真调研和充分论证，并在广泛征求意见后，形成了《关于进一步加强和改进大学生思想政治教育的若干意见（代拟稿）》。该文稿按程序报送湖北省委办公厅、省政府办公厅，经省政府办公厅征求省直有关部门意见，并经过制度廉洁性评估后，2011年10月，正式以省委办公厅、省政府办公厅《关于进一步加强和改进大学生思想政治教育的意见的通知》（鄂办发〔2011〕39号）印发。该文件明确要求建立大学生思想政治教育工作表彰奖励制度，对湖北省高校辅导员队伍中的优秀人员给予奖励。

（二）项目立项过程

在湖北省教育厅党组高度重视和领导下，教育厅思政处会同有关处室积极贯彻落实《关于进一步加强和改进大学生思想政治教育的意见的通知》（鄂办发〔2011〕39号）文件精神，认真研究拟定湖北省高校辅导员的奖励措施。

为了测算辅导员专项奖励的资金需求，湖北省教育厅思政处对已经建立辅导员津补贴或者奖励制度的北京、湖南等省市进行了广泛的调研，参照外省市每人每月给予500元补助的标准，按照目前湖北省高校专职辅导员6700人（其中省本级约2000人）计算，全省每年需要辅导员奖励资金约4000万元（其中省本级高校约1200万元）。

湖北省教育厅将工作方案报省人社厅审核。2013年8月，湖北省人社厅正式回函，同意设立该项目，并明确要求将此项目列入单位绩效工资统一管理，作为奖励性绩效工资专门项目，并按额度增加单位绩效工资总量。湖北省教育厅从2013年开始每年拿出1200万元专项经费用于湖北省高校辅导员奖励。2014年11月，湖北省教育厅印发《省教育厅关于做好湖北省高校辅导员专项奖励项目实施工作的通知》（鄂教思政〔2014〕8号），正式组织各相关高校开展实施，之后每年按照该文件实施。

二、2016年度辅导员专项奖励实施概况及绩效评价①

湖北省高校辅导员专项奖励是延续性项目，至2017年7月，已实施2013年、2014年、2015年和2016年度辅导员专项奖励四个年度。2017年上半年，湖北省教育厅思政处组织相关高校对各校2016年度项目进行了绩效评价和年度总结，并组织成立了实施评价工作组，对全省2016年度辅导员专项奖励项目进行了绩效评价和总结。

（一）2016年度辅导员专项奖励实施概况

根据湖北省实际情况，2016年湖北省财政下达教育厅湖北省高校辅导员

① 由于此项目当年的评价工作通常在次年，因此这里选用2016年数据。

奖励项目经费640万元。湖北省教育厅思政处高度重视对辅导员专项奖励项目专项资金的监管和使用范围，经核查，至2016年年底，25所高校共发放辅导员奖励资金640万元，完成预算的100%。

按照《省教育厅关于做好湖北省高校辅导员专项奖励项目实施工作的通知》（鄂教思政〔2014〕8号）要求，相关42所高校出台了《辅导员专项奖励实施方案》。先后成立了学校辅导员专项奖励工作领导小组，组长由校领导担任，成员由学生工作部门、研究生工作部门、心理健康教育中心、组织人事部门、财务部门、纪检监察部门、审计部门等部门（机构）负责人组成。领导小组下设办公室，由学生工作部牵头，各相关部门参与。学生工作部具体负责项目的组织实施工作。

辅导员专项奖励主要用于对辅导员中的优秀人员给予奖励，以解决辅导员生活和发展中遇到的实际困难，切实推动辅导员职业化、专业化建设。辅导员专项奖励实施对象为各有关高校在职在岗的部分优秀专职辅导员及部分优秀心理健康教育专职教师，且必须工作满一年、上年度考核获得称职（合格）及以上等次。高校专职辅导员界定按照教育部解释执行，即在一线直接从事本专科生、研究生日常思想政治教育工作的人员，包括教学院系学工组长、研工组长、团总支书记（分团委书记）、党总支（分党委）副书记等学校中层副职级别及以下从事学生工作的专职人员。

辅导员专项奖励测评以工作业绩为主，对德、能、勤、绩、廉等方面进行综合测评。相关高校均制定了科学的实施方案和详细的评审细则，并按照“公开、公平、公正、择优”的原则，采取定性和定量相结合的方式，结合绩效评价，对各校专职辅导员和心理健康教育专职教师60%人员实施差异化奖励，按三个档次形成相对合理的级差梯度。奖励对象重点向在辅导员、心理健康教育专职教师岗位工作实绩突出、工作时间较长、愿意长期从事辅导员和心理健康教育工作的基层一线人员倾斜。项目资金均以转账形式一次性全部发放给奖励对象。

根据25所高校所报送材料，各校基本上采取以下过程：第一，成立辅导员专项考核工作领导小组，下发文件落实辅导员专项奖励项目。第二，严格规范评定程序。坚持“公开、公正、公平”的原则，对项目实施对象、奖励名额与标准、奖励评分标准及评定程序作了规定。经个人申请、自评，学院审核、报送，学工部复核、排序、公示，领导小组审定，校内公示，财务处核发奖励。第三，通过自查、总结，组织项目年度绩效评价，报送相关材料。

（二）2016年辅导员专项奖励绩效评价

2016年辅导员专项奖励绩效评价目的在于通过开展项目绩效评价，提高财政资金使用效益，树立和增强绩效观念，同时为下一年度预算安排和辅导员专项奖励的进一步实施提供科学的依据，使得专项奖励制度能真正激发辅导员的工作热情，有效促进辅导员的思想政治素质和业务工作水平的提高，推进湖北省高校辅导员队伍的职业化、专业化建设。

2016年湖北省高校辅导员专项奖励绩效评价遵照以下原则：第一，相关性原则。绩效评价指标与绩效目标有直接的联系，能够真实反映目标的实现程度。第二，重要性原则。绩效评价指标为最能反映评价要求的核心指标。第三，经济性原则。绩效评价指标应通俗易懂、简便易行，数据的获得考虑现实条件和可操作性，符合成本效益原则。

1. 评价指标体系与绩效标准

项目管理部门湖北省教育厅思政处按照财政厅、教育厅《湖北省省级财政项目资金绩效评价实施暂行办法》（鄂财绩发〔2012〕5号），以及《湖北省教育厅教育项目绩效评价管理办法（试行）》（鄂教财〔2013〕7号）等文件要求开展绩效评价工作。具体指标体系如表1所示：

表1　**辅导员专项奖励项目绩效评价指标**

项目绩效考评指标	指标简要说明	分值
1. 立项目标完成程度及质量		55
（1）教师队伍建设	辅导员队伍学历结构、年龄结构改善情况、国内外交流情况等	20
（2）科研能力建设	发表论文情况；承担科研项目及经费情况；科研成果及其获奖情况等	20
（3）学生活动情况	学生活动获奖情况；学生科技成果情况	15
2. 项目决策情况		7
（1）项目决策情况	项目定位、项目目标、决策过程、资金分配的明确性、合理性、可行性和科学性	5
（2）建设规划目标调整情况	目标调整的必要性和调整后新目标的科学性、可行性；目标调整手续及报批程序符合相关程序和规定	2

续表

项目绩效考评指标	指标简要说明	分值
3. 项目管理情况		9
(1) 管理机构设置的健全性	相关各级管理机构是否健全，分工是否明确，能否保证项目的顺利实施	3
(2) 管理制度的健全性	相关各级管理部门是否有专门的项目实施管理措施、管理制度，是否建立了招投标、监理制、项目公示制、政府采购等	3
(3) 组织实施情况	项目实施相关机构是否较好发挥相应作用，项目实施措施、制度是否得到有效执行	3
4. 项目的社会效益		3
辅导员工作积极性	辅导员工作投入等情况	3
5. 项目的可持续效益		6
(1) 辅导员工作稳定性	辅导员有长期从事此岗位工作的意愿	3
(2) 服务对象的满意度	辅导员对本项目的满意度，学生对辅导员评价及满意度情况	3
6. 项目资金及资产落实情况		6
(1) 投入管理情况	预算执行率、资金到位率	3
(2) 资金管理情况	是否存在支出依据不合规、虚列项目支出的情况；是否存在截留、挤占、挪用项目资金情况；是否存在超标准开支情况；资金管理、费用支出等制度是否健全，是否严格执行；会计核算是否规范	3
7. 项目实际支出情况		6
(1) 预算执行与预算批复的相符性	预算执行的超支、结余情况以及实际支出项目与预算批复的相符性	2
(2) 实际支出调整的合理性	若实际支出作了调整，则要考评调整手续是否齐全、调整幅度大小及其合理性	2

续表

项目绩效考评指标	指标简要说明	分值
(3) 实际支出结构的合规性	实际支出结构与通用的财务管理制度同专项资金管理办法规定的相符性	2
8. 项目财务信息质量		8
(1) 财务（资产）管理制度的健全、规范性	财务（资产）管理制度符合国家有关规定、规范全面，并能满足财务管理各方面要求的状况	2
(2) 财务（资产）管理制度的有效性	执行财务（资产）管理制度，保证专项资金使用效益和提高财务管理水平的状况	2
(3) 财务资料的真实、完整性	项目资金收入、支出、资产（包括账、卡、物）等财务资料的真实、完整性	2
(4) 会计核算的准确性	会计核算方法与会计制度、国家财政制度有关要求的符合程度以及财务数据的真实程度	2
建设项目绩效考评得分合计		100

注：1. 根据一年项目实施和管理情况，酌情扣分；实行倒扣法，每一项目标任务未完成或者完成不好，一般扣1分（分值为1分的最少扣0. 5分），直至扣完为止。

2. 自评得分和专家组评分在各栏目中保留1位小数。

2. 绩效评价实施过程

湖北省教育厅思政处针对评价体系中的指标采取定量或定性的方法收集取证。实施过程如下：第一步：成立评价实施工作组，制定评价工作方案；第二步：确定目标，启动评价；第三步：组织实地考察或问卷调查，收集与核实评价基础数据；第四步：组织评价数据处理。对于容易获得的定量指标，注重评价基础数据的准确性；对于多数的定性指标，实地调查，多方征求意见，达成共识。

3. 项目绩效目标

2016年度辅导员专项奖励项目主要绩效目标为以下几点：

第一，根据辅导员工作业绩和实际情况，对全省各高校优秀专职辅导员进行差异化奖励，以提升辅导员工作的积极性和稳定性。

第二，进一步促进湖北省高校辅导员队伍职业化、专业化建设，不断提高辅导员的思想政治素质和业务工作水平。

第三，专款专用，解决辅导员生活和发展中遇到的实际困难。

4. 绩效分析

经过前四个年度辅导员专项奖励项目的实施，各相关高校辅导员对自身工作的归属感和认知感有了更加深入的认识，工作积极性有了较大提升，很多辅导员更加愿意从事此岗位，往职业化和专业化方向发展。具体情况如下：

首先，辅导员的职业认同感明显增强。辅导员专项奖励项目促使各相关高校出台了一系列有利于辅导员职业发展的导向性政策、辅导员工作职责边界日益清晰、学校对辅导员的培养和待遇问题高度重视，辅导员的职业晋升空间日益增长。这些措施使得高校辅导员的职业认同感显著增强，对工作考核的重视程度增大，工作积极性明显得到提高，形成“你追我赶”的工作局面，辅导员工作稳定性较前有所提高。湖北工程大学对50位获得了专项奖励的辅导员进行了问卷调查，调查表明，100%的辅导员表示此项目在一定程度上提高了辅导员的薪资待遇；100%的辅导员表示此项目大大激发了辅导员队伍的工作热情和积极性；25%的辅导员表示希望长期服务在学生工作一线，且有利于辅导员职业的稳定发展，而在此项目实施之前，此项比例仅为17%；78%的辅导员对岗位的满意度为满意或非常满意，而在此项目实施之前，此项比例为61%。

其次，辅导员在科学研究和学生工作两个方面都取得了较大成绩。通过辅导员专项奖励，促进了各相关高校辅导员的科学研究能力和专业团队的建设。各校积极创造条件，分类指导，辅导员在2016年一年中所发表的论文、申请或参与的科研项目均有所突破。同时，在专业团队建设方面，部分高校形成了大学生思想政治工作、思想政治教育教学、心理健康教育、就业创业指导等多个专业研究团队，有效地凝聚了辅导员研究方向，实现了科研工作的良性发展。在科研工作之外，辅导员的学生工作也有显著发展。

再次，辅导员队伍建设新举措频出。各相关高校加强了辅导员素质建设，结合校内实际情况，部分高校举行了“校辅导员职业技能大赛”，并且选送相关人员参加全国、全省辅导员职业能力大赛。另外，有些高校实施了辅导员素质提高工程。比如，中南民族大学组建了“好巴郎”“雁行”“阳光”“蓝途”“EA”“小荷”等学生学业辅导工作室，既助力学生学业发展，也提升辅导员学业辅导专业能力。华中农业大学围绕辅导员职业能力提升，建立了“每月精读一本经典书籍、每月举办一次辅导员论坛、每月开展一次学习测试、每年作一次公开读书报告、每年结集出版一本论文集”的辅导员“五个一”学习制度，并在2016年开展辅导员论坛、辅导员沙龙活动10余次，举办了校辅导员职业能力大赛。湖北中医药大学组织部分优秀辅导员参与了《新生入学教育导论》《大学生就业与创业》《大学生职业生涯规划与发展》等教材的编写工作，并让辅导员走上讲台开设相关课程，还设立了大学生思想政治教育研究专项课题及经费，鼓励该校辅导员申报与学生工作相关的课题研究，培养提升辅导员的学术兴趣与研究能力，以推动辅导员队伍从实践型向实践研究型转变。

最后，辅导员队伍结构日趋合理和完善。项目实施一年以来，各相关高校辅导员队伍的学历结构和年龄结构有所改善。辅导员除了参加其校内外的各级各类培训、全国和全省辅导员校际交流外，还有多名专职辅导员考取了博士研究生，多名辅导员得以晋升职称。同时，部分高校以较高条件引进辅导员的方式优化了其校内辅导员的学历结构、职称结构和年龄结构等。

5. 评价结论

第一，评分结果。通过此次绩效评价，湖北省教育厅对25所高校辅导员专项奖励项目进行了认真的检查和评估，评估平均分为95分，项目绩效评价整体情况良好。

第二，主要结论。2016年度辅导员专项奖励经费资金管理规范，各项工作均按计划完成，社会效益较好，项目产出成本可控，产出数量、产出时效、产出质量指标均达到绩效目标，服务对象总体满意，辅导员工作积极性和稳定性均得到提升，项目可持续性强。

三、湖北省高校辅导员专项奖励主要经验及做法、存在的问题和建议

（一）主要经验及做法

1. 领导高度重视

按照《省教育厅关于印发〈湖北省教育厅教育项目绩效评价管理办法（试行）〉的通知》（鄂教财〔2013〕7号）的要求，各高校分管学工领导高度重视，组织相关部门学习文件精神，做到“按要求、分步骤、抓实施、出效果”，全面部署此项工作。

2. 建立规章制度

以高校辅导员奖励项目为契机，各高校相继完善了对辅导员工作业绩的评价体系。在公平、公开、公正的原则下，各高校成立了辅导员专项奖励工作评

价小组。对奖励对象、奖励比例、奖励评分标准、评定程序既考虑到了上级文件的精神导向，又重在辅导员工作实绩的考核，向一线倾斜，不搞平均主义，将各项指标量化，突出评审过程的可操作性。

3. 以奖促建成常态

作为一种新的激励机制，高校辅导员奖励专项资金促使各高校辅导员工作业绩与工作积极性的提升。部分高校还采取专项辅导员课题化的形式，鼓励辅导员积极从事科研活动，这也促进了高校辅导员专业化的建设。

（二）存在的问题

1. 辅导员成长与工作成效的长期性和专项奖励考核的周期性存在矛盾

辅导员的成长是一个长期的过程，且思想政治教育工作的成效主要通过间接效益、社会效益体现，这需要一个较长的过程，因而，投入与产出在短时间内难以进行评估。辅导员成长与工作成效的长期性和专项奖励年度考核较短的周期性之间存在明显的矛盾。

2. 辅导员的工作业绩评定存在一定难度

辅导员的工作业绩在定量和定性考核上都存在一定难度。辅导员的工作琐碎，对其工作业绩的定量界定在一定程度上存在偏差。而非量化指标（不能用数量指标值表示的绩效评价指标）由于其抽象的主观判断很难细化，在定性考核上也有其局限性。由于这两个方面的原因，拉开辅导员绩效考评结果的级差存在一定的难度。

3. 少数辅导员对专项奖励项目实施的认识有待进一步提高

少数辅导员对专项奖励的精神认识不到位，甚至有些偏颇，存在“平均主义”“吃大锅饭”“轮流坐庄”的思想，认为辅导员工作都很辛苦，应该将此项奖励平均分到每个辅导员，没有认识到此项奖励是重点奖励在辅导员、心理健康教育专职教师岗位工作实绩突出、工作时间较长、愿意长期从事辅导员和心理健康教育工作的基层一线人员，是为了更好地促进工作。

（三）建议和改进举措

1. 进一步加大对辅导员专项奖励项目的总体投入

辅导员队伍整体上年轻，工作繁琐，压力大，待遇偏低，大部分辅导员恪尽职守，工作十分努力，但目前奖励比例较低，不利于体现公平、效率原则，建议适当扩大奖励比例，让更多的辅导员能够享受此项奖励政策。

2. 专项奖励经费应向省属高校倾斜

辅导员专项奖励项目实施以来，在一定程度上缓解了省属高校辅导员队伍建设经费不足的问题，然而，由于省属高校的办学经费较为紧张，辅导员队伍建设在人力和财力方面还存在着较大资金缺口，相对于部属高校的辅导员队伍建设投入仍然非常低，省级财政应该在经费安排上向省属高校予以倾斜。

3. 完善绩效管理制度，实行阶段性绩效管理

进一步深化、完善辅导员专项奖励项目的绩效管理体系，建立全过程的预算绩效管理机制，注重过程管理，开展“三年成长计划”或者“五年成长计划”等类似绩效考评机制，缓解辅导员成长的长期性与年度绩效考评的矛盾。

4. 改进辅导员工作考核评价体系

在公平、公正、公开的原则下，要制定更为科学客观的辅导员考核指标体系，增强指标体系的科学性与可操作性，具体而言，有以下改进办法。

第一，改进测评标准。根据辅导员的工作职责，可对辅导员工作测评的中心和重心主要分为两个部分。一是辅导员的工作情况，如指导学生到课情况、指导学生优良素质养成情况、各类奖助学金开展情况。二为辅导员个人素质和能力的情况，主要包括辅导员的业务能力、辅导员的学习情况、辅导员参与调查研究的情况、辅导员科研成果等。

第二，明确测评主体。辅导员工作千头万绪，同学校职能部门、院系领导，以及老师、学生都有广泛的接触。他们都可以成为辅导员考评的主体。辅导员测评主体应该是基于辅导员自身包括其他相关对象的综合主体。根据辅导员工作的性质和工作开展情况，各主体测评结果的权重可拟定为：学生测评结果占10%，院领导占30%，学工部占30%，辅导员自评占30%。

第三，改进测评形式。学生测评应体现不同学生群体意见。学生测评有利于学生大胆反映意见和建议，但是也容易出现趁机报复的心态。由于年龄、文化程度、社会阅历、价值观等的差异，辅导员兢兢业业的工作不一定能得到每个学生的认同，从而在评分时也可能有偏颇之处。因此，建议从不同学生群体中选择代表对辅导员的工作进行考评，比如学生测评人群的确定应包括学生党员、学生干部、贫困生以及普通学生。

第四，平时考核和集中考核相结合。平时考核主要考核阶段性工作、重点工作、临时工作及基础性工作。平时考核也要定期与不定期相结合。集中考核主要是在学期末、年末，通过对照考评体系进行系统性的综合评价。最后，将集中考核的结果与平时考核的记录按一定的权重折合，形成最终的考评结论。

就目前各高校的实际情况而言，辅导员队伍虽然每年大体上保持较稳定的

规模，但仍然是各校工作流动性较大的群体，各高校几乎每年都有人员变动，存在转岗、调离、提拔、新进等情况。要想留住并吸引更多的优秀人才从事高校辅导员工作，必须建立稳定的激励机制。湖北省高校辅导员专项奖励项目对于表现优秀的辅导员及时表扬和肯定，并给予一定的资金奖励，这在一定程度上提高了辅导员的薪资待遇，大大激发了辅导员队伍的工作热情，有利于辅导员职业的稳定发展和人才的长期培养，必将促进辅导员队伍的职业化、专业化建设。

（卫莉，博士，湖北经济学院马克思主义学院讲师）

特别关注：新形势下高校思政工作现状

大学生思想政治教育调研报告

——以湖北某高校为例①

谭绍江　巨　英

前　　言

近年来，党和国家高度重视大学生思想政治教育工作。相关部门先后出台了《中共中央国务院关于进一步加强和改进大学生思想政治教育的意见》《普通高等学校辅导员队伍建设规定》《中共中央宣传部、教育部关于进一步加强和改进高等学校思想政治理论课的意见》《中宣部、中央文明办、教育部、共青团中央关于进一步加强和改进大学生社会实践的意见》《共青团中央、教育部关于加强和改进大学生社团工作的意见》《教育部、共青团中央关于加强和改进高等学校校园文化建设的意见》等相关政策文件，标志着高校思想政治教育工作已经步入了新的历史阶段，这对大学生思想政治教育模式的改革和创新提出了更新的目标和更高的要求。

党的十九大报告指出："新时代中国特色社会主义思想，是对马克思列宁主义、毛泽东思想、邓小平理论、'三个代表'重要思想、科学发展观的继承和发展，是马克思主义中国化最新成果……是全党全国人民为实现中华民族伟大复兴而奋斗的行动指南，必须长期坚持并不断发展。"习近平同志强调："核心价值观承载着一个民族、一个国家的精神追求，是最持久、最深层的力量。广大青年要从现在做起，从自己做起，勤学、修德、明辨、笃实，使社会主义核心价值观成为自己的基本遵循。"② 2015 年 1 月 19 日，中共中央办公

① 本文系湖北省教育厅思政处高校马克思主义中青年理论家培育计划项目阶段性成果。项目名称为"生态社会主义视域下的大学生生态道德培育研究"；项目编号：2016ZD071。

② 习近平. 青年要自觉践行社会主义核心价值观——在北京大学师生座谈会上的讲话[EB/OL].[2014-05-05].http://www.xinhuanet.com//politics/2014-05/05/c_1110528066_2.htm.

厅、国务院办公厅印发了《关于进一步加强和改进新形势下高校宣传思想工作的意见》，不仅再次强调了新形势下高校宣传思想工作所具有的重要性和深远意义，而且明确指出高校思想政治教育工作必须“坚持改革创新、注重实效”，要求必须“准确把握师生思想状况，创新工作理念和方式方法，把解决思想问题与解决实际问题结合起来，不断增强针对性实效性”。因此，在大学生思想政治教育的新形势下，高校必须以“科学发展观”为指导，以“社会主义核心价值观”为核心，确立“以学生为中心”的宗旨，以满足学生的实际需要为出发点，以理解和尊重学生为前提，以学校行为引导带动学生行为转变为途径，以成长、成才和成功为主题目的，以制度化和体系化的管理机制为载体，尝试进行大学生思想政治教育模式的改革和创新，逐步提升大学生思想政治教育工作的实效性。

但是，当前大学生思想政治教育的改革和创新仍然面临着来自如下两个方面的巨大挑战：

一方面，社会的发展变化带来了大学生群体特点的变化。具体表现为：其一，市场经济、全球化和现代科技的发展促使社会宏观环境发生了较大变化，大学生思想活动独立性、选择性和差异性也日益凸显，大学生受到西方国家文化的影响，其价值取向同高等学校世界观、人生观、价值观教育的目标与内容存在较大反差，这在一定程度上制约着学校思想政治教育的实际效果。其二，高等教育大众化、学分制和弹性学制的实施、高校后勤社会化和就业方式转换等现状也使思想政治教育工作产生了新情况、新问题。大学生不再是传统意义上的佼佼者、精英分子，传统的大学生思想政治教育模式地位和效果逐渐被削弱，当前的思想政治教育工作基层组织对学生的约束力及影响力逐步下降。其三，大学生群体价值取向多元化、成分复杂化、评价标准弹性化、思维模式多样化、成长压力扩大化和活动方式离散化等新特点的出现也对思想政治教育工作提出了新的挑战。

另一方面，高校思想政治教育无法满足当前新形势下大学生群体对思想政治教育的新诉求。具体体现为如下五个方面：一是高校思想政治教育工作者工作动力不足。从学术界已有的调查结果来看，部分调查对象认为从事思想政治教育工作感受不到成就感，主要原因在于当前社会各个阶层对大学生思想政治教育工作的认识存在偏颇，大部分人认为思想政治教育仅仅是高校工作的补充，并不是必要的。这导致了高校思想政治教育工作者认为自身前途迷茫、出路不宽，缺乏工作动力。二是思想政治教育专业化水平不高。通过对国家精品课程资源网关于思想政治教育精品课程的情况进行统计分析后发现，2005 年至今共形成思想政治教育国家精品课程301门，虽然取得了一定成绩，但却仅占全部国家级精品课程的0.02%。究其原因，主要在于思想政治教育缺乏时代性，与新理念、新知识不匹配，表现为高校思想政治教育队伍的业务水平不高，思想政治教育专业化水平不高。三是思想政治教育效果仍有提升空间。高校思想政治教育工作者人员数量不能满足大幅度增长的学生需求，教育工作者往往陷于繁杂的事务工作中，没有充足的精力关注学生的思想状况，导致思想政治教育效果不佳。四是思想政治教育针对性不强。当前的大学生思想政治教育工作载体相对单一，内容相对陈旧，缺乏针对性和实效性。大学生思想政治教育工作往往以社会和市场需求为导向，较少以学生自我需求和教育规律为导向，这导致高校思想政治教育工作的针对性不强。五是思想政治教育工作手段单一。当前的思想政治教育工作以知识灌输、道理说教和强制管理为主要手段，师生双向交流不足，自组织、新媒体等手段运用较少。从以上五种问题可以看出，改革和创新高校思想政治教育模式迫在眉睫。

我们所调研的湖北某高校大学生思想政治教育工作除了面临以上所提到的挑战和问题外，该项工作仍然面临着如何使大学生思想政治教育工作与本校办学特色和办学传统相结合，如何因材施教，把该项工作与当代大学生思维特点和学习特点相结合的问题。要解决以上问题，改革和创新该校大学生思想政治教育模式，必须首先准确把握该校大学生思想政治教育工作状况以及大学生的价值观和信仰状况。为此，我们与该校相关部门联合起来于2017年3—5月在全校范围内进行了一次大规模的抽样调查。

一、调查方法与基本情况

2017年3—5月，在该校党委宣传部、学工处的协助下，调研组全体成员在该校范围内开展了大学生思想政治教育状况的全面问卷调查工作。此次调查共分两个步骤：第一，依照调研惯例，在问卷初稿形成后，正式调研之前进行了测试。试测样本选取了该校某学院，将7个调查问卷各随机发放了40份并进行回收和数据整理；然后分别请三位专家学者对问卷初稿进行综合评价并提出修整意见。最后根据试测数据处理情况以及在试测过程中收集到的各类反馈意见对问卷初稿进行了修改和调整。第二，调查问卷定稿后，采取的是分层抽样和随机整群抽样相结合的方式进行调查。首先将全校学生以年级为单位分为大一至大四四个子总体，然后，在每个子总体当中，我们采取了随机整群抽样的方式，确定部分班级作为调查对象。在校的14365名学生中，我们根据以上办法确定了 138 个班级为调查对象，共发放问卷 5150 份，共回收有效问卷 4550 份，有效回收率为 88. 3%。调查内容涉及教育对象、教育方式和教育反馈三大类，包含校园文化、网络思想政治教育、思想政治理论课教育教学、大学生思想政治教育工作满意度、大学生思想政治教育的个性化教育、大学生马克思主义信仰现状以及大学生价值观教育现状 7 个主题。此调研报告根据调查结果，对该校大学生思想政治教育这 7 个方面情况进行分析和梳理，以期为该校进一步加强和改进大学生思想政治教育提供可靠的第一手材料，为下一步工作总结经验、发现问题和寻找解决问题的对策。

二、大学生思想政治教育现状及问题

高校思想政治教育的对象是大学生，此次调查的首要目的就是了解当前大学生们的思想状况，从中可以反映当前思想政治教育工作的基本状况。这样，我们才能从现状入手去发现问题，从而分析问题、解决问题。

（一）大学生思想政治教育工作的基本状况

问卷从多个方面展开调查，充分展示了当前大学生在信仰与价值观方面的思想状况，也较全面地显示了该校思想政治教育工作开展的情况。

1. 大学生信仰与价值观状况整体良好

信仰问题是反映青年人思想状况的首要问题，也是青年成长的重要条件。调查显示，超过八成学生认为信仰对于其自身的成长是非常重要的。而从信仰对象来看，信仰“马克思主义”的大学生占据相对多数。数据显示，信仰非马克思主义的“佛教、道教、基督教等其他”信仰的人数加起来比例（约 52. 7%）稍多于信仰马克思主义的比例，但这毕竟是把多种不同信仰相加之后的结果，如果将信仰马克思主义的人数和其中某一个非马克思主义信仰来对比，则信仰马克思主义的比例会占据多数。信仰马克思主义涉及对马克思主义理论的认知和认同问题。调查显示，受访大学生对马克思主义理论的认知状况差强人意。约有过半数大学生了解马克思主义理论，但是非常了解的大学生只占到 6. 3%左右。有六成以上的学生能够认识到马克思主义与我们的关系很紧密。还有接近半数的大学生看过马克思主义著作，近两成学生了解马克思主义中国化的理论成果。从认同角度看，有超七成的大学生认同马克思主义理论的科学性，有近七成的大学生对马克思主义发展前景有信心，还有过半数的大学生认可马克思主义具有现实意义。这些数据显示了当前马克思主义理论教育的部分成效。

当前大学生们价值观整体状况也较好。调查显示，近七成的同学非常清楚我们国家所倡导的社会主义核心价值观。有六成以上的同学更喜欢中国“传统文化”（同西方文化相比）。近半数大学生将“对社会贡献的大小”作为自己人生价值的判断标准，确立了奉献型价值观。超过七成受访大学生选择健康、家庭作为人生第一位的选择，近半数受访大学生人生幸福的最佳选项为家庭美满。

2. 思想政治理论教育效果整体令人满意

大学生思想政治教育工作是高校工作的重中之重，一直以来，各高校也以高度负责的态度从多方面来开展这项工作，主要内容包括思想政治理论课教学和课堂外思想政治教育两大方面。

从思想政治理论课教学方面来看，大多数学生认同课堂教学效果。调查结果表明，3/4 的大学生对本校的思想政治理论课教学效果是认可的，认为学习思政课可以确立正确的世界观、人生观。可以看出，学生们对当前思政课教学宗旨的领会基本正确，也从侧面反映了我们的教学起到了作用，产生了良好的效果。在教学方式上，大多数学生认同实践教学的效果。学生们依次认同的实践教学方式是“听报告和看录像”→“课堂讨论”→“参观考察”→“志愿者服务”→“演讲辩论”。学生们对思政课教师的认可度也非常高。调查中设置了 10 项教师应有的素质来询问学生是否满意。结果显示，除创业精神外，学生们对思政课教师其他 9 个方面的满意度在 90%左右。学生们的满意度从高至低分别是：（1）廉洁自律；（2）学术道德；（3）敬业精神；（4）育人意识；（5）教学水平；（6）学术水平；（7）人格魅力；（8）协作精神；（9）师生关系；（10）创业精神。

在当今这个信息爆炸的时代，单纯的课堂教学无法取得最好的思想政治教育效果，必须结合学生特点，展开大量的课堂外教育。从某种意义上讲，课堂外教育效果的好坏对大学生思想的影响更加重要。我们从思想政治教育工作组织及其工作人员、校园文化建设等多个方面发现了令人满意的教育效果。

第一，大学生对思想政治教育工作组织及其工作人员总体满意。调查结果显示，80%左右的大学生对该校思想政治教育工作组织选择“非常满意”和“满意”。其中，学生认为满意度最高的是班级班委会工作，选择“非常满意”和“满意”的学生累计百分比达到 92%。整体的满意度由高至低分别是学校“奖、贷、助、补、勤、减、免”助学工作，校、院系学生会工作，学校心理健康教育工作，学校周边治安环境状况，学校学生就业工作，学校受理学生申诉案件工作。

第二，学生们对校园文化建设的认可度高。调查显示，受访大学生对学校校园文化建设大多持积极意见。有3/4的受访大学生对所在学校的校园环境、图书馆、教学科研设施等硬件建设方面基本比较满意；近六成学生对本校的师资水平较为满意；半数以上对于本校校园文化特色清楚并认可；近四成受访大学生认为本校的学术氛围好。对校园文化建设的效用的认知上，受访大学生的态度也都比较积极。有近六成受访大学生认为能从校园文化中学到很多东西、提升自己文化水平，与认可学校学风情况较好的比例相当。受访大学生清楚自己学习目标的也有近3/4，那就是打好基础、全面提高自身素质、掌握专业知识和学得一技之长。

学生社团是校园文化开展的重要方式。受访大学生中过半数对加入社团持积极态度。他们认为加入学校社团，可以发展自己兴趣爱好、锻炼自己能力或者丰富自己课余生活。很少有考虑争取荣誉、加学分、赶时髦之类。学生之所以认为社团活动比较有效，在于这是一种"理论与实践相结合"的方式，并且能够"视具体的落实情况而定"。同时，调查还表明，大学生对社会中开展的思想政治教育活动比较感兴趣的是"与社团性质相近的文化活动""就业创业的相关实务学习"和"时政交流"。其中，大学生们最满意的是"本校的大学生社会实践和志愿者服务活动"，满意度高达84.6%。

学校活动场地、学校规章和管理制度都是校园文化建设的保障。在这方面，大学生对思想政治教育活动场地建设总体上比较满意。八成以上同学认可学校的学生管理和规章制度是完善的，四成以上的同学满意学校行政后勤管理人员的服务。

（二）当前大学生思想政治教育存在的问题

有效开展大学生思想政治教育工作是一项长期而艰巨的课题，取得了一定成绩不足为喜，而反映出来的问题则必须重视，这样才能推动我们工作的进步。

1. 大学生信仰与价值观存在一定程度偏失

在整体信仰状况良好的背景下，一些问题值得注意。一方面，少数大学生在信仰问题上存在功利主义心态。加入共产党应该主要与信仰有关，但受访大学生却有近两成表示入党的原因与信仰无关，而是与"跟风"和"能得到好处"这样的功利态度相关。另一方面，对待马克思主义理论，不少同学也并没有采取认真、乐观的态度。有过半数的学生对马克思主义著作没兴趣或没看过，还有近四成大学生对马克思主义理论不太了解。对马克思主义发展前景不看好的比例也有近三成。非马克思主义信仰的总体人数比例超过信仰马克思主义的人数比例，这也从侧面反映马克思主义信仰在现实中遭受到多元化信仰的冲击。

大学生们在价值观上的一些问题也值得注意。一方面，当前大学生中部分存在着理论选择与实际行为相脱节的现象。有近半数大学生在“即令自己吃亏，也应帮助他人”的问题上选择不同意或完全不同意。这意味着大学生们在实际行为中对“以贡献大小作为人生价值标准”的判断不会严格遵循。超过半数大学生在公共场合不一定遵循规则。当他们回答“乘坐公共汽车时是否坚持排队”时，大部分人选择“看当时的人群情况”，少数人选择“根本不需要排队”。

另一方面，少数人的极端价值观选择同样要关注。在人生价值判断标准方面，有近一成的大学生在价值观中对金钱较为看重。他们或者选择“金钱的多少”作为人生价值的判断标准，或者选择“为了金钱可以失去尊严”。这中间反映的是拜金主义价值观，如果连尊严都可以舍去而去追去金钱，就是十分严重的拜金主义者了。在人生最重要的追求方面，有极少数同学将追求“物质极大丰富，可以无尽享乐的生活”作为人生根本追求；在如何实现人生价值方面，也有几名同学大学生选择“自己努力为辅，利用别人为主”。这些属于典型的享乐主义价值观。在对待自身的大学生活的看法上，许多学生的问题也较严重。有25名大学生认为大学生活“压力很大，前途无望”或者“麻木”。25人的数字从人数上看并不少。因为每一个人事实上都很可能承担着一份家庭未来的希望，如果他们跌入低谷，就是25个家庭的悲剧。同时，还需要谨防负能量的传染。25个人的负能量，传染起来的负面效应不容忽视。在回答自身对祖国命运前途的关心与否问题上，有5名大学生打分在10分以下，也即几乎不关心国家前途命运。对于当事人而言，这种倾向也是极为负面的价值观倾向。

2. 思想政治理论课亟待改进

从调查结果来看，思想政治理论课（后简称“思政课”）教学取得了良好效果，但仍有许多亟待改进的地方。从学生不满意的方面来看，主要表现在教学内容、教学手段和教师自身能力三个方面。调查显示，大学生认为教育队伍存在的主要问题是“教育内容陈旧”“教育方式落后”和“人员素质有待提高”，这三项的比例累积高达89.6%。以学生们对教学内容的看法而言，学生们认为思政课内容较为抽象，比较难学，对四门思政课的喜爱程度也依理论的抽象度来排序，越抽象的课程越不喜爱。学生们对思政课的学习兴趣总体不算太高，“非常感兴趣”和“比较感兴趣”的学生不足一半。以学生们对思政课教学手段的看法而言，他们更倾向于打破传统的教学方式，接受课外学习及实践活动、案例式和主题讨论式教学方式。大部分学生认为需要改进教学手段，尤其是在多媒体手段应用方面有可以提升的空间，教学课件在展示内容全貌方面也有待加强。以学生们对思政课教师的希望而言，他们认为“非常有必要”或“有必要”加强大学生思想政治教育队伍建设，这两项累积比例高达84%。他们希望教师在课堂上能够使用自由发挥、详略互补、系统分析、启发诱导、典型案例等学生渴望的教学方法，在教学风格方面宽严相济、智慧点拨、幽默风趣，用言谈举止、个人修养这些潜移默化的方式让学生心悦诚服。同时，该校思政课方面的师生交流状况不佳。经常进行师生交流的只占不到5%，一般交流的占近1/3。调查也表明课堂教育中存在着师生沟通的问题，37.4%的学生认为思政课教师“经常”和“较经常”与学生沟通，其中，一半的时间是在课间或课后与学生沟通。因此，思政课教师有必要增加与学生沟通的频率，拓展与学生沟通的方式，注意日常教育的作用。

3. 课堂外思想政治教育工作仍需提高

该校开展的课堂外思想政治教育工作成效有目共睹，但也并非完美无缺，需要在两个方面加强：

一是部分思想政治教育工作组织的成效和工作者的能力还需要提高。我们调查了学生们对于班委会、院党委、学工处等各级思想政治教育工作组织的满意度。调查显示，从工作组织的角度来讲，学生对最基层组织的认可度最高，其他的工作组织尚有很大的提升空间。对于与学生关系比较密切的工作来讲，学生对就业工作和学校受理学生申诉案件工作满意度较低，前者与社会大环境相关，后者则与工作体制有关系，学校可以花费较多时间来关注这两个方面的工作，不断提升本校思想政治教育工作满意度。我们还调查了学生们对于大学生党员、辅导员及各级领导三个思政政治教育工作者群体的满意度。数据表明，该校思想政治教育工作者的工作尚存在较大提升空间。在所调查的三个群体中，大学生党员对思想政治教育的认识及其自身素质尚需要进一步加强。与大学生接触较多的辅导员获得了绝大多数学生的认可。同时，调查结果还显示，校领导和院领导深入班级、宿舍频率较低。

二是课堂外思想政治教育活动还需要深入。调查显示，学生参与各项思想政治教育活动积极性不错，但是参与者对于活动的意义则并不清楚。只有近60%的大学生认为学校思想政治教育对其今后的发展是有用的。受访者们认可各类学生实践活动，但是他们对其中的社会实践基地、志愿服务等相关基地情况却不太了解，这说明，需要加强对学生社会实践基地等相关基地的建设与宣传工作。调查还显示，受访大学生大多数认可学校校园文化特色，但对校史的了解情况不佳，完全清楚知道的只有 1/3，有 15%的同学对校史“不知道”。虽然大多数受访大学生认可学校有完善的管理制度、规章，但是只有不到两成认可制度规章的执行力度。对于当前校园文化建设存在的问题，有三成多的学生认为是“局限于学生管理和思想教育层次上，缺乏以教师为主导的校园文化建设”，认为“校园文化品位不高”的也有一成多。

4. 网络思想政治教育工作效果欠佳

网络媒体是当代大学生主要的交流方式，也是在课堂外对大学生进行思想政治教育的重要途径。调查显示，网络学习对大学生思想政治教育培养发挥着不容忽视的作用，有近四成的学生认为网络对思想政治教育的影响要大于课堂教育的影响。然而，当前我们网络思想政治教育的效果却并未显现出来。大学生的数量众多，网络自身的虚拟性以及网络思想政治教育主体的多元性导致了整体思想政治教育效果的形成十分困难。在谈及相关的思想政治教育网站更新情况时，一半以上的学生表示“不清楚”。近四成受访大学生认为我们开展的网络思想政治教育属于“感觉重视、但流于形式”，还有一成多同学认为根本不重视。调查还显示，大多数学生希望师生在课外应该通过网络等多媒体手段就社会热点问题进行交流。这也从侧面说明，课外日常思想政治教育效果有待加强。要有效规避网络对大学生思想政治教育的不利影响，必须提升网络思想政治教育的水平和有效性。

5. 思想政治教育对学生个性培养不足

调查显示，大学生认为高校思想政治教育在培养大学生个性方面不足。仅有 1/4 的学生认为学校非常重视大学生个性化培养，但是却有近一半的学生认为高校思想政治教育理应重视个性化教育。对于希望从思政课中学到什么这一问题，63.3%的学生希望能够将学到的知识有效地应用到实际生活中，帮助自己能够更深入严谨地看待和分析问题。

三、大学生思想政治教育存在问题的成因分析

要加强和改进大学生思想政治教育工作必须重视所存在的问题，从问题入手去分析原因是寻找到解决之道的行之有效的途径。调查显示，造成当前大学生思想政治教育工作问题的原因既有社会环境冲击、网络时代影响这样的客观

因素，也有高校自身思想政治教学和教育实践活动开展不足的主观原因。

（一）社会环境对大学生信仰与价值观产生冲击

当前大学生在信仰与价值观上存在的问题很大程度上与社会大环境的冲击有关。接受问卷调查的学生群体基本都是生于上个世纪末期的“95后”，伴随着中国互联网和市场经济急速发展成长起来。互联网时代信息的迅猛传递加剧了社会思想意识的复杂性。各种思潮风起云涌，一定程度上会冲击大学生的马克思主义信仰。功利主义态度则与市场经济环境相伴随。在我国当前这样不太完善的社会主义市场经济体系下，信仰与利益的交锋将长期存在。物质、经济或者享乐主义的回报远高于纯粹的信仰，大学生思想受影响也是难以完全避免的。大学生在价值观方面存在种种问题，也与我们的社会现实有关。长期以来，我们在书本上、媒体上都力推“为社会作贡献”的价值观，这在一定程度上影响了大学生的头脑想法，但是在现实中我们看到的却又是大量完全以谋私利为目的的行为、现象，这种客观情况就让年轻的大学生们感到了困惑，也造成了他们自身在价值观上的矛盾心态。我们的学校教育也有缺陷，很大程度上只是知识和职业教育，对于价值观教育、人格培育这样一些看似软性的问题有所忽略。久而久之，学生们的价值观中学校教育这一块就日益缺乏，造成了我们所看到的局面。

（二）思想政治教育教学理念与教学内容创新性不足

大学生之所以对当前思想政治理论课教学存在不满意的情况，很大一部分原因与我们的思想政治教育的教学理念与教学内容有关。

从教学理念的角度来看，受教育者的主体性并未受到重视。思想政治教育的主体构包括教育者与被教育者，在教育实践中二者应当是交互主体的关系。传统的思想政治教育观念存在明显的片面性，具体表现为：重视教育者主体性，轻视受教育者主体性；注重外在的理论教育，忽视自我教育的重要性和理论的内化；强调社会性政治性的工具价值，轻视个体个性和全面发展的价值。虽然这几年在思想政治教育在改革、观念上得到了进步，但是仍然相对落后。

从教学内容的角度来看，存在更新缓慢、创新性不足的情况。最近几年，思想政治教育改革已经取得了一定成效，教育内容也在一直更新，但是相对于当代大学生的思想转变速度，教育内容更新速度依然显得缓慢。与瞬息万变的信息传播和大学生的思想动态相比，教育内容显得针对性不足，存在着脱离学生思想实际、缺乏现实生活根基等现象。这主要与高校思想政治教育教师队伍的综合素质有关。教师除了要对丰富的教学内容进行归纳、调整、提炼、更新，力求做到结构合理、减少重复以增强教学的实效性外，还应当注重理论与实际的联系，根据人类历史实际，创新理论内容。思想政治理论如果脱离现实生活和社会实践，就会丧失其理论的生命力和说服力。只有加快内容的更新，紧密联系学生、结合生活，才能使得教育内容得到实践的检验，才能提高其有效性。

（三）思想政治教育的实践活动深入不够

大学生之所以对当前已经开展的思想政治教育活动存在不满意的情况，主要原因与我们的思想政治教育活动开展的深入程度不足有关。

调查发现，当前开展的大学生思想政治教育活动中缺少探索和创新的问题依然存在。受到传统的思想政治教育方法的影响，思政课教师或多或少存在着“理论教学是中心，实践教学只是附属教学形式”的理念。对待需要深入开展的教育实践活动，也多少存在着“需要时就用，不需要时可搁置于旁边”的想法。思政工作者们虽然开展了不少行之有效的思想政治教育实践活动，但实际操作时也存在着重视形式、轻视效果等现象。从现实上看，思政课教学单位和学校团学联系统每年都组织了大量丰富多样的社会实践，但由于缺少必要的协调整合，始终存在着分兵作战、各自为政的现象。这些情况的存在，造成了思想政治教育的实践活动实效性打折扣的现象，也正是为什么不少学生对课堂外实践活动不满意的原因。

需要指出的是，在思想政治教学和课外实践活动开展上的问题，也正是思想政治教育活动对学生个性培养不足的原因。

（四）大学生网络思想政治教育没有做到“与时俱进”

面对互联网大潮，思想政治教育工作也花了大力气在网络媒体上下功夫，但实际效果却很不尽如人意。分析其中的原因，与思政工作者们对网络传播本身的了解不够，不能“与时俱进”地改进网络思想政治教育密切相关。

首先，大学生网络思想政治教育的针对性不足。受访大学生的网络活动参与平台主要以微博、微信、QQ这样的“自媒体类”传播方式为主，达到九成或以上，但是该校的大学生网络思想政治教育仍然多以网站或网页为主体，且内容形式过于严肃正式，导致大学生网络思想政治教育的主动性和针对性不强。大学生使用网络的主要目的是获得休闲、娱乐，也达到九成。另外，也有超过七成大学生是为了通信交友，六成以上大学生以网络来购物。可见大学生利用网络目的的多样化，但是关键集中在休闲娱乐、获取信息、沟通交流、购物消费等，学习和求职不是最主要的目的，而是在某一阶段或某一时段才会去发挥它的功能，比如期末考试、作业提交、毕业求职、报告撰写等时段。大学生使用网络目的的多样化给网络思想政治教育的内容和效果带来了一定的挑战，这需要思政工作者们去了解网络的碎片化、去中心化的特征，更有针对性地进行网络教育。

其次，大学生网络思想政治教育的交互性亟待增强。交互性是移动互联时代网络的最大特性。显然，大学生对网络思政活动的交互频率和质量，决定了网络思想政治教育的效果。但是调查显示，大学生对待网络思想政治教育的交互性是持消极随性态度。只有三成左右的大学生愿意课余时间与思想政治课老师或者辅导员进行网上交流。只有个位数比例的大学生会经常参与网络评论。由此可见，大学生参与网络思想政治教育互动的主动性还有待提高，关心网络思想政治教育活动的频率有待加强。值得高兴的是，调查显示，大部分受访大学生还是认可网络思想政治教育对人的思想观念和价值行为的促进作用的，这与他们使用互联网的时间和依赖互联网的程度是紧密相关的。

最后，大学生网络思想政治教育对网络的多元性和不可控性应对不足。网络信息的多元性和不可控性导致了网络思想政治教育的内容受到了大学生的质疑，效果不够理想。这一特点使得大学生在使用网络的过程中，并不是盲目地照搬网络中的观点，而是有着一定的质疑态度和比较精神。这一特性也与"95后"大学生思想发展的独立性、差异性和多变性特点有关。近四成大学生认为学校的思想政治教育类网站缺乏吸引力是学校在开展网络思想政治教育上存在的突出问题，包括缺乏专门的思想政治教育平台和缺乏这方面工作的专门老师等问题。

四、加强和改进大学生思想政治教育的对策建议

与中小学生相比，在校大学生这一群体在生理、心理上日益成熟，个体能动性和自主性都显著增强。要对他们实施有效的思想政治教育，必须在重视方式方法的精心设置和不断改进。针对此次调查中所呈现出来的大学生思想政治教育工作方面存在的问题，我们建议从以下三个大的方面进行改进。

（一）优化思想政治教育环境，进行全覆盖的价值观教育

大学生的信仰与价值观的形成与他们所生活的大环境与小环境密切相关。

对于社会这个大环境的影响，短时间难以有大的改观，因此，学校主要做好自己，对自身可以控制的小环境进行优化升级。学生直接生活成长的环境对其确立马克思主义信仰非常重要。从学校环境方面来讲，需要大力建设校园文化，营造良好的校园氛围。学校领导层要对校园文化建设进行顶层设计，进行上下齐抓共管，从制度文化建设、物质文化建设、精神文明建设各个层面，着眼于长远效益，着眼于综合整治和实力提升，主动抢占、巧用思想政治教育新高地、新领域、新手段，为校园文化建设的健康、稳定、安全打造有力平台。既要对校园硬件设施进行提升美化，将高雅文化和马克思主义思想因素注入校园建筑和设施中；又要结合“文化软实力”战略来建设高校校园文化，并渐进而有序地转化为促进学生树立正确信仰的“巧实力”。应该认真总结已经形成的校园文化建设的成功经验，同时提高未来校园文化品位和档次，增强大学人文精神。学校在处理思想层面的学术性、政治性、娱乐性问题时，要主动出击，给力助力，打造师生互动平台，形成综合、长期发展的机制。从调查反映的情况来看，在这方面尤其要重视创造各种条件来大力加强师生交流，特别是直接交流。

针对大学生在价值观方面的偏差，高校应该开展全覆盖式的价值观教育。特别要关心存在严重偏差的少数同学。从人才成长角度来讲，也许不可能每一个学生都培育成未来社会栋梁，需要有所侧重，但是从大学生的成人来讲，应该要做到没有遗漏，不能搞大概率性的教育，而是要全覆盖地开展对每一个学生的价值观教育。从理念上讲，从学校领导到普通教职工，都要树立起成为学生价值观导师的理念，要经常深入学生群体中，和学生建立起密切联系。从系统上讲，学校要设置专门的组织机构，选配足额的优秀教师担任学生的导师。老师在保持适当权威性的同时，要和学生做朋友。学校设计建立起学生价值观方面的档案，动态关注。一旦发现有较大错误倾向的苗头要及时引导化解。这是一项艰巨的任务，又是一种细致的工作，要靠滴水穿石的功夫才能达到目的。同时，教师在对学生进行价值观全覆盖教育时需要注意，应当适当调整我们过去所树立的过于单一的大学生价值观评价标准。当前的社会已经出现了社会集体利益大一统的价值观环境向社会利益的分化和评价标准多元化转化的情形。集体利益至上的价值观也在逐步转变为充分尊重个体的主体地位和合法权益的价值观。所以，现实生活中存在的大学生价值观念多样和多元的现象是正常的。虽然思政工作的重点是引导他们树立主流价值观，但是对于他们心中可能存在的其他非主流价值观也不能简单一概否定，而是要细致地理解和评析。集体主义、爱国主义、为人民服务、民族意识等这些主流价值观肯定要大力提倡，而健康合理的公民私人兴趣、个人独特的行事风格也要有所肯定。全覆盖地进行大学生价值观教育，重要的不是声势多大，而是要在理解每一位学生特殊性的前提下去给学生创造合理价值观产生和成长的环境，这样才能将好的价值观内化为大学生心悦诚服的自我选择。

（二）改善思想政治教育机制，提升教育者素质

针对学生们不太满意的思想政治教学和课外教育活动问题，建议从思想政治教育机制上进行改善，特别要注意提升包括教师在内的思政教育者的素质能力。

1. 改善思想政治理论课的课堂教学内容和教学方式

思想政治理论课教师应"弹性"设计教育教学方案，为教学过程的动态生成创设条件。不能将目标仅仅局限于认知，要准确洞察学生心灵的秘密，敏锐地捕捉、判断、重组从学生那里涌现出来的各种信息，适时调整教育进程和教育内容，使教育更贴近每个学生的实际状态，使学生学有所思，思有所悟、悟有所得，促进学生充分自由的发展。思想政治课的教学手段、方法要多样化、科学化，以满足不同学生的需求。教师把心思不仅放在教材、教案这些既定的内容上，同时关注"学生在课堂中的状态"，在变动不已的课堂中发现、判断、整合信息，并自觉地尊重、理解、接纳和充分利用这些"生成性资源"，就必然能点燃大学生思考的火花，拓展思维的空间，尊重学生的现实思考，彰显生命的力量，促进高质量课堂的动态生成。只有这样，才能提高学生的思想政治素养。课堂教学除了传统的讲授之外，可以采取更多的研究讨论、原著阅读、专题辩论、案例分析等方式，还可以向课外延伸，采取课外学习小组、学习竞赛活动等方式展开。

2. 改善思想政治教育课外活动状况，有效提高大学生思想政治教育个性化水平

应该以提升学生思想兴趣、增强其积极性为导向来展开此类活动。方式包括社会调查、生产劳动、志愿服务、专业课实习、红色旅游、公益活动等。根据调查和分析，社会实践和志愿者服务活动是本校思想政治教育活动的特色，应对这一特色进行着力打造，不仅需要巩固已有成绩，还需要加强和增加与校外的合作。同时，要使学生思想政治教育工作的内容和形式与时代合拍，奋力赶上年轻人信息化的步伐，采用当前大学生容易接收的新模式、新方法、新工具，如学习运用慕课、微课等新的教育理念、教育形式。鉴于调查中出现的学生对思想政治教育活动场地不了解的情况，应着重加强思想政治教育活动场地

的公开程度、宣传力度，鼓励学生参与体验，及时掌握学生对本校思想政治教育工作的认知与评价情况。

3. 加强和改进思想政治组织建设，建立层次分明、高效运转的完备体制

从该校实际来看，在思想政治组织的层次性建设方面，已具备学校级、分院级和学生级三级层次分明、协调有序的思想政治工作组织，形成了以学校级为主导、院级为主要负责、学生级为主要实施的组织系统，各级分工明确，各有工作重点，责任到位。然而在思想政治教育工作的完备性建设方面，尚存在短板。调查显示，校园周边治安环境、学生就业工作、校院系学生会工作是本校的短板，因此应具体针对这三个方面进行改善工作。包括加强与所在区政府的合作而大力整治周边治安环境；狠抓就业指导工作，广泛开展对就业观、择业观、价值观有正面引领作用的活动；加强校、院系学生会工作的公开程度和宣传力度，让学生有更多的了解和理解等。

4. 教育者提升自身素质，对学生进行以身作则的思想政治教育

一定意义上讲，教育者自身的言行特别是关键性言行就是某些大学生思想政治立场的标准。中国古代传统有所谓“己不正安能正人”“其身正，不令其行，其身不正，虽令不从”等经典言论，充分说明了教育者切实的言传身教对学生的重要作用。所有思想政治教育者都要进行深刻反思，是不是以对学生、对社会的高度责任感去从事自己的教育工作的。同时，教育者本身也要加强学习，提升思想水平，树立起乐观积极的人生价值观，能对自己的人生制订合理的规划，也能对复杂的社会现象具有解读和实践处理能力。一旦教育者表现出坚定的信念、高尚的情操、诚挚的爱心，学生受到的感染效果是十分明显的。从这个意义上讲，我们需要加强对教育者的再教育、培训。具体方式包括新老教师之间的传帮带活动，选派教师定期进修、访学，加大各高校教育培训方面交流活动的力度，定期举办各种级别的相关论坛等，目的就是经常性地改善提高教育者的自身的素养。

（三）以时效性和互动性为重点，加强网络思想政治教育

针对网络思想政治教育存在的无法紧跟新媒体时代发展步伐的缺陷，我们应该有的放矢地加强这方面工作。

1. 建好网络新媒体沟通平台

网络时代的互动性、及时性、娱乐性特点最集中体现在网络新媒体平台的应用上。以 QQ、微信、微博、APP 为代表的新媒体已经成为大学生日常沟通和交流的主要平台，网络思想政治教育应该关注这些新媒体平台，通过建立官

方微信公众号、微博达人等方式，引导学生关注主流、积极、健康的思想政治教育内容。针对某些大学生感兴趣的问题进行必要的讨论。学校宣传、学工、团委、马克思主义学院等相关职能部门要充分发挥专家、达人的作用，在和学生们的主动交流中引导学生的思考方向。阐明主流的观点、立场，引导学生感兴趣的话题讨论朝着正确、健康的方向不断深入。

2. 丰富网络思政内容

网络思政内容的广度、深度和高度决定了网络思想政治教育的针对性，它是衡量大学生网络思想政治教育成功与否的重要标准。我们应该利用网络所具备的互动性、时效性特点来了解学生思想动态，及时解疑答惑。各种网络平台软件可以从不同角度显示学生的思想动态，包括学生的兴趣爱好、思想情绪以及价值取向等。里面所包含的信息正是大学生思想动态的“晴雨表”，我们要对之及时进行科学分析、合理预判，充分运用学生所熟悉、乐于接受的网络语言，进行互动沟通，了解学生思想动态，对学生所普遍关注的问题及时反馈给学校职能部门和相关院系，将问题解决在萌芽状态，并在此基础上建立起畅通、及时的互动机制。在了解学生思想动态的基础上，有条件的教育者可结合自身实际，开展相应的网络咨询服务。如开辟网络心理咨询网站，通过相关趣味心理测试，了解学生的心理健康状况，建立相应心理健康档案，及时跟踪了解学生心理变化，做好相应预案。通过校园卡消费状况，分析、了解学生生活状况，对经济困难学生，有针对性地及时发放临时困难补助，解决学生生活问题。通过分析学生教务管理系统成绩，将学生成绩与人才培养方案要求联系起来，使班主任、辅导员及时了解学生学习状态，及时提醒、预警相关学生，使学生充分了解自身差距，从而加强学习的自觉性和主动性。

3. 预防网络犯罪行为

网络世界的虚拟性导致了网络犯罪行为的大量增加，大学生作为利用网络媒介的主流群体，有意识或无意识地存在着一定程度上的网络犯罪风险。高校网管技术部门要建立严格的审查制度，在网络信息入口设置过滤装置，确保不良信息排除在网外。同时，要定期进行网络内容扫描，对不符合规定的内容进行及时的删除和限制。对 BBS 或论坛的管理员、版主要实现严格的实名认证，要求其对相关内容和数据负责，及时对负面信息进行删除或覆盖，排除不良信息对学生的影响。

（谭绍江，博士，湖北经济学院马克思主义学院讲师；巨英，博士，湖北经济学院马克思主义学院副教授）

大学生马克思主义信仰现状的调查
——基于湖北某高校的数据

代保平

大学生是祖国的未来与民族的希望，他们身上肩负着社会主义现代化建设与民族复兴的重任。当代大学生的人生信仰如何，直接关系着祖国和民族的未来。中国特色社会主义事业不仅需要大量合格的建设人才，更需要大量合格的马克思主义者。培养一代又一代年轻的马克思主义者，是培养中国特色社会主义事业接班人的客观要求。当前，随着我国改革开放的不断深入以及经济全球化的发展，社会意识形态越来越呈现出多元化的趋势，各种思想的激烈交锋也深深地影响着当代大学生对马克思主义的信仰。为了切实了解大学生的马克思主义信仰状况，本文选取湖北某经济学院各年级学生发放问卷，并有针对性地进行深入访谈，尽可能全面了解当代大学生信仰问题现状。此外，在进行实际调研的基础上，还参考了部分学者的研究文献，使本文更加具有说服力和全面性。这些基础分析试图为建构大学生信仰教育新模式提供参考，进而提升信仰教育的针对性和实效性。

一、本文的调查情况

（一）调查对象

本文通过向湖北某高校的在校学生发放调查问卷的方式，采取分层抽样和随机整群抽样的方法，利用自编的调查问卷，分析当代大学生马克思主义信仰的基本状况。此次调查问卷共发放800份，回收有效问卷656份，问卷有效回收率为82%。问卷发放选取了不同的专业和年级层次，包括文科经管、文体艺术和理工类等，具有一定的代表性，体现了问卷的可分析性。问卷调查对象具体情况如下：

表1：有效回收的656份问卷中，男生为189人，占28.8%。女生为467

人，占71.2%，符合该校男女生性别结构比。

表1 **性　别**

		频率	百分比	有效百分比	累计百分比
有效	男	189	28.8	28.8	28.8
	女	467	71.2	71.2	100.0
	合计	656	100.0	100.0	

表2：来自农村家庭学生367人，占比55.9%，城市家庭学生286人，占比43.9%，3人地域缺失，该组数据符合该校生源地结构比。

表2 **来自地区**

		频率	百分比	有效百分比	累计百分比
有效	农村（村、乡、镇）	367	55.9	56.2	56.2
	城市	286	43.6	43.8	100.0
	合计	653	99.5	100.0	
缺失	系统	3	0.5		
合计		656	100.0		

表3：此次问卷调查大一学生为189人，占比28.8%，大二学生为193人，占29.4%，大三学生141人，占21.5%，大四学生为133人，占20.3%。

表3 **年　级**

		频率	百分比	有效百分比	累计百分比
有效	大一	189	28.8	28.8	28.8
	大二	193	29.4	29.4	58.2
	大三	141	21.5	21.5	79.7
	大四	133	20.3	20.3	100.0
	合计	656	100.0	100.0	

表4：文科经管类学生为460人，占70.1%，理工类学生94人，占14.3%，文体艺术类学生101人，占15.4%。该数据基本符合该校专业招生实际情况。

表4　　专　业

		频率	百分比	有效百分比	累计百分比
有效	文科经管类	460	70.1	70.2	70.2
	理工类	94	14.3	14.4	84.6
	文体艺术类	101	15.4	15.4	100.0
	合计	655	99.8	100.0	
缺失	系统	1	0.2		
合计		656	100.0		

表5：调查问卷学生中，中共党员（含预备党员）人数为35人，占5.3%。共青团员人数为593人，占90.4%。群众人数为24人，占3.7%，缺失4人，占0.6%。该组数据可以发现，中共党员人数占比低于该校实际13%左右的学生党员结构比，主要原因是此次调研大一大二学生所占比例较高，低年级入党学生较少，进而导致该数据较低。

表5　　政治面貌

		频率	百分比	有效百分比	累计百分比
有效	中共党员	35	5.3	5.4	5.4
	共青团员	593	90.4	91.0	96.3
	群众	24	3.7	3.7	100.0
	合计	652	99.4	100.0	
缺失	系统	4	0.6		
合计		656	100.0		

（二）调查内容

调查内容主要针对该校大学生的马克思主义信仰问题进行，共设计了25

道选择题。其中涉及个人基本情况、个人信仰基本情况、对马克思主义理论的认知状况、对马克思主义认同等问题。

（三）调查方法

本文采取问卷法来展开，设计了严格的调查问卷来收集当代大学生相关的心理和行为特征。问卷法是社会调查中应用比较广泛的方法之一，也是本文使用的主要调查方法。本文采取分层抽样和随机整群抽样的方式进行调查，而且学生本人自愿参加。问卷回收后，利用 SPSS 软件进行统计分析，得出有效数据。

二、本文的调查结果与原因分析

（一）学生马克思主义信仰的基本情况

如表 6 所示，学生在回答是否有明确的信仰问题时，“有”的比例为 31.4%，“没有”的比例为 51.5%，“不明确”的比例为 17.1%。如图 1 所示，在回答信仰什么的问题上，“马克思主义”的选项占 47.3%。而非马克思主义的“佛教、道教、基督教等其他”选项占 52.7%。如图 2 所示，在回答是否应该有信仰时，选择比较重要以上的占 84%，不太重要等占 16%。

表 6　**有明确的信仰吗？**

		频率	百分比	有效百分比	累计百分比
有效	A. 有	206	31.4	31.4	31.4
	B. 没有	338	51.5	51.5	82.9
	C. 不明确	112	17.1	17.1	100.0
	合计	656	100.0	100.0	

调查数据表明，大多数学生仍然认为信仰对于其自身的成长是非常重要的，但是从表 6、图 1，我们又能发现当前大学生对于马克思主义的信仰出现了危机。表现为两个方面：一是信仰的缺失。不到三分之一的学生选择有信仰，更多的学生表现为无信仰或者不明确的信仰迷茫。理想与信仰的教育是高校思想政治教育至高追求，但是实际调查结果令人担忧。二是信仰的多元化。

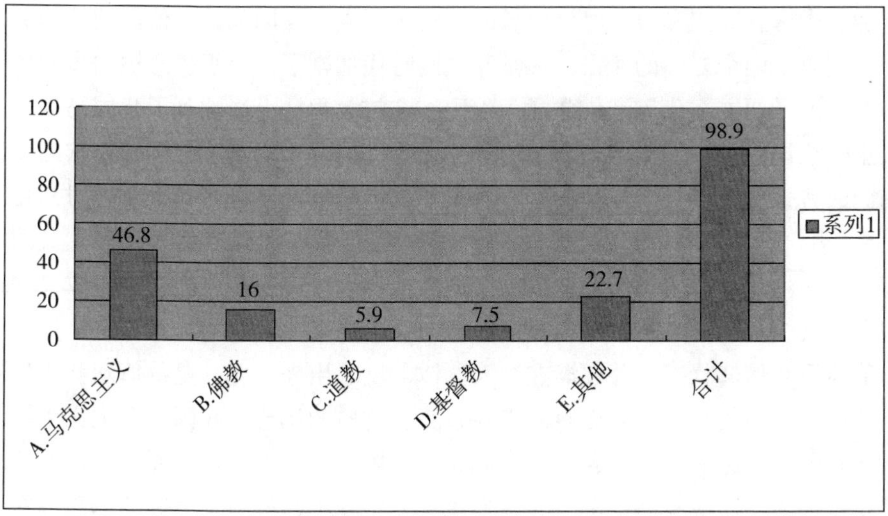

图 1　你愿意信仰什么？

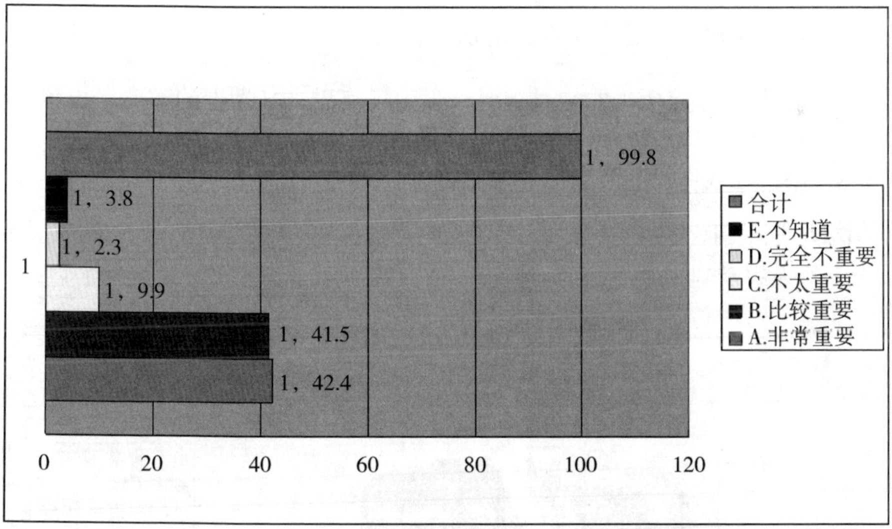

图 2　树立正确的信仰对大学生来说是非常重要的吗？

学生在愿意信仰的选项中对马克思主义的信仰不到一半，而非马克思主义信仰超过一半。该数据表明，当前马克思主义的主流信仰在高校受到了挑战与冲击，不再是唯一的信仰，这一现象不得不引起高度重视。

接受问卷调查的学生群体基本是“95后”，他们出生于上个世纪末期，是伴随着中国互联网和市场经济成长的一代年轻人。正因如此，他们的信仰更容易受到以下两个方面的冲击：一是互联网时代加剧了社会思想意识的多元多样多变，大量西方文化思潮借此涌入中国，在较大程度上影响到了我国马克思主义主流意识形态，冲击了大学生的马克思主义信仰。资本主义国家鼓吹的文化趋同或者普世价值对大学生的思想意识产生了影响，使得当代大学生对马克思主义信仰产生怀疑、动摇、意识形态淡化。二是市场经济环境下功利主义的危害。大学生马克思主义信仰危机的出现是社会大环境所造成的，他们成长的校园只是其中的一个方面。当前我国经济与社会的高速发展冲击到了整个社会的价值体系和信仰状态，并逐渐在个人群体上反映出来，尤其是价值观和人生观不够成熟的当代大学生，更容易受到金钱、物质的诱惑。我国社会主义市场经济体系还需要进一步完善，坚守信仰无法在短期内获得利益，而物质、经济或者享乐主义的回报却高得多，导致当代大学生经不起权力、金钱的诱惑，对于自己尚未成型的人生观和世界观、价值观等产生了怀疑态度，不信任共产主义信仰。

（二）学生对马克思主义理论的认知状况

党中央和国务院历来非常重视对大学生马克思主义理论的教育，出台了一系列政策并采取了一些措施，但收效不太理想，问题集中反映在大学生对马克思主义理论的认知程度不高。如此次调查问卷主要是调查学生对马克思主义理论的认知现状。图3显示，只有6.3%的人表示对马克思主义理论非常了解，93.7%的人表示对马克思主义理论一般了解、不了解或不知道。图4显示，

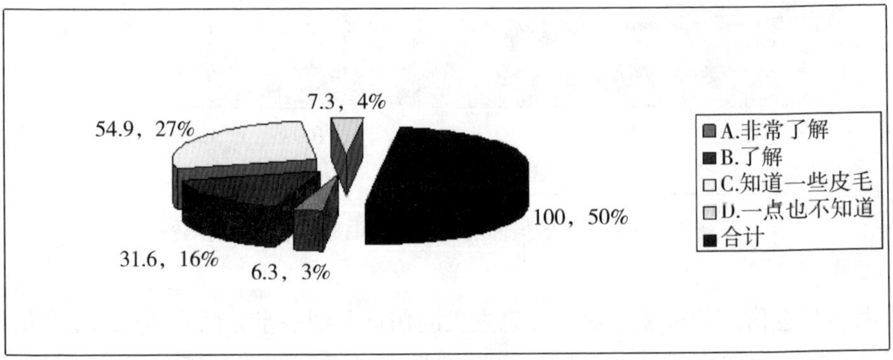

图3　了解马克思主义吗？

看过马克思主义著作的占到45.2%。没兴趣或没看的占到了54.9%。由表7可知，学生对于马克思主义中国化的理论成果了解的只有15.1%，不太了解和完全不了解之和占到了38.6%。这说明目前高校开展马克思主义理论教育的效果不是非常理想，虽然有65.4%的学生（表8）表示马克思主义与我们的关系很紧密，但对马克思主义理论的深刻内涵了解不多，掌握不深，这种建立在对马克思主义理论模糊认知上的信仰是不稳固的，极易受到其他理论思潮的影响。

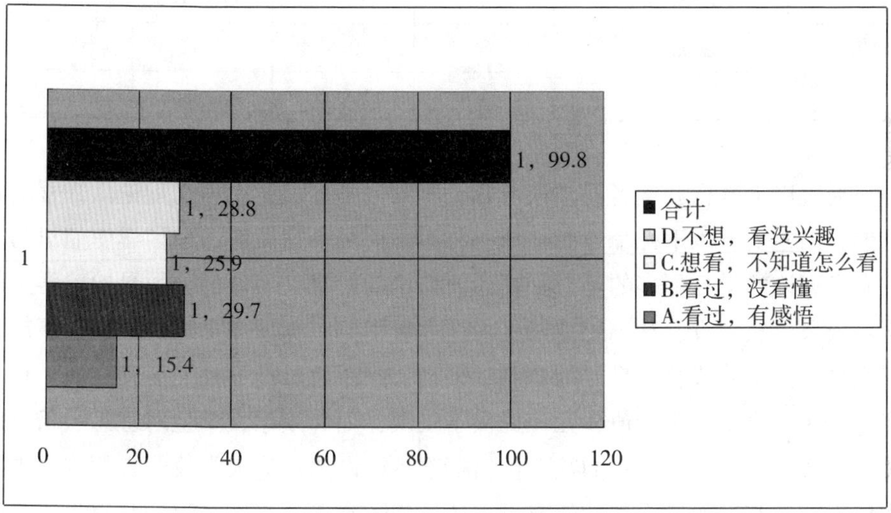

图4　看过有关马克思主义的著作吗

表7　**对马克思主义在中国的发展历程、理论成果等内容**

		频率	百分比	有效百分比	累计百分比
有效	A. 比较了解	99	15.1	15.1	15.1
	B. 有所了解，但不全面	303	46.2	46.2	61.3
	C. 不太了解	210	32.0	32.0	93.3
	D. 完全不了解	43	6.6	6.6	99.8
	E. 其他	1	0.2	0.2	100.0
	合计	656	100.0	100.0	

表 8 **中国化的马克思主义与我们的关系是**

		频率	百分比	有效百分比	累计百分比
有效	A. 很遥远，联系不大	180	27.4	27.6	27.6
	B. 与我们毫无关系	46	7.0	7.0	34.6
	C. 联系紧密，很实用，生活中有许多实际的例子	427	65.1	65.4	100.0
	合计	653	99.5	100.0	
缺失	系统	3	0.5		
合计		656	100.0		

通过以上数据和笔者的访谈可知，导致大学生马克思主义理论认知程度较低的原因主要有以下几个方面：第一，大学前的应试教育造成了学生们对马克思主义理论的学习更多的是一种概念与结论的记忆，考试的分数是检验学生的学习成果，教师没有从思想感情上将学生吸引到马克思主义理论上来，不能为学生进入大学阶段奠定良好的基础；第二，娱乐性过度的社团活动在大学校园广泛存在，客观上为价值多元化提供了氛围，而冲淡了大学生对理想、信念的关注；第三，日益功利化的社会价值标准也逐渐渗透进大学校园，使许多大学生认为，拥有专业知识和技能就是人才，而不在乎是否有坚定的马克思主义信仰；第四，思想政治理论课作为高校马克思主义信仰教育的主渠道、主阵地，教育内容、教学方法等方面的落后，难以同大学生真实的思想信念相结合，思想政治理论课教师马克思主义素养和理论水平的参差不齐等，也阻碍了高校马克思主义信仰教育实效性的发挥。

（三）学生对马克思主义理论的认同状况

此次问卷调查旨在调查学生对于马克思主义理论的认同度，题目分别有：你对于马克思主义的看法？你对马克思主义发展前景的态度？经济全球化的今天，你如何看待马克思主义？统计数据显示：23%的学生认为马克思主义是一种科学的理论，能够鞭策一个人树立正确的人生观和价值观，但是50%的学生认为该理论虽是科学的，但是太枯燥、太深奥，难以理解，即使学习了也有深不可测的感觉（见图5）。在关于发展前景的态度上，学生选择充满信心的占28.4%，比较有信心的占39.8%，一般和不看好的占31.2%（见表9）。由表10可知，认为今天马克思主义仍然有现实意义的占53.5%，已过时、不好说和其他选项占46.5%。

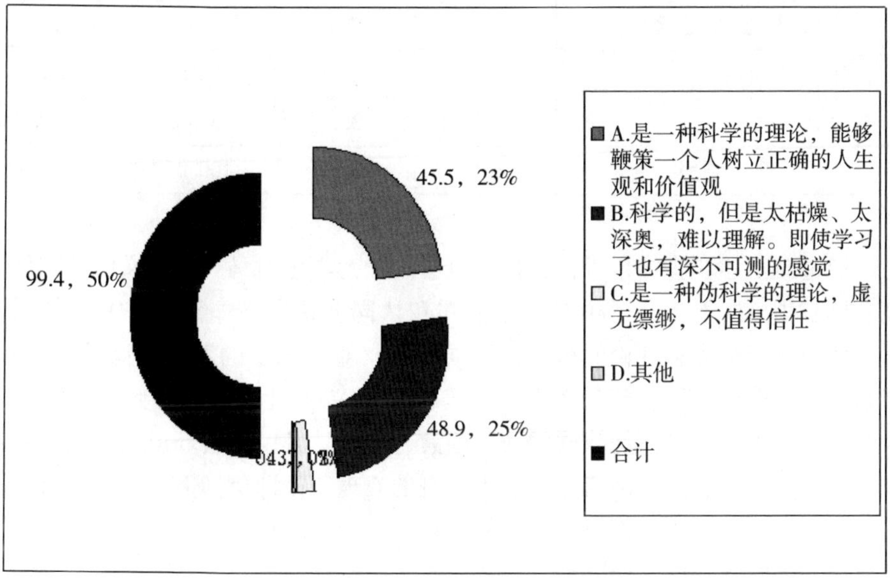

图5　你对于马克思主义的看法

表9　**你对马克思主义发展前景的态度**

		频率	百分比	有效百分比	累计百分比
有效	A. 充满信心	186	28.4	28.5	28.5
	B. 比较有信心	261	39.8	40.0	68.5
	C. 一般	184	28.0	28.2	96.7
	D. 不看好	21	3.2	3.3	100.0
	合计	652	99.4	100.0	
缺失	系统	4	0.6		
合计		656	100.0		

表10　在经济全球化的今天，你怎样看待马克思主义？

		频率	百分比	有效百分比	累计百分比
有效	A. 它仍然是人的精神支柱，具有现实意义	351	53.5	53.5	53.5
	B. 不现实，已经过时	49	7.5	7.5	61.0
	C. 不好说	231	35.2	35.2	96.2
	D. 其他	25	3.8	3.8	100.0
	合计	656	100.0	100.0	

通过对上述调查结果进行分析可以看出，大学生对马克思主义信仰的认同度总体是积极向上的，学生在理论认知和认同上是存在差异的。上述数据显示，他们对于马克思理论的科学性认同度高，对于未来的发展也比较有信心；但是也存在消极方面，部分学生存在马克思主义“过时论”的倾向。笔者认为大学生马克思主义信仰认同的缺失因素有多种，其中社会环境因素是问题形成、出现的土壤和基础因素，大学生自身的心理原因即信仰需求不同和心态多元是主观因素，而高校部分理论课教师对大学生的教育误导也是大学生马克思主义信仰认同缺失的主要因素。

三、提升当代大学生马克思主义信仰教育的几点思考

党的十九大报告指出，必须坚持马克思主义，牢固树立共产主义远大理想和中国特色社会主义共同理想。培养大学生马克思主义信仰，既需要从外部着手，消除诸多不利影响，营造良好社会环境，还需要重视高校思想政治理论教育，重视大学生马克思主义自觉性的培养，增强把外因转化为内因的动力，使马克思主义信仰真正扎根于大学生心中。

1. 净化社会环境，营造正能量的校园氛围

大学生成长环境对其确立马克思主义信仰非常重要，从社会大环境角度进行分析，党和政府部门需要将共产主义理想的主导性发挥出来，对各种西方资本主义文化和我国封建残余思想进行积极的抵制，对社会主义、集体主义和爱国主义大力弘扬。将马克思主义的指导作用发挥出来，用科学理论去武装人，坚持正确的舆论，塑造优秀的作品，营造良好的社会舆论环境，以便向大学生传播先进的、向上的文化，对他们的心灵进行净化，促使他们的精神境界得到

升华，使其深深地坚守马克思主义信仰。从学校环境方面来讲，需要大力建设校园文化，营造良好的校园氛围。对校园环境进行优化，首先要对校园设施进行美化，将高雅文化和马克思主义思想因素注入到校园建筑和设施中；开展一系列的校园文化活动，如建立各种校园社团、举办各种学术讲座等，这些都可以有效地重塑高校大学生的马克思主义信仰。

2. 提升教师的马克思主义理论素养，着力推动思想政治教育理论课的教学改革

只有提升了教师的马克思主义理论素养，才能有效地开展高校思想政治教育工作。高校教师要形成马克思主义理论素养，需要确立正确的人生观和价值观。对于高校教师来讲，需要丰富自己的理论知识，熟读马克思和恩格斯的著作，并将这些理论积极运用起来，忠实地拥护和宣传马克思主义，只有这样，学生才能确立正确的人生观和价值观。高校教师在宣传的过程中，需要结合大学生的喜好，选择恰当的表达方式，例如可以用生动的方式来宣传抽象的马克思主义理性价值观念，只有让大学生对其产生了认可，他们才能自觉地坚守马克思主义信仰，更好地服务于社会大发展。在具体调查中我们还发现，很多学生根本就不了解马克思主义，仅仅依靠思政课教材了解一些比较抽象的概念。要想让学生深入地掌握，那么教师就需要鼓励学生在课下多阅读马克思经典著作，如《共产党宣言》《1844 年经济学哲学手稿》等，通过阅读，让学生产生共鸣。在思想政治理论课课堂上，教师要给学生留出足够的时间，互相交流心得，鼓励学生上台演讲，形成共同学习的氛围。我们需要清晰地认识到，马克思主义信仰危机对于大学生来讲不仅仅是危机，更是一种机遇和挑战，需要对大学生的马克思主义信仰进行重新塑造，将时代意义融入马克思主义信仰中。

（代保平，博士，湖北经济学院马克思主义学院副教授）

当前大学生价值观教育现状调查报告
——基于湖北某高校的数据

谭绍江

一、研究背景

当代大学生是在改革开放高速发展中成长起来的一代新人，他们既是当代社会进步的生力军，更肩负着建设祖国美好未来的历史重任。他们能否不辱使命，承担重任，很大程度上取决于他们自身正确价值观的树立。大学生们所处的大学教育阶段是他们走向社会之前的最后一个阶段，也是他们的世界观、人生观、价值观形成的关键时期，所以对这一时期的大学生的价值观教育要尤其重视。从宏观方向上讲，作为在改革开放后高速发展的社会中成长起来的一代，我们有足够的理由去相信他们。相信他们的价值观总体上是积极、健康、向上的内容占据主流地位。但是也不能因此忽视客观情况带来的挑战。在当今这个高度信息化的时代，个人价值观形成所受到的外界影响达到前所未有的高度。世界多极化和经济全球化这样的国际形势随时会影响到社会中的一个个普通个体。我国不断深化的改革开放进程中也出现了复杂的影响因素，物质财富的极大积累和消费方式的不断变化，实用主义、功利主义乃至享乐、拜金主义各种价值观大行其道，这些因素都在无时无刻地冲击着当前“90后”大学生的思想。同时，不断多样化的社会生活也带给“90后”大学生们更为纠结的选择难题和逐渐增加的人生压力（求学深造的压力、就业压力、生存压力等)，这些内容也在很大程度上改变着大学生们的价值观选择。基于以上种种原因，我们认为，对于当前这批“90后”大学生的价值观进行社会调查研究具有相当重要的意义。

二、调研情况介绍

此次调研的调查对象为湖北某高校在校本科大学生群体，调查方法是分层抽样和随机整群发放问卷调查抽样，发放问卷总量为 700 份，收回有效 574 份，问卷有效回收率为 82%。依照调研惯例，在问卷初稿形成后，正式调研之前进行了测试。我们先在校内随机发放了 40 份问卷进行调查，并进行回收和数据整理；接着我们分别请了三位学者对问卷初稿进行评估并提出修改意见。最后，我们将各类反馈意见进行集中分析，对问卷初稿进行了修改和调整。

最终确定的问卷主要分为两个部分：第一部分为个人基本情况调查，包括性别、年级、政治面貌、家庭收入、任职情况、是否独生子女 6 个方面；第二部分为大学生价值观现状调查，此部分是问卷的主体，分别设置了有关生活态度、人生价值、传统文化三个方面的 27 个问题。

样本分布如表 1～表 6 所示：从性别分布来看，男生比例为 30.8%，女生为 69.2%；从年级分布来看，大一学生占 26.7%，大二学生占 32.9%，大三学生占 26%，大四学生占 14.5%；从政治面貌来看，党员比例为 90.1%，共青团员比例为 5.2%，非党积极分子比例为 4.5%；从任职情况来看，没有任职的比例为 60.6%，班级干部比例为 22.5%，院系干部比例为 7.3%，校级干部比例为 1.6%，其他干部比例为 5.4%；从家庭收入来看，1000 元及以下比例为 12.6%，1001～5000 元比例为 54.5%，5001～10000 元比例为 20.6%，10001～30000 元比例为 6.6%，20001～30000 元比例为 1.2%，30000 元以上比例为 1.7%；从独生子女情况来看，独生子女比例为 44.1%，非独生子女比例为 50.7%。

表 1　　**性　别**

		频率	百分比	有效百分比	累计百分比
有效	男	177	30.8	30.8	30.8
	女	397	69.2	69.2	100.0
	合计	574	100.0	100.0	

表 2　　**年　级**

		频率	百分比	有效百分比	累计百分比
有效	大一	153	26.7	26.7	26.7
	大二	189	32.9	32.9	59.6
	大三	149	26.0	26.0	85.5
	大四	83	14.5	14.5	100.0
	合计	574	100.0	100.0	

表3　　政治面貌

		频率	百分比	有效百分比	累计百分比
有效	A. 共青团员	30	5.2	5.2	5.2
	B. 中共党员	517	90.1	90.2	95.5
	C. 非党积极分子	26	4.5	4.5	100.0
	合计	573	99.8	100.0	
缺失	系统	1	0.2		
合计		574	100.0		

表4　　任职情况

		频率	百分比	有效百分比	累计百分比
有效	A. 无	348	60.6	62.3	62.3
	B. 班级干部	129	22.5	23.1	85.4
	C. 系级干部	42	7.3	7.5	92.9
	D. 校级干部	9	1.6	1.6	94.5
	E. 其他	31	5.4	5.5	100.0
	合计	559	97.4	100.0	
缺失	系统	15	2.6		
合计		574	100.0		

表5　　您家庭的月收入一般在

		频率	百分比	有效百分比	累计百分比
有效	A. 1000元及以下	70	12.2	12.6	12.6
	B. 1001~5000元	313	54.5	56.3	68.9
	C. 5001~10000元	118	20.6	21.2	90.1
	D. 10001~30000元	38	6.6	6.8	96.9
	E. 20001~30000元	7	1.2	1.3	98.2
	F. 30000元以上	10	1.7	1.8	100.0
	合计	556	96.9	100.0	
缺失	系统	18	3.1		
合计		574	100.0		

表6　　是不是独生子女

		频率	百分比	有效百分比	累计百分比
有效	是	253	44.1	46.5	46.5
	否	291	50.7	53.5	100.0
	合计	544	94.8	100.0	
缺失	系统	30	5.2		
合计		574	100.0		

三、大学生价值观的现状分析

（一）当前大学生对个人生发展的基本看法

首先是关于人生选择的问题。调查问卷分别设置三道题，让学生们依次选择在人生中排名第一、第二和第三的选项，以此了解大学生对人生的基本看法（见表7~表9）。

表7　　在人的一生中，以下哪几项对您来说排名第一重要

		频率	百分比	有效百分比	累计百分比
有效	A. 金钱	20	3.5	3.7	3.7
	B. 社会地位	9	1.6	1.7	5.4
	C. 名誉	2	0.3	0.4	5.7
	D. 爱情	13	2.3	2.4	8.1
	E. 知识	20	3.5	3.7	11.8
	F. 健康	240	41.8	44.4	56.2
	G. 权力	5	0.9	0.9	57.1
	H. 家庭	209	36.4	38.6	95.7
	I. 事业	17	3.0	3.1	98.9
	J. 其他	6	1.0	1.1	100.0
	合计	541	94.3	100.0	
缺失	系统	33	5.7		
合计		574	100.0		

表8　　在人的一生中，以下哪几项对您来说排名第二重要

		频率	百分比	有效百分比	累计百分比
有效	A. 金钱	35	6.1	6.5	6.5
	B. 社会地位	13	2.3	2.4	8.9
	C. 名誉	6	1.0	1.1	10.0
	D. 爱情	41	7.1	7.6	17.6
	E. 知识	53	9.2	9.8	27.4
	F. 健康	171	29.8	31.7	59.1
	G. 权力	3	0.5	0.6	59.6
	H. 家庭	174	30.3	32.2	91.9
	I. 事业	44	7.7	8.1	100.0
	合计	540	94.1	100.0	
缺失	系统	34	5.9		
合计		574	100.0		

表9　　在人的一生中，以下哪几项对您来说排名第三重要

		频率	百分比	有效百分比	累计百分比
有效	A. 金钱	72	12.5	13.4	13.4
	B. 社会地位	18	3.1	3.3	16.7
	C. 名誉	18	3.1	3.3	20.1
	D. 爱情	75	13.1	13.9	34.0
	E. 知识	85	14.8	15.8	49.8
	F. 健康	50	8.7	9.3	59.1
	G. 权力	4	0.7	0.7	59.9
	H. 家庭	52	9.1	9.7	69.5
	I. 事业	155	27.0	28.8	98.3
	J. 其他	9	1.6	1.7	100.0
	合计	538	93.7	100.0	
缺失	系统	36	6.3		
合计		574	100.0		

通过以上三个表格，我们可以发现，健康和家庭这两个选项在受访者心目中地位相对较高。有 41.8%的受访者将健康排在人生的第一位，有 29.8%的受访者将健康排在人生的第二位，比例都很高；有 36.4%的受访者将家庭排在人生的第一位，有 30.3%的受访者将家庭排在人生的第二位，比例也较高。不管是在人生第一选择，还是人生第二选择，将选择家庭和健康两项的人数相加，则占据了受访者的绝大多数。而在选择人生第三位排名的时候，受访者的选择出现了分化。除了事业这个选择的人相对多一点，达到 27%外，知识、爱情、金钱、家庭、健康都获得了 10%上下的比例，这说明在人生相对次要的问题上，大家的看法就有了不同的侧重点。

能从侧面印证大学生的人生选择排序的是大学生们对于“人生幸福”的看法。从表 10 可以看出，将家庭美满列为人生幸福的受访者达到 40.1%的比例，这和他们对人生最重要选项的选择是一致的，而其他选项相对而言都比较少。将事业成功列为人生幸福的只有 6.4%，将奉献社会列为人生幸福也只有 3%，将锦衣玉食列为人生幸福的则只有 1.7%。

表 10　　**您认为以下哪种人生才算是幸福的**

		频率	百分比	有效百分比	累计百分比
有效	A. 家庭美满	230	40.1	71.4	71.4
	B. 事业成功	37	6.4	11.5	82.9
	C. 锦衣玉食	10	1.7	3.1	86.0
	D. 权力无限	3	0.5	0.9	87.0
	E. 不求闻达，只求奉献于社会	17	3.0	5.3	92.2
	F. 其他	25	4.4	7.8	100.0
	合计	322	56.1	100.0	
缺失	系统	252	43.9		
合计		574	100.0		

同时，大学生对“向往的生活方式”的选择也能对上述问题有所反映。

表11显示，大学生对与家庭温暖相一致的“平静稳定的生活”的向往比例不低，为25.1%。当然，选择“在一定经济能力的基础上，尽可能追求个性张扬和风格独立的生活”的生活方式大的学生更高，比例高达61.1%。这说明当前大学生即使很喜欢家庭温暖，但更有个性解放的想法。追求“物质极大丰富，可以无尽享乐的生活”的受访者只有5.6%，略高于追求“把精神生活放在首位”的3.7%的比例。

表11　　　　**您所向往的生活方式是**

		频率	百分比	有效百分比	累计百分比
有效	A. 物质极大丰富，可以无尽享乐的生活	32	5.6	5.8	5.8
	B. 在一定经济能力的基础上，尽可能追求个性张扬和风格独立的生活	351	61.1	64.1	69.9
	C. 平静稳定的生活	144	25.1	26.3	96.2
	D. 把精神生活放在首位	21	3.7	3.8	100.0
	合计	548	95.5	100.0	
缺失	系统	26	4.5		
合计		574	100.0		

对此问题更细致的展示是“关于未来5年最大的愿望”。从表12可以看出，对未来5年的愿望，大学生们选择“家庭安好”的比例不低，为8.7%，选择“身体健康”的有3.1%，选择“生活快乐”的有2.6%，这三项合起来

比例达到14.7%，同样可以反映他们对家庭、健康这类问题的重视。当然，“事业成功”“学业有成”的比例更高一些，均为15%，选择“多赚钱”的也有6.4%。这说明，从短期情况看，大学生的人生选择差异化要明显一些。另外，选择“理想伴侣”的有1.2%。

表12　　**未来5年，您最大的愿望是什么**

		频率	百分比	有效百分比	累计百分比
有效	A. 多赚钱	37	6.4	12.2	12.2
	B. 事业成功	86	15.0	28.3	40.5
	C. 学业有成	86	15.0	28.3	68.8
	D. 家庭安好	50	8.7	16.4	85.2
	E. 有理想伴侣	7	1.2	2.3	87.5
	F. 生活快乐	15	2.6	4.9	92.4
	G. 身体健康	18	3.1	5.9	98.4
	H. 其他	5	0.9	1.6	100.0
	合计	304	53.0	100.0	
缺失	系统	270	47.0		
合计		574	100.0		

当然，表10反映出一个值得注意的现象是，即有43.9%的受访者没有回答这一问题，表12中也有47%的大学生没有选择。这说明了关于人生幸福、关于未来5年内的规划，很多受访者没有确定答案，处于彷徨之中。

其次，关于大学生个人前途发展的问题。表13显示，大学生们对个人才能和发展空间十分看重。认同“选择一份能够充分发挥自己才能的工作，为个人的发展提供广阔的空间”的大学生最多，比例有49.7%。认同“成功要靠自己，只有自己不断努力进取，才能在竞争中脱颖而出”的大学生人数也不少，比例有32.1%。认同“关系是生产力，一半靠自己，一半靠关系”的大学生有4.7%，与认同“顺其自然，遇到差不多的工作就接受”的人数接近。觉得“父母有能力为自己安排工作”的人只有0.5%。

表13 现代社会人才济济，竞争激烈，对个人前途的发展的看法

		频率	百分比	有效百分比	累计百分比
有效	A. 成功要靠自己，只有自己不断努力进取，才能在竞争中脱颖而出	184	32.1	35.2	35.2
	B. 选择一份能够充分发挥自己才能的工作，为个人的发展提供广阔的空间	285	49.7	54.5	89.7
	C. 顺其自然，遇到差不多的工作就接受	24	4.2	4.6	94.3
	D. 关系是生产力，一半靠自己，一半靠关系	27	4.7	5.2	99.4
	E. 父母有能力为自己安排工作	3	0.5	0.6	100.0
	合计	523	91.1	100.0	
缺失	系统	51	8.9		
合计		574	100.0		

而表14则从反面体现这一问题：关于妨碍个人发展的要素问题，31.7%的大学生认为是“个人性格/能力”，同样说明他们很看重个人能力。相比之下，大学生认同学历、人际关系、财力要素对个人发展影响的比例要差很多，比例分别是7.5%、7%、5.7%。选择“其他”的有8%，选择“家庭背景”的有2.3%，选择政府政策的有1.2%。36.6%的大学生没有选择。

表 14　　您觉得妨碍您个人发展的是什么

		频率	百分比	有效百分比	累计百分比
有效	A. 个人性格/能力	182	31.7	50.0	50.0
	B. 学历	43	7.5	11.8	61.8
	C. 人际关系	40	7.0	11.0	72.8
	D. 财力	33	5.7	9.1	81.9
	E. 家庭背景	13	2.3	3.6	85.4
	F. 政府政策	7	1.2	1.9	87.4
	G. 其他	46	8.0	12.6	100.0
	合计	364	63.4	100.0	
缺失	系统	210	36.6		
合计		574	100.0		

表 15 显示，关于毕业之后的看法，43%的大学生选择“找工作”，33.4%的大学生选择“在国内继续深造”，3.1%的大学生选择“出国学习”。2.6%的大学生选择“创业”，选择这四项的大学生实际上都是对个人能力十分看重的学生，比例高达 81.5%。当然，准备创业的那 2.6%的受访者，则可以反映他们极强的能力与自信。只有 8.5%选择“过一段时间再说”。

表 15　　您毕业后准备做什么

		频率	百分比	有效百分比	累计百分比
有效	A. 找工作	247	43.0	47.4	47.4
	B. 在国内继续深造	192	33.4	36.9	84.3
	C. 创业	15	2.6	2.9	87.1
	D. 出国学习	18	3.1	3.5	90.6
	E. 过一段时间再说	49	8.5	9.4	100.0
	合计	521	90.8	100.0	
缺失	系统	53	9.2		
合计		574	100.0		

（二）当前大学生对人生价值的看法

首先是个人价值观如何确立的问题。表 16 显示，关于个人确立价值观所受影响的问题，“家长教育” 占据了大多数，比例为 43.4%，其次是 “学校教育”，比例为 21.8%，“朋友圈子” 比例为 13.8%，“媒体信息” 比例为 13.8%。这再次印证了家庭对当前大学生的重要影响。

表 16　**您认为自己价值观的确立，受什么影响最大**

		频率	百分比	有效百分比	累计百分比
有效	A. 学校教育	125	21.8	24.7	24.7
	B. 家长教育	249	43.4	49.2	73.9
	C. 媒体信息	53	9.2	10.5	84.4
	D. 朋友圈子	79	13.8	15.6	100.0
	合计	506	88.2	100.0	
缺失	系统	68	11.8		
合计		574	100.0		

其次是关于对人生价值的判断标准问题。表 17 显示，从抽象层次来看人生价值，46.2%的大学生选择 “对社会贡献的大小”，39.2%的大学生选择 “说

表 17　**您判断人生价值的标准是**

		频率	百分比	有效百分比	累计百分比
有效	A. 对社会贡献的大小	265	46.2	47.5	47.5
	B. 社会地位的高低	39	6.8	7.0	54.5
	C. 金钱的多少	29	5.1	5.2	59.7
	D. 说不清	225	39.2	40.3	100.0
	合计	558	97.2	100.0	
缺失	系统	16	2.8		
合计		574	100.0		

不清”, 6.8%的大学生选择“社会地位的高低”, 5.1%的大学生选择“金钱的多少”。

表 18 则是从更细节的层面显示人生价值的问题，即关于“人的尊严和金钱的关系”。从选项可以看出大学生重视尊严。80%的大学生选择“两者都重要，但绝不以人的尊严去换金钱”，11.8%的大学生选择“人的尊严重要”；只有 3.8%的大学生选择“两者都重要，为了金钱可以失去尊严”，2.8%的大学生选择“金钱重要”。

表 18　**您认为人的尊严和金钱的关系**

		频率	百分比	有效百分比	累计百分比
有效	A. 人的尊严重要	68	11.8	12.0	12.0
	B. 金钱重要	16	2.8	2.8	14.8
	C. 两者都重要，但绝不以人的尊严去换金钱	459	80.0	81.1	95.9
	D. 两者都重要，为了金钱可以失去尊严	22	3.8	3.9	99.8
	E. 两者都不要	1	0.2	0.2	100.0
	合计	566	98.6	100.0	
缺失	系统	8	1.4		
合计		574	100.0		

表 19 也是一个从细节角度展示大学生人生价值的态度问题。关于“即令自己吃亏，也应帮助他人”的问题，37.1%的大学生选择比较同意，选择“非常同意”的有 4.4%，这两项加起来都属于愿意为他人作贡献的人群，40%出头，略低于前表 18 中大学生们选择为他人作贡献的比例，也算基本一致。有 48.3%的大学生选择不大同意，加上完全不同意的有 3.8%。这说明，大学生们同意作贡献，但是不一定认可自己吃亏来帮助别人这种方式。

表 19　　　　**您是否同意即令自己吃亏，也应帮助他人**

		频率	百分比	有效百分比	累计百分比
有效	A. 非常同意	25	4.4	4.4	4.4
	B. 比较同意	213	37.1	37.8	42.2
	C. 不大同意	277	48.3	49.1	91.3
	D. 完全不同意	22	3.8	3.9	95.2
	E. 不知道	27	4.7	4.8	100.0
	合计	564	98.3	100.0	
缺失	系统	10	1.7		
合计		574	100.0		

再次是人生价值的实现问题。对于“如何实现人生价值”，56.4%的大学生选择“自己努力，也争取别人的帮助”；16.2%的大学生选择“靠个人奋斗”；15.7%的大学生选择“自己努力为主，利用别人为辅”。这三项合起来实质上反映了大学生大多数都拥有独立自主的人生态度。只有 2.6%的大学生选择“顺其自然”，1.4%的大学生选择“自己努力为辅，利用别人为主”（见表 20）。

表 20　　　　**您认为该如何实现人生价值**

		频率	百分比	有效百分比	累计百分比
有效	A. 靠个人奋斗	93	16.2	17.5	17.5
	B. 自己努力为主，利用别人为辅	90	15.7	17.0	34.5
	C. 自己努力，也争取别人的帮助	324	56.4	61.1	95.7
	D. 自己努力为辅，利用别人为主	8	1.4	1.5	97.2
	E. 顺其自然	15	2.6	2.8	100.0
	合计	530	92.3	100.0	
缺失	系统	44	7.7		
合计		574	100.0		

最后是关于人生价值观教育的问题。对于“加强大学生人生价值观教育”的必要性，46.9%的大学生认为必要，45.5%的大学生认为十分必要。这两项合起来反映的是绝大多数大学生认同人生价值观教育的重要性。5.1%的大学生认为不必要，1.7%的大学生认为很不必要（见表21）。

表21　**您认为加强大学生人生价值观教育**

		频率	百分比	有效百分比	累计百分比
有效	A. 十分必要	261	45.5	45.9	45.9
	B. 必要	269	46.9	47.3	93.1
	C. 不必要	29	5.1	5.1	98.2
	D. 很不必要	10	1.7	1.8	100.0
	合计	569	99.1	100.0	
缺失	系统	5	0.9		
合计		574	100.0		

（三）当前大学生在日常生活中表现出来的价值观倾向

首先是大学生在公共事务领域的态度问题。这里大致又包含了个人言行、对待一些具体的公共事件等方面。

表22显示的是关于是否坚持原则的问题。选择“必须坚持”的只有13.1%。

表22　**您认为自己坚持原则吗**

		频率	白分比	有效百分比	累计百分比
有效	A. 见机行事	86	15.0	15.3	15.3
	B. 必须坚持	75	13.1	13.4	28.7
	C. 看原则合理与否，再确定是否坚持	400	69.7	71.3	100.0
	合计	561	97.7	100.0	
缺失	系统	13	2.3		
合计		574	100.0		

大多数受访者认为“看原则合理与否，再确定是否坚持”，比例有 69.7%。这显示出大学生们思想中的理性要素较强；当然，从另一个角度也反映出大学生们有普遍的操守，因为即使 15%选择“见机行事”的大学生也并没有完全否认对原则的坚持。

表 23 则从“乘坐公共汽车”这个细节角度展示大学生对原则的态度。41.65%的大学生选择“会遵守秩序排队”，这些属于坚决坚持原则的表现，比例接近一半。53.8%的大学生选择“看当时的人群情况”，这些属于理性思考之下再坚持原则，比例有一半多。只有 3.7%选择“根本不需要排队”，这些是属于完全不会坚持原则的人群。这个比例与表 22 反映的情况基本一致。

表 23　**公交车站拥挤时，您会选择排队上下车吗**

		频率	百分比	有效百分比	累计百分比
有效	A. 会遵守秩序排队	239	41.6	42.0	42.0
	B. 看当时的人群情况	309	53.8	54.3	96.3
	C. 根本不需要排队	21	3.7	3.7	100.0
	合计	569	99.1	100.0	
缺失	系统	5	0.9		
合计	574	100.0			

表 24 也大致属于对原则的讨论。关于大学生日常衣着问题，有 13.8%的大学生选择“比较潮”，这些大致属于坚持原则的一类人。而 35.2%的大学生选择“随大流”，加上 50%的大学生选择“无所谓”，绝大多数大学生对待衣着这样的小事似乎并不是很在意。

表 24　**您如何评价自己平时的衣着**

		频率	百分比	有效百分比	累计百分比
有效	A. 随大流	202	35.2	35.6	35.6
	B. 比较潮	79	13.8	13.9	49.5
	C. 无所谓	287	50.0	50.5	100.0
	合计	568	99.0	100.0	
缺失	系统	6	1.0		
合计		574	100.0		

表25讨论了一种具体的公共现象——乞丐问题。大多数受访大学生选择“确实生活有困难，会施舍”，比例为48.8%，选择“即使有怀疑，还是会施舍”的人数比例占24.9%，这两项加起来说明绝大多数大学生具有较高的同情心。而选择“是假的，肯定不会施舍”的大学生占23%，加上48.8%的“确实生活有困难，会施舍”的同学，则反映大学生们理性分辨社会现象的比例同样很高。

表25　　**如何看待路边行乞人员**

		频率	百分比	有效百分比	累计百分比
有效	A. 确实生活有困难，会施舍	280	48.8	50.5	50.5
	B. 是假的，肯定不会施舍	132	23.0	23.8	74.2
	C. 即使有怀疑，还是会施舍	143	24.9	25.8	100.0
	合计	555	96.7	100.0	
缺失	系统	19	3.3		
合计		574	100.0		

表26则关注了一起更大的公共事件——“天津港爆炸事件”。对待这一事件的反应，88.7%的大学生选择没有实际行动，10.6%的大学生选择有实际行动。这里和上述乞丐现象形成鲜明对比，说明大学生对身边的公共事件和现象要更敏感。

表26　　**天津港爆炸时您采取实际行动了吗**

		频率	百分比	有效百分比	累计百分比
有效	A. 有	61	10.6	10.7	10.7
	B. 没有	509	88.7	89.3	100.0
	合计	570	99.3	100.0	
缺失	系统	4	0.7		
合计		574	100.0		

其次是大学生对待大学生活的态度问题。既有那种宏观的总看法，也有对具体生活细节的看法。

表27显示的是大学生对大学生活的宏观总体看法。72.1 %的大学生认为“愉快和焦虑并存”。这体现了大学生中大多数人对待大学生活以积极向上为主，同时也很理性。另有11.8%的大学生认为“很愉快”，他们是大学生中最乐观的人群。2.1%的大学生认为“压力很大，前途无望”，2.3%的大学生认为“麻木”，这两项所反映的是对大学生活态度消极的人数比例，虽然加起来只有4.4%的比例，但是不容忽视。

表27　**您对大学生活的看法**

		频率	百分比	有效百分比	累计百分比
有效	A. 很愉快	68	11.8	12.9	12.9
	B. 愉快和焦虑并存	414	72.1	78.4	91.3
	C. 压力很大，前途无望	12	2.1	2.3	93.6
	D. 麻木	13	2.3	2.5	96.0
	E. 不知道	21	3.7	4.0	100.0
	合计	528	92.0	100.0	
缺失	系统	46	8.0		
合计		574	100.0		

表28显示的一个大学生活的具体问题——“学习之余想得最多的问题”。有52.6%的大学生选择“怎样做到贡献与获取兼顾”，32.4%的大学生选择“如何获得更多的金钱”，10.1%的大学生选择“如何获得较高的社会地位”。这里的几个选项之间其实差异不大，但反映出大学生们的理性与务实兼具的态度。

表28　**您学习之余想得最多的问题**

		频率	百分比	有效百分比	累计百分比
有效	A. 如何获得较高的社会地位	58	10.1	10.6	10.6
	B. 如何获得更多的金钱	186	32.4	34.1	44.7
	C. 怎样做到贡献与获取兼顾	302	52.6	55.3	100.0
	合计	546	95.1	100.0	
缺失	系统	28	4.9		
合计		574	100.0		

表 29 则是关注大学生的重要课余生活——“图书馆看书”的问题。愿意继续增长知识的比例总的来说较高，占到 54%左右的比例。其中，29. 4%的大学生选择“语言和专业知识类”，14. 1%的大学生选择“经济和哲学类”，5. 9%的大学生选择“政治军事类”，这些书籍更偏人文科学，对待大学生的思维视野提升作用很大。只有 4. 2%的大学生选择“计算机类”。而选择“娱乐消遣类”的大学生有 25. 3%的比例，这显示重视课余娱乐的大学生人数不少。另有 21. 1%的大学生没有选择，这也不容忽视，说明约有 1/5 的大学生不爱看书，需要加强引导。

表 29　　　　**您平时在图书馆最爱看什么书**

		频率	百分比	有效百分比	累计百分比
有效	A. 政治军事类	34	5. 9	7. 5	7. 5
	B. 计算机类	24	4. 2	5. 3	12. 8
	C. 经济和哲学类	81	14. 1	17. 9	30. 7
	D. 语言和专业知识类	169	29. 4	37. 3	68. 0
	E. 娱乐消遣类	145	25. 3	32. 0	100. 0
	合计	453	78. 9	100. 0	
缺失	系统	121	21. 1		
合计		574	100. 0		

表 30 关注又一个大学生活的热门话题——关于对大学期间谈恋爱的看法。总的来说，当前大学生们对待恋爱是比较理性的。例如，32. 4%的大学生认为“谈恋爱是正常的身心需要”，加上 28. 7%的大学生认为“可以促进积累经验，体验人生”，说明过半数大学生将恋爱与人生的关系看得较为清晰。有 15. 5%的大学生认为“能找到志同道合的恋人”，3. 3%的大学生认为“可以促进学习”，这些大学生属于对爱情抱有期望的人群，也是积极的价值观取向。只有 1. 6%的大学生认为“耽误学习”，同样也包含着理性。当然，18. 5%的大学生没有选择是一个缺憾。

表 30　　**您对大学期间谈恋爱的看法**

		频率	百分比	有效百分比	累计百分比
有效	A. 谈恋爱是正常的身心需要	186	32.4	39.7	39.7
	B. 能找到志同道合的恋人	89	15.5	19.0	58.8
	C. 可以促进积累经验，体验人生	165	28.7	35.3	94.0
	D. 可以促进学习	19	3.3	4.1	98.1
	E. 耽误学习	9	1.6	1.9	100.0
	合计	468	81.5	100.0	
缺失	系统	106	18.5		
合计		574	100.0		

再次是关于大学生对于中国传统思想的态度问题。表 31 是宏观性关于“中国优秀传统思想”的评价问题，59.4%的大学生不大同意“都是对的”，4.5%的大学生“完全不同意”都是对的，这两项合起来可以表明当前大学生

表 31　　**您同意中国优秀传统思想通常都是对的吗**

		频率	百分比	有效百分比	累计百分比
有效	A. 非常同意	19	3.3	3.4	3.4
	B. 比较同意	163	28.4	29.4	32.8
	C. 不大同意	341	59.4	61.4	94.2
	D. 完全不同意	26	4.5	4.7	98.9
	E. 不知道	6	1.0	1.1	100.0
	合计	555	96.7	100.0	
缺失	系统	19	3.3		
合计		574	100.0		

对待中国传统思想的态度存在隔膜。因为题目已经说得很清楚，是对中国优秀的传统思想的看法，也就是那些经历了历史、实践检验的传统文化思想。他们还是选择不同意，那只能说明他们的不了解与隔膜。当然，也有三成受访大学生同意都是对的，从侧面反映我们传统文化教育的成果。

表 32 是从一个细节——“仁、孝、忠等传统道德教育”的看法角度反映大学生对中国优秀传统思想的看法。其中，49%的大学生认为“自小耳濡目染”，这里反映出大学生的传统教育主要来自家庭。有 30. 3%的大学生选择是“课外书上有看过”，6. 4%的大学生选择“难以判断”，这说明他们接触传统文化教育的机会比较多。只有 2. 4%的大学生选择“被教育是过时的东西”。这里面就反映了对传统教育最不利的因素——历史虚无主义。

表 32　　**对仁、孝、忠等传统道德，你所受的教育**

		频率	百分比	有效百分比	累计百分比
有效	A. 自小耳濡目染	281	49. 0	55. 5	55. 5
	B. 课外书上有看过	174	30. 3	34. 4	89. 9
	C. 难以判断	37	6. 4	7. 3	97. 2
	D. 被教育是过时的东西	14	2. 4	2. 8	100. 0
	合计	506	88. 2	100. 0	
缺失	系统	68	11. 8		
合计		574	100. 0		

最后是关于大学生在个人信仰、个人与国家关系上的一些问题。

表 33 和表 34 讨论的是大学生的个人信仰。关于“加入中国共产党的主要动机”问题，选择“信仰共产主义”的只有 7. 7%，加上有 45. 5%的大学生没有选择，这说明大学生严肃对待个人信仰的比例较低。有 20. 4%的大学生选择“为他人和社会多作贡献”，选择“能够更好地发挥自己的社会作用并早日成才”的有 8. 4%，这里的 1/4 强的学生虽然对信仰不太重视，但重视了人生价值与入党的关联。有 9. 2%的大学生选择“随大众，跟风”，有 4. 5%的大学生选择“精神寄托”，有 3. 7%的大学生选择“能得到好处”，这里的近 18%的

大学生属于功利主义倾向的态度。还有 0.7%选择“改变共产党现状，使其能更好地发挥领导作用”的大学生，他们属于极具理想的人群。

表 33　　您加入中国共产党的主要动机是（党员或申请入党者回答）

		频率	百分比	有效百分比	累计百分比
有效	A. 信仰共产主义	44	7.7	14.1	14.1
	B. 为他人和社会多作贡献	117	20.4	37.4	51.4
	C. 精神寄托	26	4.5	8.3	59.7
	D. 随大众，跟风	53	9.2	16.9	76.7
	E. 能得到好处	21	3.7	6.7	83.4
	F. 能够更好地发挥自己的社会作用并早日成才	48	8.4	15.3	98.7
	G. 改变共产党现状，使其能更好地发挥领导作用	4	0.7	1.3	100.0
	合计	313	54.5	100.0	
缺失	系统	261	45.5		
合计		574	100.0		

关于“不要求入党的主要原因”问题是从反面反映大学生的个人信仰态度。其中，有 56.4%的大学生没有选择，这和上一表格相互印证，反映大部分大学生对待信仰问题并非十分严肃。选择“信仰不符”的有 6.3%，他们属于对待此问题最严肃的群体。选择“个人条件不成熟”的有 25.8%，他们的态度也较为认真。选择“和个人成才无关”的有 4.7%，选择“党员约束太多，不自由”的有 4.9%，他们属于功利主义至上的人群。选择“党的威信下降”的有 0.3%，选择“党的形象不佳”的有 0.7%，这些大学生人数不多，但有着一定的观察力和表达个性。

表 34　**您不要求入党的主要原因（尚未要求或不打算入党者回答）**

		频率	百分比	有效百分比	累计百分比
有效	A. 个人条件不成熟	148	25.8	59.2	59.2
	B. 信仰不符	36	6.3	14.4	73.6
	C. 和个人成才无关	27	4.7	10.8	84.4
	D. 党员约束太多，不自由	28	4.9	11.2	95.6
	E. 党的威信下降	2	0.3	0.8	96.4
	F. 党的形象不佳	4	0.7	1.6	98.0
	G. 只愿加入民主党派	5	0.9	2.0	100.0
	合计	250	43.6	100.0	
缺失	系统	324	56.4		
合计		574	100.0		

最后一个问题是对大学生的社会关怀进行综合测量的题目——“关于对国家前途的关心”（见表35）。总体上看，打分在60分以上，也即将国家前途放在心上的同学占到70%以上。其中，有8%的大学生极为关心，选择100分。22.1%的大学生非常关心，给出80分，这也是在所有分数中选择比例最高的。这和之前关于信仰问题的答案基本可以印证。而打分在10分以下，即几乎不关心国家前途命运的占到1.1%。

表 35　**如果0代表完全不关心国家前途，100代表极其关心，您觉得您可以打多少分**

		频率	百分比	有效百分比	累计百分比
有效	0	1	0.2	0.2	0.2
	1	2	0.3	0.4	0.6
	2	1	0.2	0.2	0.7
	3	1	0.2	0.2	0.9
	10	1	0.2	0.2	1.1
	20	2	0.3	0.4	1.5
	30	1	0.2	0.2	1.7
	40	4	0.7	0.7	2.4

续表

		频率	百分比	有效百分比	累计百分比
有效	49	1	0.2	0.2	2.6
	50	51	8.9	9.5	12.1
	55	1	0.2	0.2	12.3
	58	1	0.2	0.2	12.5
	59	2	0.3	0.4	12.9
	60	61	10.6	11.4	24.3
	61	1	0.2	0.2	24.4
	62	1	0.2	0.2	24.6
	65	7	1.2	1.3	25.9
	66	2	0.3	0.4	26.3
	70	61	10.6	11.4	37.7
	75	14	2.4	2.6	40.3
	76	1	0.2	0.2	40.5
	78	2	0.3	0.4	40.9
	80	127	22.1	23.7	64.6
	81	2	0.3	0.4	64.9
	85	29	5.1	5.4	70.3
	87	2	0.3	0.4	70.7
	88	4	0.7	0.7	71.5
	89	1	0.2	0.2	71.6
	90	60	10.5	11.2	82.8
	92	3	0.5	0.6	83.4
	95	19	3.3	3.5	86.9
	96	2	0.3	0.4	87.3
	97	1	0.2	0.2	87.5
	98	5	0.9	0.9	88.4
	99	16	2.8	3.0	91.4
	100	46	8.0	8.6	100.0
	合计	536	93.4	100.0	
缺失	系统	38	6.6		
合计		574	100.0		

四、当前大学生价值观教育中存在的问题及原因分析

(一) 当前大学生存在一定程度的信仰缺失

信仰是一个人价值观的灵魂，没有信仰或者信仰缺乏者的价值观通常也存在混乱和迷茫的情况。从调查反映的数据来看，当前大学生在信仰问题上存在一定程度的缺失。

在回答“加入中国共产党的主要动机”问题时，选择“信仰共产主义”的大学生只有7.7%，而与此相对的是有45.5%的大学生没有选择，这起码可以说明这些占到总人数一半比例的大学生并未严肃对待个人信仰问题，属于信仰缺失的一种表现。同时，有9.2%的大学生选择“随大众，跟风”，有3.7%的大学生选择“能得到好处”，这里显示有近18%的大学生无视精神信仰，在信仰上采取了功利主义的态度。另外一个与此相关联的问题是关于“不要求入党的主要原因”的回答，有56.4%的大学生没有选择，这和上一问题的回答相互印证，超过半数大学生没有严肃对待信仰问题。选择“和个人成才无关”和“党员约束太多，不自由”的人数不多，分别占有4.7%和4.9%，但这里他们明显也属于功利主义至上的人群。相对而言，选择“信仰不符”的只有6.3%，他们则属于对待此问题最严肃的群体，但比例太小。

信仰问题缺失影响了大学生们在人生道路上的判断与选择。在回答个人前途问题时，有36.6%的大学生没有选择；有56.1%的受访大学生没有回答人生幸福的问题，还有47%的大学生没有选择对于未来5年自身的愿望问题。这些表明近半数大学生对于人生的很多根本问题没有确定答案，处于彷徨之中。究其原因正在于他们中许多人没有信仰，或者信仰模糊。

(二) 当前大学生的价值观存在理论与实践脱节的现象

人的价值观是一个思想理论问题，更是一个实践问题。一般来讲，一个人理论上认可的价值观和他实际行为的价值选择相一致的时候，才能确定他真正的价值观。从调查显示来看，当前大学生中部分存在着理论选择与实际行为相脱节的现象。从理论上看，大学生们在对人生价值的判断标准进行选择时，46.2%的大学生选择“对社会贡献的大小”，单从这个理论上的决定看，大学生们确立的是奉献型价值观。但是一旦落到现实中的行为时就打了折扣。比如关于“即令自己吃亏，也应帮助他人”的问题，有48.3%的大学生选择不大

同意，加上完全不同意的3.8%的比例，这说明，大学生们在实际行为中对“以贡献大小作为人生价值标准”的判断不会严格遵循。当被问到“乘坐公共汽车时是否坚持排队”这个细节问题时，就有53.8%的大学生选择“看当时的人群情况”，还有3.7%选择“根本不需要排队”。显然，坐公汽都不愿意坚持排队，很难说他们会真正认可以贡献作为人生价值标准。在回答“天津港爆炸事件时你是否采取了实际行动问题时”，有88.7%的大学生选择没有实际行动。这里同样反映了大学生们并非真正把为社会和他人作贡献看作人生价值标准。

这种情况出现的原因显然与我们当前的价值观教育效果有待加强有部分关系。长期以来，我们十分重视宣传、推广“为社会作贡献”的价值观，产生了一些效果，反映在接受调查的大多数学生头脑中都基本认同“奉献”的价值观；但同时也显示出价值观教育效果存在不理想的情况，有待加强，这就反映为部分接受调查的学生所表现出来的些许迷茫和疑惑。

（三）当前对待大学生价值观教育存在不足

一个人价值观的形成是一个综合结果，其中学校教育应该占到较大的比重。调查显示，当前大学生价值观形成原因中，学校教育比重明显不足。对受访大学生中价值观形成影响最大的因素是“家庭教育”，超过40%的比例。而“学校教育”只对21.8%的大学生价值观形成产生了重要影响。这比另外两个因素“朋友圈子”（13.8%）、“媒体信息”（13.8%）的比例高不了多少。传统教育是当前教育界比较重视的教育主题，但是受访大学生中却近六成（59.4%）不大同意优秀传统文化的内容“都是对的”，还有少量大学生（4.5%）“完全不同意”。这反映出当前大学生对传统文化的隔膜，折射出传统文化教育不足的问题。固然传统文化教育不单单靠学校来完成，但是大学生中这么高比例的隔膜，说明学校教育在这一块也是不足的。在回答对待优秀传统文化思想的看法时，有2.4%的大学生选择“被教育是过时的东西”。这里面就反映了我们的价值观教育中有一种不正确的导向——历史虚无主义。

究其原因，这和当前整个学校系统教育的主旨有关。受到市场经济改革和追求富强风气的影响，我们的学校教育在很大程度上是知识和专业教育，以“知识就是力量”为口号，对于价值观教育、人格培育等问题有意无意进行了忽略。久而久之，学生们的价值观中学校教育就日益缺乏，造成了我们所看到的局面。

（四）少数同学价值观严重偏差

问卷调查是以数据说话，特别关注比例高的人群和话题。但是价值观问题有所不同，因为他涉及人的根本追求问题。每一个人的选择对他而言都是根本性的，忽视一组数据有可能就是忽略一个人的人生。所以即使是小比例，也同样要关注少量人数的选择。

在这种关注下，我们发现了一些值得注意的价值观偏差问题。在人生价值判断标准方面，有5.1%的大学生选择以“金钱的多少”作为人生价值的判断标准，甚至还有3.8%的大学生选择“为了金钱可以失去尊严”。这中间反映的是拜金主义价值观，如果连尊严都可以舍去而去追求金钱，就是十分严重的拜金主义者了。在人生最重要的追求方面，有5.6%的同学将追求“物质极大丰富，可以无尽享乐的生活”作为人生根本追求；在如何实现人生价值方面，也有1.4%的大学生选择“自己努力为辅，利用别人为主”。这些属于典型的享乐主义价值观。

在对待自身的大学生活的看法上，许多学生的问题也较严重。有2.1%的大学生认为大学生活“压力很大，前途无望”，2.3%的大学生认为“麻木”。这些数据反映的问题值得重视。一方面从人数上看，有25人，占比不高，但每一个人事实上都承担着一份家庭未来的希望，如果他们跌入低谷，就是25个家庭的悲剧；另一方面，负能量是有传染效应的，25个人的负能量，传染起来就很难说造成多大的负面效应，需要加以重视。还有3.7%的大学生认为“不知道”，也需要进行引导。在回答图书馆看什么类型的书的问题上，有21.1%的大学生没有选择，这也不容忽视，说明有1/5的大学生不爱看书，需要加强引导。在回答自身对祖国命运前途的关心与否问题上，有1.1%的大学生打分在10分以下，也即几乎不关心国家前途命运。对于当事人而言，这种倾向也是极为负面的价值观倾向。

五、加强当前大学生价值观教育的对策建议

通过对当前大学生整体的价值观现状的分析，我们发现急需采取必要的对策来加强大学生价值观教育。

第一，重视学校教育中价值观教育的组成部分。当前我国处于商品经济、科技水平高速发展的时代，学校教育受到类似大环境的影响，呈现出一种明显倾向，即偏重考试分数、学历文凭、实用技术和理论知识等方面的内容，对于

人格塑造、价值观这些属于人文精神方面的教育内容有所忽视。这样的倾向需要进行调整。大学的教育要重提“以人为本”，以“人的本质”探索来统领价值观教育。人的本质是一定社会关系的总和，这决定了人的价值的实现不能离开社会和社会实践。人固然有其逐利的一面，但更有注重道义、重视情感、追求美好的一面。人的最终成就的取得应该是以各方面得到全面培养作为基础。也只有在这样全面的培育中，人的巨大潜能才能被激发出来，也才能真正实现自身的价值。从具体措施上来说，除了在课堂教学中要按照人文精神的理念贯彻价值观教育之外，课堂之外的校园文化建设也应该重视。在一定程度上讲，校园文化质量会直接决定大学生的价值观倾向。应该认真总结已经形成的校园文化建设的成功经验，同时提高未来校园文化品位和档次，重视大学人文精神。除了现实领域，网络上的校园文化建设也要倍加重视。通过线上与线下充分的校园文化建设，达到引导学生都能以乐观、健康的心态去面对各种社会现象的目的，以巨大的校园文化合力，为当前大学生树立正确的价值观提供应有的帮助。

第二，教育者提升自身素质，对学生进行以身作则的价值观教育。大学生价值观教育中，教育者（包括教师、教辅人员等）的角色也很重要。在一定意义上讲，教育者自身的言行特别是关键性言行就是某些大学生价值观选择的来源。中国古代传统有所谓“己不正安能正人”“其身正，不令其行，其身不正，虽令不从”，这些经典言论充分说明了教育者切实的言传身教对学生的重要作用。

所有教育者都要进行深刻反思，是不是以对学生、对社会的高度责任感去从事自己的教育的。高度责任感正是教育者做到良好价值观教育的第一步。同时，教育者本身也要加强学习，提升思想水平，树立起乐观积极的人生价值观，能对自己的人生具有合理的规划，也能对复杂的社会现象具有解读和实践处理的能力。一旦教育者表现出坚定的信念、高尚的情操、诚挚的爱心，学生受到的感染效果是十分明显的。从这个意义上讲，需要加强对教育者的再教育、培训。具体方式包括新老教师之间的传帮带活动，选派教师定期进修、访学，加大各高校教育培训方面交流活动的力度，定期举办各种级别的相关论坛等方式，目的就是经常性地改善提高教育者的自身素养。这里需要指出的是，这里所说的需要通过提升自身来做好价值观教育的教师并没设置界限。高校中专门的思想政治课老师肯定需要这样做，但其他的专业课老师，不管是人文社科、自然科学还是应用技术专业的老师，也都要一视同仁地进行严格要求。

第三，价值观教育要做到全覆盖，特别要关心存在严重偏差的少数同学。

从人才成长角度来讲，也许不可能将每一个学生都培育成杰出的人物，需要因材施教。但是从大学生的成人来讲，则与此不同，应该要做到没有遗漏，不能搞大概率性的教育，而是要以全覆盖的方式开展对每一个学生的价值观教育，进而建立起价值观教育的导师制理念和系统。从理念上讲，从学校领导到普通教职工，都要树立起成为学生价值观导师的理念；经常深入学生群体中，和学生建立起密切联系。从系统上讲，学校设置专门的组织机构，选配足额的优秀教师担任学生的导师。老师在保持适当权威性的同时，要和学生做朋友。学校还应设计建立学生价值观方面的档案，动态关注，随时跟进，一旦发现有较大错误倾向的苗头要及时引导化解。这显然是一项艰巨的任务，又是一个细致的工作，要靠滴水穿石的精神才能达到目的。

今天，现实生活中存在的大学生价值观念多样和多元的现象是正常的。虽然思政工作的重点是引导他们树立主流价值观，但是对于他们心中可能存在的其他非主流价值观也不能简单一概否定，而是要细致地理解和评析。集体主义、爱国主义、为人民服务、民族意识等这些主流价值观肯定要大力提倡，而健康合理的公民私人兴趣、个人独特的行事风格等同样可以提倡。全覆盖地进行大学生价值观教育，重要的不是声势多大，而是要在理解每一位学生特殊性的前提下去给学生创造合理价值观产生和成长的环境。这样才能内化为大学生心悦诚服的自我选择。

总之，影响当前大学生价值观形成和发展的因素复杂多样，加强大学生价值观教育和引导更是一项长久的综合性系统工程，需要调动社会、家庭、学校、学生各方面的积极性，长期坚持，才能真正起到较好的效果。

（谭绍江，博士，湖北经济学院马克思主义学院副教授）

新时期高校校园文化建设现状调查问卷分析报告

——基于湖北某高校的数据

黄敦兵

为了进一步发挥高校校园文化建设在社会主义文化强国建设中的示范作用，探寻新时期高校校园文化建设的有效路径，2017年春，湖北某高校宣传部、学工处和本课题组特设计此调查问卷，对从大一到大四的大学生进行了抽样调查。此次调查共发放问卷800份，回收有效问卷694份，有效回收率为86.8%。现将抽样的694份问卷调研情况进行初步分析，详情如下：

一、学生基本情况分析

从性别比上看，此次样卷女生近七成。从文理分布上看，文科占七成多。从生源地分布上看，农村比例较大，占64.4%。从年级分布上看，实行了全覆盖调研，大一新生较少，占5.2%，大二、大三各占约占35%，大四占24.9%。从学生的政治面貌情况看，5.9%是中共党员，91.2%是共青团员，只有2.9%是群众。

以上数据分别参见表1～表4：

表1　　来自地区

		频率	百分比	有效百分比	累计百分比
有效	农村（村、乡、镇）	447	64.4	64.4	64.4
	城市	247	35.6	35.6	100.0
	合计	694	100.0	100.0	

表 2　　　　年　级

		频率	百分比	有效百分比	累计百分比
有效	大一	36	5.2	5.2	5.2
	大二	244	35.2	35.2	40.3
	大三	241	34.7	34.7	75.1
	大四	173	24.9	24.9	100.0
	合计	694	100.0	100.0	

表 3　　　　专　业

		频率	百分比	有效百分比	累计百分比
有效	文科经管类	511	73.6	73.6	73.6
	理工类	43	6.2	6.2	79.8
	文体艺术类	140	20.2	20.2	100.0
	合计	694	100.0	100.0	

表 4　　　　政治面貌

		频率	百分比	有效百分比	累计百分比
有效	中共党员	41	5.9	5.9	5.9
	共青团员	633	91.2	91.2	97.1
	群众	20	2.9	2.9	100.0
	合计	694	100.0	100.0	

二、学生对校园文化认知情况分析

从调研情况看，学生心目中的校园文化是多元的。51.7%的同学认为能学到很多东西，提升自己文化水平。近 1/5 的同学认为校园文化为交友营造了条件。

在什么是校园文化建设的重点这个问题上，八成以上的大学生选择了精神文化。可能学生对于文化建设三个层面即物质文化建设、制度文化建设、精神文明建设没有很好地把握。对于所在学校的校园文化，21.5%的同学认为“丰富多彩”，多数认为“一般”，12.5%的同学认为“没意思”，极少数认为“说不清”（见表5）。

表5　　所在学校的校园文化

		频率	百分比	有效百分比	累计百分比
有效	A. 丰富多彩	149	21.5	21.5	21.5
	B. 一般	441	63.5	63.6	85.1
	C. 没意思	87	12.5	12.6	97.7
	D. 说不清	16	2.3	2.3	100.0
	合计	693	99.9	100.0	
缺失	系统	1	0.1		
合计		694	100.0		

大家对本校校园建设的认识，与对于校园文化建设必要性的认识，基本一致，后者又略显突出，因为有近九成的同学认为“很有必要”。具体数据如表6所示：

表6　　校园文化建设

		频率	百分比	有效百分比	累计百分比
有效	A. 很有必要	623	89.8	89.9	89.9
	B. 可有可无	61	8.8	8.8	98.7
	C. 完全没必要	9	1.3	1.3	100.0
	合计	693	99.9	100.0	
缺失	系统	1	0.1		
合计		694	100.0		

那么，学生如何认识校园文化建设的薄弱环节呢？经调查，三成多的学生认为是“局限于学生管理和思想教育层次上，缺乏以教师为主导的校园文化建设”，12.7%认为“校园文化品位不高”，22.0%认为在于“文化设施不完善”，23.2%认为“缺乏系统规划，校园文化档次不高”，还有同学犹疑不决。具体数据如表7所示：

表 7　　校园文化建设的薄弱环节

		频率	百分比	有效百分比	累计百分比
有效	A. 校园文化品位不高	88	12.7	14.1	14.1
	B. 文化设施不完善	153	22.0	24.6	38.7
	C. 局限于学生管理和思想教育层次上，缺乏以教师为主导的校园文化建设	221	31.8	35.5	74.2
	D. 缺乏系统规划，校园文化档次不高	161	23.2	25.8	100.0
	合计	623	89.8	100.0	
缺失	系统	71	10.2		
合计		694	100.0		

三、学生对校园物质文化了解情况分析

学生对所在学校的校园环境、图书馆、教学科研设施等硬件建设方面基本比较满意，认为“很好”“较好”的占3/4。学生似乎不太满意学校校园网网速，认为“一般”的占22.6%，认为“较差”“很差”的较少，约3%（见表8）。

表 8　　所在学校的校园环境、图书馆、教学科研设施等硬件建设方面

		频率	百分比	有效百分比	累计百分比
有效	A. 很好	153	22.0	22.0	22.0
	B. 较好	363	52.3	52.3	74.4
	C. 一般	157	22.6	22.6	97.0
	D. 较差	15	2.2	2.2	99.1
	E. 很差	6	0.9	0.9	100.0
	合计	694	100.0	100.0	

在软件建设情况方面，近六成的学生对本校的师资水平较为满意或满意（见表9）。但在师生交流方面，40.8%的学生反映是偶尔交流，21.3%的学生没有和老师交流，经常交流的只占不到5%，交流一般的占近1/3（见表10）。

在加强师生交流的方式问题上，学生最喜欢与老师进行直接交流，占27.4%。其次，是QQ，占20.5%。再次是短信，占14.8%。选择微信、电话、邮件的比重接近，均不足8个百分点（见表11）。

表9　**对学校的师资水平的满意度**

		频率	百分比	有效百分比	累计百分比
有效	A. 很满意	44	6.3	6.4	6.4
	B. 比较满意	356	51.3	51.4	57.8
	C. 一般	243	35.0	35.1	92.9
	D. 不太满意	41	5.9	5.9	98.8
	E. 很不满意	8	1.2	1.2	100.0
	合计	692	99.7	100.0	
缺失	系统	2	0.3		
合计		694	100.0		

表10　**同任课教师的交流情况**

		频率	百分比	有效百分比	累计百分比
有效	A. 经常	32	4.6	4.6	4.6
	B. 一般	227	32.7	32.9	37.5
	C. 偶尔	283	40.8	41.0	78.6
	D. 没有	148	21.3	21.4	100.0
	合计	690	99.4	100.0	
缺失	系统	4	0.6		
合计		694	100.0		

表 11 **最喜欢以何种形式与老师交流**

		频率	百分比	有效百分比	累计百分比
有效	A. 微信	48	6.9	7.7	7.7
	B. 短信	103	14.8	16.6	24.4
	C. 电话	52	7.5	8.4	32.7
	D. 邮件	53	7.6	8.5	41.3
	E. QQ	142	20.5	22.9	64.2
	F. 直接交流	190	27.4	30.6	94.8
	G. 其他	32	4.6	5.2	100.0
	合计	620	89.3	100.0	
缺失	系统	74	10.7		
合计		694	100.0		

校园文化建设目的之一在于文化认同，在学校特色认识方面，半数以上的同学认为本校学科设置是有特色的。但也有近四成的同学认为“缺乏特色”(见表 12)。

表 12 **学校学科设置是否有特色**

		频率	百分比	有效百分比	累计百分比
有效	A. 很有特色	23	3.3	3.3	3.3
	B. 有点特色	343	49.4	49.6	53.0
	C. 缺乏特色	265	38.2	38.4	91.4
	D. 说不清	59	8.5	8.5	100
	合计	690	99.4	100.0	100.0
缺失	系统	4	0.6		
合计		694	100.0		

四、学生对校园精神文化了解情况分析

在对校史的了解情况方面，不到1/3的同学“比较了解”，44.3%的同学表示“有点印象”，近15%的同学“不知道”。然而，超过1/3的同学认为校园历史文化对自己的学习和成长有很大或比较大的影响（见表13、表14）。

表13　　知道你们学校的校史吗

		频率	百分比	有效百分比	累计百分比
有效	A. 非常清楚	22	3.2	3.2	3.2
	B. 清楚	73	10.5	10.5	13.7
	C. 比较了解	188	27.1	27.1	40.8
	D. 有点印象	307	44.2	44.2	85.0
	E. 不知道	103	14.8	14.8	99.9
	合计	693	100.0	100.0	
缺失	系统	1	0.1		
合计		694	100.0		

表14　　校园历史文化对您的学习和成长的影响

		频率	百分比	有效百分比	累计百分比
有效	A. 很大	49	7.1	7.1	7.1
	B. 比较大	191	27.5	27.7	34.8
	C. 一般	281	40.5	40.7	75.5
	D. 不大	135	19.5	19.6	95.1
	E. 没影响	34	4.9	4.9	100.0
	合计	690	99.4	100.0	
缺失	系统	4	0.6		
合计		694	100.0		

在学风情况的认识上，近六成的同学认为较好。近3/4的同学对自己的学

习目标是明确的，那就是打好基础，全面提高自身素质，掌握专业知识和学得一技之长（见表15）。

关于学术讲座和报告，学生最喜欢"趣味性"，占41.1%。其次是"实践性"，占1/5。再次是"知识性"，与"文化性"的取向比例相近。近四成的同学认为本校的学术氛围好，但也有半数的同学认为一般（见表16~表18）。

表15　**所在学校的学风**

		频率	百分比	有效百分比	累计百分比
有效	A. 总体良好	115	16.6	16.7	16.7
	B. 总体较好	293	42.2	42.5	59.1
	C. 总体一般	249	35.9	36.1	95.2
	D. 总体不好	29	4.2	4.2	99.4
	E. 说不清	4	0.6	0.6	100.0
	合计	690	99.4	100.0	
缺失	系统	4	0.6		
合计		694	100.0		

表16　**您的学习目标**

		频率	百分比	有效百分比	累计百分比
有效	A. 全面提高自身素质，为实现理想奠定基础	229	33.0	39.8	39.8
	B. 掌握专业知识和学得一技之长，为今后发展打好基础	281	40.5	48.8	88.5
	C. 拿到大学文凭，方便就业	27	3.9	4.7	93.2
	D. 多交朋友并兼顾学习	34	4.9	5.9	99.1
	E. 还没有认真想过	5	0.7	0.9	100.0
	合计	576	83.0	100.0	
缺失	系统	118	17.0		
合计		694	100.0		

表 17　　最喜欢哪一方面的学术讲座和报告

		频率	百分比	有效百分比	累计百分比
有效	A. 知识性	83	12.0	13.9	13.9
	B. 趣味性	285	41.1	47.8	61.7
	C. 文化性	79	11.4	13.3	75.0
	D. 实践性	140	20.2	23.5	98.5
	E. 其他	9	1.3	1.5	100.0
	合计	596	85.9	100.0	
缺失	系统	98	14.1		
合计		694	100.0		

表 18　　所在学校的学术氛围

		频率	百分比	有效百分比	累计百分比
有效	A. 很好	47	6.8	6.8	6.8
	B. 较好	242	34.9	35.2	42.1
	C. 一般	345	49.7	50.2	92.3
	D. 比较差	41	5.9	6.0	98.3
	E. 很差	12	1.7	1.7	100.0
	合计	687	99.0	100.0	
缺失	系统	7	1.0		
合计		694	100.0		

在对中外文化的态度方面，83%的学生赞同西方国家倡导的自由、民主、平等、公正。近七成的学生清楚我们国家所倡导的社会主义核心价值观。在更

喜欢的文化类型上，有 60.4%的学生选择了“传统文化”，22.5%的学生选择了“外来文化”。具体数据分别如表 19~表 21 所示：

表 19　　您对西方国家倡导的自由、民主、平等、公正的态度

		频率	百分比	有效百分比	累计百分比
有效	A. 非常赞同	201	29.0	29.0	29.0
	B. 赞同	375	54.0	54.1	83.1
	C. 一般	105	15.1	15.2	98.3
	D. 不太赞同	6	0.9	0.9	99.1
	E. 不赞同	6	0.9	0.9	100.0
	合计	693	99.9	100.0	
缺失	系统	1	0.1		
合计		694	100.0		

表 20　　对我们国家所倡导的社会主义核心价值观的态度

		频率	百分比	有效百分比	累计百分比
有效	A. 非常清楚	103	14.8	14.9	14.9
	B. 清楚	370	53.3	53.5	68.5
	C. 一般	169	24.4	24.5	92.9
	D. 不太清楚	35	5.0	5.1	98.0
	E. 不清楚	14	2.0	2.0	100.0
	合计	691	99.6	100.0	
缺失	系统	3	0.4		
合计		694	100.0		

表21　　下列不同的文化，您更喜欢

		频率	百分比	有效百分比	累计百分比
有效	A. 传统文化	419	60.4	61.9	61.9
	B. 外来文化	156	22.5	23.0	84.9
	C. 其他	102	14.7	15.1	100.0
	合计	677	97.6	100.0	
缺失	系统	17	2.4		
合计		694	100.0		

五、学生对校园制度文化了解情况分析

根据网络管理方面的调查情况发现，学生业余的时间，近三成用在上网方面，15.3%的学生主要是用在读书上，9.1%的学生用在运动上，5.5%的学生用在睡觉上。

学生最经常光顾的网站类型，53.9%是娱乐，时政、学习的各占一成左右。就上网的主要目的而言，“查资料，满足学习、生活需要”与“听音乐，看电影”占大头，前者占29.7%，后者占31.1%。“游戏聊天”的，占5.0%；“没目的、打发时间”的，占8.6%。

具体数据如表22~表24所示：

表22　　业余的时间主要是用在

		频率	百分比	有效百分比	累计百分比
有效	A. 读书	106	15.3	22.3	22.3
	B. 运动	63	9.1	13.3	35.6
	C. 上网	224	32.3	47.2	82.7
	D. 睡觉	38	5.5	8.0	90.7
	E. 逛街	16	2.3	3.4	94.1
	F. 其他	28	4.0	5.9	100.0
	合计	475	68.4	100.0	
缺失	系统	219	31.6		
合计		694	100.0		

表 23 **您最经常光顾的网站**

		频率	百分比	有效百分比	累计百分比
有效	A. 时政	76	11.0	13.5	13.5
	B. 娱乐	374	53.9	66.7	80.2
	C. 色情	15	2.2	2.7	82.9
	D. 学习	63	9.1	11.2	94.1
	E. 其他	33	4.8	5.9	100.0
	合计	561	80.8	100.0	
缺失	系统	133	19.2		
合计		694	100.0		

表 24 **上网的主要目的是**

		频率	百分比	有效百分比	累计百分比
有效	A. 查资料，满足学习、生活需要	206	29.7	39.8	39.8
	B. 听音乐，看电影	216	31.1	41.8	81.6
	C. 游戏聊天	35	5.0	6.8	88.4
	D. 没目的、打发时间	60	8.6	11.6	100.0
	合计	517	74.5	100.0	
缺失	系统	177	25.5		
合计		694	100.0		

关于学校管理的情况，八成以上的同学认为本校的学生管理和规章制度是完善的，43.2%的同学对学校行政后勤管理人员的服务是满意的，也有近半数的认为服务一般。18.4%的同学认为学校制度得到有效实施，64.8%的则认为一般。具体数据如表 25~表 27 所示：

表 25　　所在学校的学生管理和规章制度

		频率	百分比	有效百分比	累计百分比
有效	0	2	0.3	0.3	0.3
	A. 很完善	61	8.8	8.8	9.1
	B. 较完善	348	50.1	50.1	59.2
	C. 一般	254	36.6	36.6	95.8
	D. 不大完善	24	3.5	3.5	99.3
	E. 很不完善	5	0.7	0.7	100.0
	合计	694	100.0	100.0	

表 26　　对学校行政后勤管理人员的服务

		频率	百分比	有效百分比	累计百分比
有效	A. 非常满意	45	6.5	6.5	6.5
	B. 满意	255	36.7	36.8	43.4
	C. 一般	340	49.0	49.1	92.5
	D. 不满意	42	6.1	6.1	98.6
	E. 很不满意	10	1.4	1.4	100.0
	合计	692	99.7	100.0	
缺失	系统	2	0.3		
合计		694	100.0		

表 27　　学校制度是否得到有效实施

		频率	百分比	有效百分比	累计百分比
有效	A. 有效	128	18.4	18.4	18.4
	B. 一般	450	64.8	64.8	83.3
	C. 较差	86	12.4	12.4	95.7
	D. 无效	16	2.3	2.3	98.0
	E. 不清楚	14	2.0	2.0	100.0
	合计	694	100.0	100.0	

有关学生社团活动情况，加入社团的原因在于兴趣爱好的大学生占27.5%，在于锻炼自己的大学生占20.7&，第三位原因是“丰富生活”。很少有考虑争取荣誉、加学分、赶时髦之类。对于那些没有加入社团的，首要原因在于“太多太杂，不好选择”，占26.6%。其次是“不感兴趣”，占24.8%。另外，22.0%的同学认为“不实用”，15.6%的同学认为在于“管理混乱”。在喜爱的社团类型上，学生最喜欢加入的是“娱乐型”，占20.6%；“学习型”“技术型”“艺术型”较为接近，各占17%左右。具体数据如表28~表30所示：

表28　　　　**加入社团的原因**

		频率	百分比	有效百分比	累计百分比
有效	A. 兴趣爱好	191	27.5	48.0	48.0
	B. 锻炼自己	144	20.7	36.2	84.2
	C. 争取荣誉，加学分	10	1.4	2.5	86.7
	D. 丰富生活	45	6.5	11.3	98.0
	E. 赶时髦	2	0.3	0.5	98.5
	F. 其他	6	0.9	1.5	100.0
	合计	398	57.3	100.0	
缺失	系统	296	42.7		
合计		694	100.0		

表29　　　　**没有加入社团的原因**

		频率	百分比	有效百分比	累计百分比
有效	A. 不感兴趣	27	3.9	24.8	24.8
	B. 太多太杂，不好选择	29	4.2	26.6	51.4
	C. 要缴纳费用	4	0.6	3.7	55.1
	D. 管理混乱	17	2.4	15.6	70.7
	E. 不实用	24	3.5	22.0	92.7
	F. 其他	8	1.2	7.3	100.0
	合计	109	15.7	100.0	
缺失	系统	585	84.3		
合计		694	100.0		

表 30　　　　您最喜欢加入的社团类型

		频率	百分比	有效百分比	累计百分比
有效	A. 学习型	119	17.1	23.6	23.6
	B. 技术型	115	16.6	22.8	46.3
	C. 艺术型	113	16.3	22.4	68.7
	D. 娱乐型	143	20.6	28.3	97.0
	E. 商业型	15	2.2	3.0	100.0
	合计	505	72.8	100.0	
缺失	系统	189	27.2		
合计		694	100.0		

六、加强和改善高校校园文化建设工作的建议

由以上分析可知，虽然半数以上的同学认为校园文化活动还是能够学到很多东西，提升自己的文化水平；但是，学生对校园文化认识还是有不到位的地方，如学生的娱乐性文化追求所占比例非常大，对校史的了解也比较欠缺，对社团文化的理解有待加强，对网络的有效使用、正确使用方面也需要加强引导。

（一）进一步加强高校校园文化建设，主动进行有效引导

文化建设就是软实力建设，建立在对校园文化建设的正确认识和有效引导基础上的高校校园文化，可以更好地打造高校综合发展的文化软实力，并渐进而有序地转化为“巧实力”。要大力加强师生交流，尤其要加强师生间的直接交流。

（二）提升校园文化的人文内涵，形成长效机制

学校应上下齐抓共管，从制度文化建设、物质文化建设、精神文明建设各个层面，着眼于长远效益，着眼于综合整治和实力提升，主动抢占、巧用思想政治教育新高地、新领域、新手段，为校园文化建设的健康、稳定、安全打造有力平台。在处理学术性、政治性、娱乐性的问题时，主动出击，给力助力，打造师生互动平台，形成综合、长期发展的机制。

（黄敦兵，博士，湖北经济学院马克思主义学院副教授）

大学生网络思想政治教育调研报告
——基于湖北某高校的数据①

肖述剑

一、研究背景

随着网络的广泛普及和应用，互联网已成为吸引、承载大学生学习、生活的大平台，它以快速便捷的信息提供方式和无可比拟的信息容量改变了大学生的学习和生活方式，对大学生的思维方式和价值观念产生了重大影响。它在给大学生思想政治教育带来机遇和便利的同时，也向大学生思想政治教育工作提出了新的挑战。在互联网背景下，研究如何强化“生命线”的意识，保证大学生思想政治教育的实效性，加强大学生网络思想政治教育具有重要的理论和实践意义。

二、研究方法

文献法：通过查阅文献，了解我国大学生网络思想政治教育的现状、运行机制、存在的问题以及当前大学生网络思想政治教育的研究进展情况。

调查法：以问卷调查的方式，了解大学生使用网络的情况，对主流意识形态的态度，对网络思想政治教育的态度及建议等，为对策研究提供客观依据。

个案研究法：对大学生网络思想政治教育的相关问题选取不同个案（大一、大二、大三、大四）进行研究、分析，寻找规律，发现问题。

三、现状分析

为了真实了解大学生网络思想政治教育的相关问题，本文组织专门调研团

① 本文系湖北省教育厅人文社会科学研究项目阶段性成果。项目名称为“大学生网络越轨行为防范研究——以思想政治教育为视角”；项目编号：14Z061。

队对湖北某高校不同年级、不同学科属性的700名大学生进行了随机抽样调查，剔除不合格问卷，实际获得有效问卷662份，回收率为95%。调查表明，该校大学生网络思想政治教育的针对性不强、互动性不够、实效性不佳，具体如下：

（一）大学生网络思想政治教育的针对性有待加强

扎实有效的思想政治教育必须了解学生的特点，掌握学生的习惯，满足学生的需求。为了真实了解该校大学生网络思想政治教育的现状，本文通过了解学生使用互联网的平台和目的来反应我校大学生网络思想政治教育的现状，具体如下：

1. 以参与互动、分享为主要沟通平台

通过调查，可以发现网络已经超过传统媒体成为最受大学生欢迎且最经常使用的媒体之一。当被问及“你获取信息的渠道主要是”这一问题时，81.4%的大学生选择了网络，6.6%的大学生选择了报纸、书刊，6.4%的大学生选择了课堂讲授，4.1%的大学生选择了电视、广播，1.6%的大学生选择了其他途径，由此可见，网络营造的虚拟空间已成为当代大学生的第二生存空间；当被问及“使用最多的网络平台”（多选）时，91.23%的大学生选择了QQ，63%的大学生选择了微博、微信，46.75%的大学生选择了论坛、门户网站及各类视频网站，可见以QQ、微博、微信等交流平台的新媒体成为大学生最受欢迎、使用面最广的网络平台，其他平台因其独特的功能，只有少部分大学生运用。究其原因，这与大学生居住同一环境、知识文化水平相近，微博、微信、QQ自身出现的时间及功能等因素有关系（见图1）。

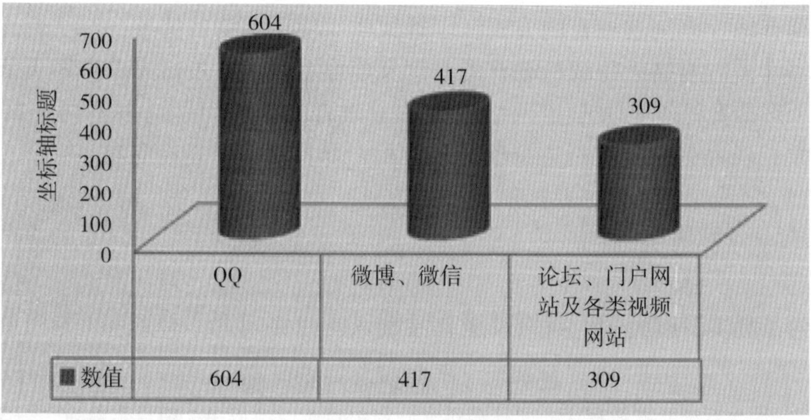

	QQ	微博、微信	论坛、门户网站及各类视频网站
数值	604	417	309

图1　大学生使用网络平台统计

2. 以获得休闲、娱乐为主要参与目的

网络的出现在为大学生的学习提供便利的同时，也为大学生的休闲和娱乐提供着各类服务，且多数大学生通过网络进行休闲娱乐，出现了较多的“宅男宅女”。当被问及“你上网的目的是”（多选）这一问题时，选择“休闲娱乐”的占 90.58%，选择“获取信息资料”的占 83.11%，选择“通信交友”的占 77.27%，选择“网上购物”的占 66.88%。可见，大学生利用网络目的的多样化，但是关键集中在休闲娱乐、获取信息、沟通交流、购物消费等，学习和求职不是最主要的目的，而是在某一阶段或某一时段才会去发挥它的功能，比如期末考试、作业提交、毕业求职、报告撰写等时段。大学生使用网络目的的多样化给网络思想政治教育的内容和效果带来了一定的挑战，这与网络的碎片化、赛博化、去中心化特征分不开。

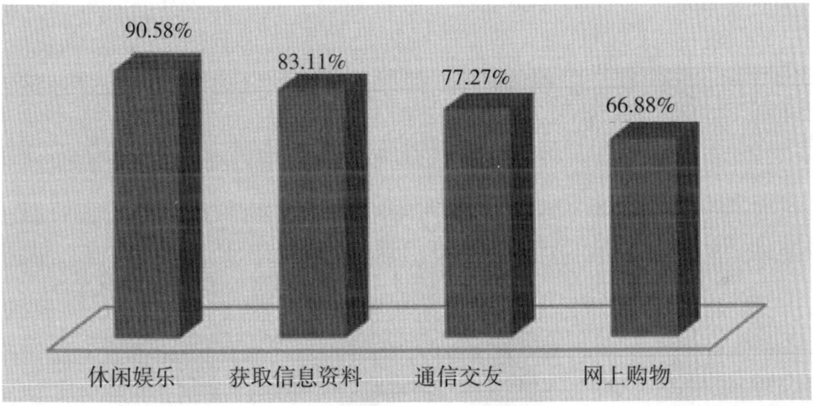

图 2　大学生上网目的

大学生选择网络的平台决定了大学生网络思想政治教育的平台应以 QQ、微信、微博等新媒体为主体，大学生参与网络的目的决定了大学生网络思想政治教育的内容和形式要符合大学生的生活行为习惯。然而，该校的大学生网络思想政治教育多以网站或网页为主体，且内容形式过于严肃正式，从而导致大学生网络思想政治教育的主动性和针对性不强。

（二）大学生网络思想政治教育的交互性有待改善

交互性是互联网赋予大学生网络思想政治教育的专有特性，良好的交流互动不仅可以提高大学生网络思想政治教育的效率，而且可以有效提高大学生网络思想政治教育的效果。为了真实了解该校大学生网络思想政治教育的现状，本文通过大学生对网络思政活动的态度和互动来反映该校大学生网络思想政治教育的现状，具体如下：

1. 以积极支持的态度赞同加强网络思想政治教育

通过调查，可以发现大部分同学对加强网络思想政治教育还是持同意意见的，当被问及“你对加强大学生网络思想政治教育的态度是”，35.5%的同学表示赞成，55.3%的同学认为适当的形式和方法可以接受，只有6%的同学认为没有必要，3.2%的同学无所谓；当被问及“你认为网络对大学生思想政治方面的影响前景如何”时，63.1%的同学认为趋于有利，26.3%的同学认为趋于不利，10.6%的同学认为没有影响。由此可见，大部分同学认为网络思想政治教育对人的思想观念和价值行为是有促进作用的，这与他们使用互联网的时间和依赖互联网的程度是紧密相关的。

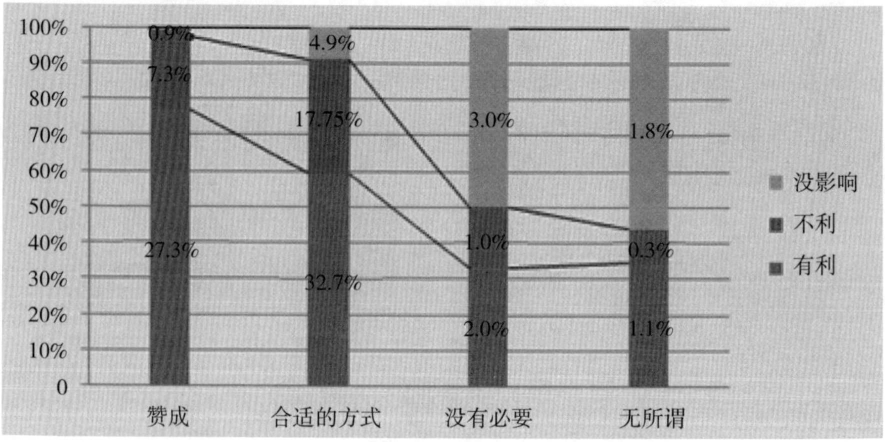

图3　大学生参与网络思政活动的态度情况

2. 以消极随性的行为参与网络思想政治教育互动

交互性是移动互联时代网络最大的特性，大学生对网络思政活动的交互频率和质量，决定了网络思想政治教育的效果。通过调查，该校大学生对待网络思想政治教育的交互是持消极随性态度的。当被问及“你愿意课余时间与思想政治课老师或者辅导员进行网上交流”时，只有34.9%的同学选择愿意，65.1%的同学选择不愿意或者无所谓；当被问及“你是否会参与网络评论”时，选择经常会的占5.19%，有时会的占78.25%，完全不会的占16.56%。由此可见，大学生参与网络思想政治教育互动的主动性还有待提高，关心网络思想政治教育活动的频率有待加强，这与大学生的政治信仰、价值取向、主流文化、多元选择有着一定的相关度。

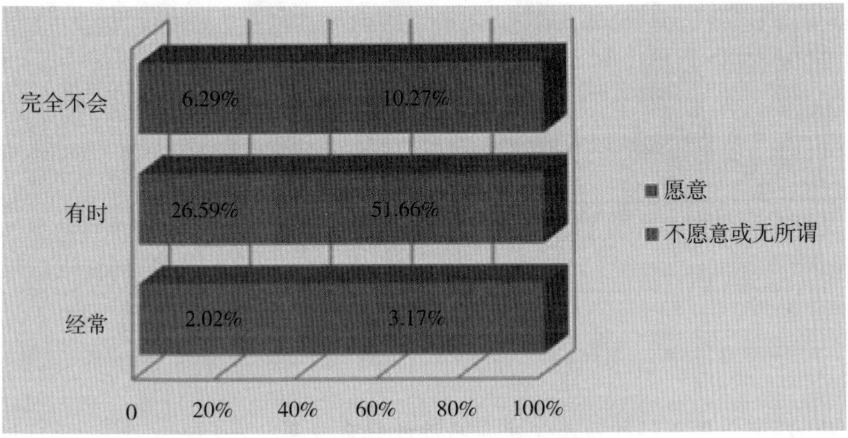

图 4　大学生参与网络思政活动的行为情况

（三）大学生网络思想政治教育的实效性有待提高

实效性是检验大学生思想政治教育效果的重要标准，只有实用、有效的工作方式和传播载体，才能进一步推广思想政治教育的经验，扩大思想政治教育的成果。为了真实了解该校大学生网络思想政治教育的现状，本文通过大学生对网络思想政治教育信息的信任和收益来反映大学生网络思想政治教育的现状，具体如下：

1. 以质疑比较的态度对待来自网络的教育信息

网络信息的多元性和不可控性导致了网络思想政治教育的内容受到了大学生的质疑，效果不够理想。当被问及“您对网上信息的信任度”时，2.8%的人选择相信，56%的人选择比较信，39.3%的人选择不太信，1.7%的人选择不信；当被问及“你对网络中的各种西方价值观、政治体制、意识形态等持怎样态度”时，47.08%的人选择会通过网络去了解，31.82%的人选择会通过网络比较了解，21.1%的人选择通过其他途径了解。可见，大学生在使用网络的过程中，并不是盲目地照搬网络中的观点，而是有着一定的质疑态度和比较精神，质疑和比较帮助大学生形成了自身的人生价值观。这一特性与“95后”大学生思想发展的独立性、差异性和多变性特点有关。

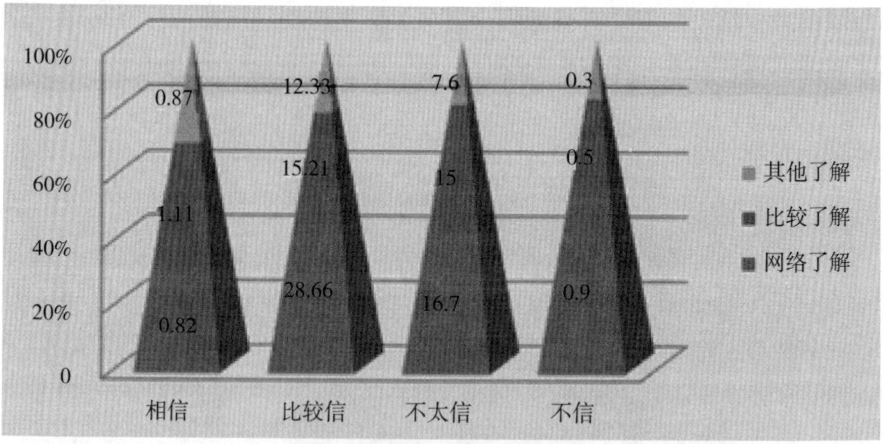

图5　大学生对网上信息信任度情况

2. 以事倍功半的收益反馈来自网络的教育效果

教育客体的收益是检验思想政治教育效果的主要依据，由于大学生的数量众多，网络自身的虚拟性以及网络思想政治教育主体的多元性导致了整体思想政治教育效果的形成更加困难。当被问及“你认为学校对网络思想政治教育工作重视吗?”，只有13.8%的学生选择了非常重视、大力支持，35.2%的学生选择了比较重视，38.5%的学生选择了感觉重视、但流于形式，12.5%的学生选择不重视；当被问及“你认为学校在开展网络思想政治教育上存在的突出

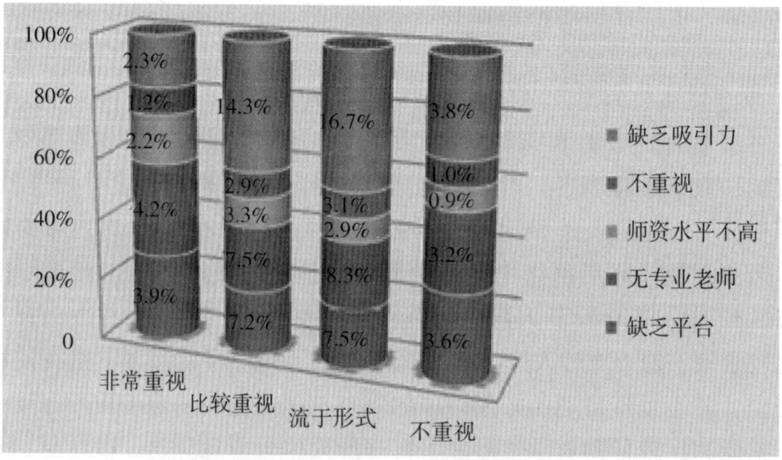

图6　大学生认为网络思政存在的问题

问题是”，22.2%的学生认为是缺乏专门的教育平台，23.2%的学生认为是没有专门的老师开展这项工作，9.2%的学生认为是老师利用网络开展教育的能力和水平不高，8.2%的学生认为是不重视网络思想政治教育，37.1%的学生认为是思想政治教育类网站缺乏吸引力。由此可见，网络思想政治教育的重视程度和突出问题，导致了其效果不佳。这与网络思想政治教育客体的数量、介体的吸引力以及主体的水平有着一定的关联。

四、对策建议

（一）建好网，加强网络思想政治教育的针对性

1. 加强主题网站建设

主题网站建设应该弘扬社会正能量，把富有思想性和内涵性作为主题网站建设的重要内容，牢牢掌握思想政治教育宣传的主动权，把握住舆论的引导方向和覆盖面、影响力。在理论知识方面，要注重把新近的一些思想理论研究成果及时的更新到网站中去，把一些内涵深刻、积极向上以及学生们感兴趣的健康理论知识放到网站中去。同时，可以组织学生在线下开展讨论形成自身认识总结，将学生自己的感想上传到互动板块，一方面便于高校的思想政治教育工作者在第一时间里掌握学生的思想动态，帮助学生树立健康的、积极向上的“三观”；另一方面也可以引发更多的同学参与思考，扩大思想政治教育的影响面。

2. 建好新媒体沟通平台

以QQ、微信、微博为主要形式的新媒体逐渐成为大学生网络沟通和交流的主要平台，建好相关新媒体平台，引导学生关注主流、积极、健康的思想政治教育内容，帮助学生在自我辩论中统一思想是网络思想政治教育建设的关键环节。新媒体平台的互动性、及时性、娱乐性构成了新媒体的人性化特点，高校主管部门可以通过建立官方微信公众号、微博达人等方式，引导大学生朝着正确的观点、看法去思考，并针对某些大学生感兴趣的问题进行必要的讨论。同时，宣传部、学工部、团委、马克思主义学院等相关职能部门和教学部门要充分发挥专家的作用，阐明主流的观点、立场，引导学生在讨论感兴趣的话题时朝着正确、健康的方向不断深入，从而达到从思想上教育学生的目的，进一步增强网络思想政治教育工作的有效性和说服力。

3. 丰富网络思政内容

网络思政内容的广度、深度和高度决定了网络思想政治教育的针对性，它是衡量大学生网络思想政治教育成功与否的重要标准，高校主管部门必须考虑到，并不是所有的大学生通过引导、教育都会去访问、关注高校思想政治教育网站、新媒体平台，参与教育、互动、讨论。因此，高校思想政治教育工作者（辅导员、班主任）更应该深入学生中间，针对大学生关心和感兴趣的热点、难点问题，主动出击，积极开展如线上线下答疑、咨询、教育等方面的学生事务服务，把思想政治教育的内容融入大学生日常网络生活，用学生喜闻乐见的方式进行传播、引导，在潜移默化中达到引领学生思想的目的。

（二）用好网，增强网络思想政治教育的互动性

1. 了解学生思想动态

随着互联网技术的不断发展，各种网络平台软件都内嵌了调研、反馈、说明等功能，比如网页的问卷功能，BBS 的调研功能，QQ、微信的签名功能等，高校学工队伍要通过各种网络平台软件充分了解学生的思想动态，开展舆情调查，进行互动沟通，及时掌握学生的兴趣爱好、思想情绪以及价值取向等，有针对性地开展思想政治教育工作。始终把网络反馈作为大学生思想动态的“晴雨表”，及时进行科学分析、初步预判，充分运用学生所熟悉、乐于接受的网络语言，进行互动沟通，了解学生思想动态，对学生所关注和反馈的普遍问题及时反馈给学校职能部门和相关院系，将问题解决在萌芽状态，并在此基础上建立起畅通、及时的互动机制。

2. 开展网络咨询服务

在了解学生思想动态的基础上，一线教育者可结合自身实际，开展相应的网络咨询服务。如开辟网络心理咨询网站，通过相关趣味心理测试，了解学生的心理健康状况，建立相应心理健康档案，及时跟踪了解学生心理变化，做好相应预案。通过校园卡消费状况，分析、了解学生生活状况，对经济困难的学生，有针对性地及时发放临时困难补助，解决学生的生活问题。通过分析学生教务管理系统成绩，将学生成绩与人才培养方案要求联系起来，使班主任、辅导员及时了解学生学习状态，做好预警工作，及时提醒相关学生，使学生充分了解自身差距，从而加强学习的自觉性和主动性。

3. 建立网络反馈平台

网络技术在提供海量信息的同时，也给互动沟通提供了便利，学生工作者可充分发挥各网络平台的自身优势，建立相应地网络信息反馈机制。官方网站

可通过建立校长信箱、院长信箱、书记信箱等方式，收集同学们的信息反馈，了解第一手的信息；微信、微博可通过建立官方微信公众号或加关注后的微博达人及时解决学生的相关问题，BBS或论坛可通过专家管理员或板块版主及时引导、解释学生相关舆论。总之，高校思想政治教育工作者要充分利用网络这种新载体、新手段，全方位地解决大学生的学习、工作、生活等各种具体问题，通过平等、及时、无拘束地互动、沟通、交流等方式，及时解决各种思想问题。

（三）管好网，提高网络思想政治教育的实效性

1. 加强网络队伍建设

网管队伍的素质与水平直接影响着大学生思想政治教育的效果。高校思想政治教育工作者首先要以积极的态度主动学习网络思想政治教育的特点、方式和方法，培养网络媒介素养，掌握网络信息技术，将网络与思想政治教育工作实现无缝对接。其次，思想政治教育工作者要提高工作警惕感，善于找出引起大学生思维方式、思想观念等出现变化的原因，及时发现引起变化原因的信息根源，并予以更正和剔除。再次，要不断提升自身网络技能，在网络中与学生进行及时的沟通和交流，发现并解决思想政治教育过程中的相关问题，有效地运用网络技术促进思想政治教育工作不断向前发展。

2. 形成统筹协作机制

网络思想政治教育是一项系统工程，这不仅仅是学工系统这一支队伍就能解决好的。它需要学校领导、相关职能部门、各二级学院共同参与，形成思想政治教育的合力，才能逐步解决相关问题，提高思想政治教育效果的实效性。在利用网络开展思想政治教育工作时，学工系统有学生教育管理网络系统，教务系统有学生成绩网络管理平台，就业系统有就业网络派遣软件，这些系统只有在服务学生的成长成才过程中，充分整合、形成合力、资源共享、相互协作，才能充分发挥高校育人的作用，提高人才培养质量，进一步增强大学生网络思想政治教育的实效性。

3. 预防网络犯罪行为

网络世界的虚拟性导致了网络犯罪行为的大量增强，大学生作为利用网络媒介的主流群体，有意或无意地存在着一定程度上的网络犯罪风险，如何防范和制止大学生的网络犯罪行为，是大学生网络思想政治教育必须面对的问题。首先，高校网管技术部门要建立严格的审查制度，在网络信息入口设置过滤装置，确保不良信息排除在网外。其次，要定期进行网络内容扫描，对不符合规

定的内容进行及时的删除和限制。再次，对 BBS 或论坛的管理员、版主要实现严格的实名认证，要求其对相关内容和数据负责，及时对负面信息进行删除或覆盖，排除不良信息对学生的影响。

网络技术的不断发展对大学生的思想政治教育既提供了新的机遇，也提出了新的挑战，高校思想政治教育工作者要充分利用网络信息技术，占领网络思想政治教育阵地，整合一切资源，增强网络思想政治教育的实效性，为新时期高校思想政治教育工作开辟更为广泛的渠道。

（肖述剑，博士，湖北经济学院马克思主义学院副教授）

大学生对思想政治教育工作的满意度调查研究

——基于湖北某高校的数据

介江岭

《关于进一步加强和改进大学生思想政治教育的意见》（中发〔2004〕16号）指出，大学生是十分宝贵的人才资源，是民族的希望、祖国的未来，加强和改进大学生思想政治教育，提高他们的思想政治素质，把他们培养成中国特色社会主义事业的建设者和接班人，对于全面实施科教兴国和人才强国战略，确保我国在激烈的国际竞争中始终立于不败之地，确保实现全面建设小康社会、加快推进社会主义现代化的宏伟目标，确保中国特色社会主义事业兴旺发达、后继有人，具有重大而深远的战略意义。

加强和改进大学生思想政治教育的途径有很多，前提在于清楚把握大学生对于思想政治教育工作的满意度。学生满意度最早来自西方市场营销领域中的"顾客满意度"概念，其认为学生满意度在包括教学质量的评价之外，还应包括学生对整个大学的文化氛围、教育环境、教育服务和教育辅助活动等，是学生对大学经历的全方位评价。大学生的思想政治教育中的"学生满意度"。可以说，不仅指大学生对思想政治教育课的教学质量的评价，还应包括大学生对所在大学的校园文化、思想政治教育环境、心理健康教育活动等的评价。简言之，它是学生对自身所经历的思想政治教育的全方位评价。

问卷调查法是开展这项了解工作的基本方法，虽然问卷法无法最终解决价值评断问题，但满意度调查意味着思想政治教育工作思路的转变，即"将学生客体本身作为高等教育服务质量的评价主体"，从强制宣传教育发展到了刚性制度与柔性管理相结合的引导教育。通过问卷调查，一方面可以有效检查思想政治教育工作的现状，从而针对反馈的问题进行细致研究，采取相应的措施来切实有效地提高工作质量；另一方面，可以激发大学生对思想政治教育工作的关注与参与意识。

基于以上文件精神、教育理念和工作方法的认识与思考，2017 年我们对湖北某高校的在校大学生进行了一次"大学生对思想政治教育工作满意度"

的问卷调查，以期为更好地展开思想政治教育工作提供实际参考。

一、对象与方法

此次调查主要以湖北某高校在校大学生为调查对象，从一至四年级抽取学生个体样本。调查时间为2017年3月，共发放700份问卷，收回有效问卷656份，有效回收率达93.7%。调查对象涵盖一、二、三、四年级，文科经管类、理工类、问题艺术类专业。该项目的调查采用“湖北省大学生思想政治教育评价中心”编制的“高校大学生思想政治教育工作满意度调查问卷”，由17个条目组成，主要采用“非常满意”“满意”“不满意”“非常不满意”四级评分。调查基本对象构成情况如表1、表2所示：

表1 **年　级**

		频率	百分比	有效百分比	累计百分比
有效	大一	3	0.5	0.5	0.5
	大二	247	37.7	45.0	45.5
	大三	242	36.9	44.0	89.5
	大四	58	8.8	10.5	100.0
	合计	550	83.8	100.0	
缺失	系统	106	16.2		
合计		656	100.0		

表2 **专　业**

		频率	百分比	有效百分比	累计百分比
有效	文科经管类	440	67.1	79.9	79.9
	理工类	73	11.1	13.2	93.1
	文体艺术类	38	5.8	6.9	100.0
	合计	551	84.0	100.0	
缺失	系统	105	16.0		
合计		656	100.0		

二、对思想政治教育工作现状的满意度调查的结果

(一) 思想政治教育组织工作的满意度调查

1. 对思想政治教育工作组织的满意度调查

这次调查主要选取“对所在班级班委会工作的评价”“对校、院系学生会工作的评价”“对学校心理健康教育工作的评价”“对学校周边治安环境状况的评价”“对学校‘奖、贷、助、补、勤、减、免’助学工作政策的宣传的评价”“对学校学生就业工作的评奖”“对学校受理学生申诉案件工作的评价”等方面的满意度进行调查，调查结果如表3~表9所示：

表3　**对所在班级班委会工作的评价**

		频率	百分比	有效百分比	累计百分比
有效	A. 非常满意	131	20.0	23.8	23.8
	B. 满意	376	57.3	68.2	92.0
	C. 不满意	40	6.1	7.3	99.3
	D. 非常不满意	4	0.6	0.7	100.0
	合计	551	84.0	100.0	
缺失	系统	105	16.0		
合计		656	100.0		

表4　**对校、院系学生会的评价**

		频率	百分比	有效百分比	累计百分比
有效	A. 非常满意	88	13.4	15.9	15.9
	B. 满意	360	54.9	65.2	81.2
	C. 不满意	85	13.0	15.4	96.6
	D. 非常不满意	19	2.9	3.4	100.0
	合计	552	84.1	100.0	
缺失	系统	104	15.9		
合计		656	100.0		

表 5　　　　对学校心理健康教育工作的评价

		频率	百分比	有效百分比	累计百分比
有效	A. 非常满意	77	11.7	14.0	14.0
	B. 满意	357	54.4	64.9	78.9
	C. 不满意	110	16.8	20.0	98.9
	D. 非常不满意	6	0.9	1.1	100.0
	合计	550	83.8	100.0	
缺失	系统	106	16.2		
合计		656	100.0		

表 6　　　　对学校周边治安环境状况的评价

		频率	百分比	有效百分比	累计百分比
有效	A. 非常满意	71	10.8	12.9	12.9
	B. 满意	361	55.0	65.6	78.5
	C. 不满意	106	16.2	19.3	97.8
	D. 非常不满意	12	1.8	2.2	100.0
	合计	550	83.8	100.0	
缺失	系统	106	16.2		
合计		656	100.0		

表 7　对学校“奖、贷、助、补、勤、减、免”助学工作政策的宣传的评价

		频率	百分比	有效百分比	累计百分比
有效	A. 非常满意	105	16.0	19.0	19.0
	B. 满意	373	56.9	67.6	86.6
	C. 不满意	67	10.2	12.1	98.7
	D. 非常不满意	7	1.1	1.3	100.0
	合计	552	84.1	100.0	
缺失	系统	104	15.9		
合计		656	100.0		

表 8　　对学校学生就业工作的评价

		频率	百分比	有效百分比	累计百分比
有效	A. 非常满意	71	10.8	12.9	12.9
	B. 满意	335	51.1	60.9	73.8
	C. 不满意	129	19.7	23.5	97.3
	D. 非常不满意	15	2.3	2.7	100.0
	合计	550	83.8	100.0	
缺失	系统	106	16.2		
合计		656	100.0		

表 9　　对学校受理学生申诉案件工作的评价

		频率	百分比	有效百分比	累计百分比
有效	A. 非常满意	80	12.2	14.5	14.5
	B. 满意	347	52.9	63.0	77.5
	C. 不满意	108	16.5	19.6	97.1
	D. 非常不满意	16	2.4	2.9	100.0
	合计	551	84.0	100.0	
缺失	系统	105	16.0		
合计		656	100.0		

2. 对从事思想政治教育工作组织的工作人员的满意度调查

此次调查主要从“您身边的学生党员在日常学习、生活中所起到的作用”“学校校领导、学院系领导深入班级、宿舍的情况”“对学校辅导员工作的评价”等方面对从事思想政治教育工作组织的人员进行满意度调查，调查结果如表 10~表 12 所示：

表 10　　您身边的学生党员在日常学习、生活中所起的作用

		频率	百分比	有效百分比	累计百分比
有效	A. 非常积极	38	5.8	6.9	6.9
	B. 积极	206	31.4	37.4	44.3
	C. 一般	218	33.2	39.6	83.8
	D. 没效果	89	13.6	16.2	100.0
	合计	551	84.0	100.0	
缺失	系统	105	16.0		
合计		656	100.0		

表 11　　学校领导、学院系领导深入班级、宿舍的情况

		频率	百分比	有效百分比	累计百分比
有效	A. 经常	24	3.7	4.3	4.3
	B. 较经常	99	15.1	17.9	22.3
	C. 偶尔	278	42.4	50.4	72.6
	D. 几乎没有	151	23.0	27.4	100.0
	合计	552	84.1	100.0	
缺失	系统	104	15.9		
合计		656	100.0		

表 12　　**表 12　对学校辅导员工作的评价**

		频率	百分比	有效百分比	累计百分比
有效	A. 非常满意	98	14.9	17.8	17.8
	B. 满意	373	56.9	67.7	85.5
	C. 不满意	62	9.5	11.3	96.7
	D. 非常不满意	18	2.7	3.3	100.0
	合计	551	84.0	100.0	
缺失	系统	105	16.0		
合计		656	100.0		

（二）对学校思想政治教育活动的满意度调查

为了充分了解和分析大学生参与或举行思想政治教育活动的满意度，此次调查对“是否愿意参加学校展开的各种思想政治教育活动”“学校对大学生社会实践和志愿者服务活动开展情况的评价”“您认为学校思想政治教育对您今后的发展”等方面进行了满意度调查，结果如表13~表15所示：

表13　　**是否愿意参加学校开展的各种思想政治教育活动**

		频率	百分比	有效百分比	累计百分比
有效	A. 非常愿意	28	4.3	5.1	5.1
	B. 愿意	297	45.3	53.9	59.0
	C. 不愿意	191	29.1	34.7	93.6
	D. 非常不愿意	35	5.3	6.4	100.0
	合计	551	84.0	100.0	
缺失	系统	105	16.0		
合计		656	100.0		

表14　　**学校对大学生社会实践和志愿者服务活动开展情况的评价**

		频率	百分比	有效百分比	累计百分比
有效	A. 非常满意	98	14.9	17.8	17.8
	B. 满意	369	56.3	67.0	84.8
	C. 不满意	75	11.4	13.6	98.4
	D. 非常不满意	9	1.4	1.6	100.0
	合计	551	84.0	100.0	
缺失	系统	105	16.0		
合计		656	100.0		

表 15　　您认为学校思想政治教育对您今后的发展

		频率	百分比	有效百分比	累计百分比
有效	A. 非常有用	33	5.0	6.0	6.0
	B. 有用	303	46.2	55.4	61.4
	C. 帮助不大	187	28.5	34.2	95.6
	D. 没有作用	24	3.7	4.4	100.0
	合计	547	83.4	100.0	
缺失	系统	109	16.6		
合计		656	100.0		

（三）对思想政治理论教育与思想政治教育场地建设的满意度调查

为了准确分析大学生对学校思想政治理论教育和思想政治教育场地建设的满意度，此次调查对“您对本校思想政治理论课教学效果的评价”“您对学校教师总体印象”“专业课教师是否与学生课下交流”“教师与学生课外交流最主要的途径”“学校学生活动场地的建设情况”“是否了解学校建立的社会实践基地、志愿服务等相关基地”等方面进行了调查，结果如表 16~表 21 所示：

表 16　　您对本校思想政治理论课教学效果的评价

		频率	百分比	有效百分比	累计百分比
有效	A. 非常满意	76	11.6	13.9	13.9
	B. 满意	337	51.4	61.6	75.5
	C. 不满意	123	18.8	22.5	98.0
	D. 非常不满意	11	1.7	2.0	100.0
	合计	547	83.4	100.0	
缺失	系统	109	16.6		
合计		656	100.0		

表17　　您对学校教师的总体印象

表17（1）　　人格魅力

		频率	百分比	有效百分比	累计百分比
有效	A. 非常强（好）	115	17.5	20.9	20.9
	B. 比较强（好）	370	56.4	67.1	88.0
	C. 比较弱（差）	62	9.5	11.3	99.3
	D. 非常弱（差）	4	0.6	0.7	100.0
	合计	551	84.0	100.0	
缺失	系统	105	16.0		
合计		656	100.0		

表17（2）　　敬业精神

		频率	百分比	有效百分比	累计百分比
有效	A. 非常强（好）	130	19.8	23.6	23.6
	B. 比较强（好）	382	58.2	69.3	92.9
	C. 比较弱（差）	36	5.5	6.5	99.5
	D. 非常弱（差）	3	0.5	0.5	100.0
	合计	551	84.0	100.0	
缺失	系统	105	16.0		
合计		656	100.0		

表17（3）　　育人意识

		频率	百分比	有效百分比	累计百分比
有效	A. 非常强（好）	110	16.8	20.0	20.0
	B. 比较强（好）	382	58.2	69.3	89.3
	C. 比较弱（差）	56	8.5	10.2	99.5
	D. 非常弱（差）	3	0.5	0.5	100.0
	合计	551	84.0	100.0	
缺失	系统	105	16.0		
合计		656	100.0		

表 17（4）　　**师生关系**

		频率	百分比	有效百分比	累计百分比
有效	A. 非常强（好）	100	15.2	18.1	18.1
	B. 比较强（好）	367	55.9	66.5	84.6
	C. 比较弱（差）	80	12.2	14.5	99.1
	D. 非常弱（差）	5	0.8	0.9	100.0
	合计	552	84.1	100.0	
缺失	系统	104	15.9		
合计		656	100.0		

表 17（5）　　**教学水平**

		频率	百分比	有效百分比	累计百分比
有效	A. 非常强（好）	106	16.2	19.2	19.2
	B. 比较强（好）	383	58.4	69.4	88.6
	C. 比较弱（差）	60	9.1	10.9	99.5
	D. 非常弱（差）	3	0.5	0.5	100.0
	合计	552	84.1	100.0	
缺失	系统	104	15.9		
合计		656	100.0		

表 17（6）　　**学术水平**

		频率	百分比	有效百分比	累计百分比
有效	A. 非常强（好）	111	16.9	20.1	20.1
	B. 比较强（好）	374	57.0	67.9	88.0
	C. 比较弱（差）	63	9.6	11.4	99.5
	D. 非常弱（差）	3	0.5	0.5	100.0
	合计	551	84.0	100.0	
缺失	系统	105	16.0		
合计		656	100.0		

表 17（7）　　**学 术 道 德**

		频率	百分比	有效百分比	累计百分比
有效	A. 非常强（好）	121	18.4	22.0	22.0
	B. 比较强（好）	394	60.1	71.5	93.5
	C. 比较弱（差）	34	5.2	6.2	99.6
	D. 非常弱（差）	2	0.3	0.4	100.0
	合计	551	84.0	100.0	
缺失	系统	105	16.0		
合计		656	100.0		

表 17（8）　　**创 业 精 神**

		频率	百分比	有效百分比	累计百分比
有效	A. 非常强（好）	80	12.2	14.5	14.5
	B. 比较强（好）	313	47.7	56.8	71.3
	C. 比较弱（差）	150	22.9	27.2	98.5
	D. 非常弱（差）	8	1.2	1.5	100.0
	合计	551	84.0	100.0	
缺失	系统	105	16.0		
合计		656	100.0		

表 17（9）　　**协 作 精 神**

		频率	百分比	有效百分比	累计百分比
有效	A. 非常强（好）	96	14.6	17.4	17.4
	B. 比较强（好）	374	57.0	67.8	85.1
	C. 比较弱（差）	75	11.4	13.6	98.7
	D. 非常弱（差）	7	1.1	1.3	100.0
	合计	552	84.1	100.0	
缺失	系统	104	15.9		
合计		656	100.0		

表 17（10） **廉洁自律**

		频率	百分比	有效百分比	累计百分比
有效	A. 非常强（好）	128	19.5	23.3	23.3
	B. 比较强（好）	387	59.0	70.4	93.6
	C. 比较弱（差）	32	4.9	5.8	99.5
	D. 非常弱（差）	3	0.5	0.5	100.0
	合计	550	83.8	100.0	
缺失	系统	106	16.2		
合计		656	100.0		

表 18 **专业课教师是否与学生课下交流**

		频率	百分比	有效百分比	累计百分比
有效	A. 经常	49	7.5	8.9	8.9
	B. 较经常	157	23.9	28.5	37.4
	C. 偶尔	275	41.9	49.9	87.3
	D. 几乎没有	70	10.7	12.7	100.0
	合计	551	84.0	100.0	
缺失	系统	105	16.0		
合计		656	100.0		

表 19 **教师与学生课外交流最主要的途径**

		频率	百分比	有效百分比	累计百分比
有效	A. 课间休息或下课后聊天	263	40.1	50.5	50.5
	B. 设立专门接待时间	44	6.7	8.4	58.9
	C. 主动找学生交流	37	5.6	7.1	66.0
	D. 答复学生邮件、电话、短信	101	15.4	19.3	85.3
	E. 通过社交网络平台	58	8.8	11.1	96.4
	G. 参加班会、学术讨论会等活动	1	0.2	0.2	96.6
	H. 其他	18	2.7	3.4	100.0
	合计	522	79.6	100.0	
缺失	系统	134	20.4		
合计		656	100.0		

表 20　　学校学生活动场地的建设情况

		频率	百分比	有效百分比	累计百分比
有效	A. 非常满意	102	15.5	18.5	18.5
	B. 满意	374	57.0	67.8	86.2
	C. 不满意	64	9.8	11.6	97.8
	D. 非常不满意	12	1.8	2.2	100.0
	合计	552	84.1	100.0	
缺失	系统	104	15.9		
合计		656	100.0		

表 21　　是否了解学校建立的社会实践基地、志愿服务等相关基地

		频率	百分比	有效百分比	累计百分比
有效	A. 非常了解	10	1.5	1.8	1.8
	B. 了解	178	27.1	32.3	34.1
	C. 不了解	308	47.0	55.9	90.0
	D. 一点也不了解	55	8.4	10.0	100.0
	合计	551	84.0	100.0	
缺失	系统	105	16.0		
合计		656	100.0		

三、思想政治教育工作满意度的深度剖析

（一）对思想政治教育工作组织及其工作人员满意度的分析

1. 对思想政治教育工作组织的满意度分析

根据前文表格中的数据可以发现，大学生对思想政治教育工作组织的满意度评价主要为“满意”层次，约占 65%。其中，对站在思想政治教育工作第一线、最前沿的思想政治教育工作组织，即“班委会”的“非常满意”评价为最高，达到 23.8%；“非常满意”评价最低的为“学校周边治安环境状况”

和“学校学生就业工作”。“非常不满意”评价比例最高的为“校、院系学生会工作”，“非常不满意”评价比例最低的为“班级班委会工作”。从调查所得数据可以看出，大学生对本校思想政治工作组织的评价较好，但尚存在很大的提升空间，这说明加强和改善思想政治教育工作组织建设还有很长的路要走。同时，对深入学生一线的思想政治教育组织“班委会”的满意度最高，说明思想政治教育工作仍然主要依靠原始的面对面说教方式，这种方式容易被大学生所接受，效果较好。同时，调查数据也说明，该校大学生不满意学校周边治安环境状况和学生就业工作，如果大学生的生活安全和生活愿望存在问题，他们如何安心接受教育？受访大学生最不满意的是校、院系学生会工作，这是制约本校思政工作开展的最大问题，急需解决。

2. 对思想政治教育工作组织人员的满意度分析

调查数据显示，获得满意度最高的是“学校辅导员工作”，“满意”和“非常满意”的比例合计达85.5%。学生对“本校、院系领导深入班级、宿舍”的满意度最低。对“身边学生党员在日常学习、生活中所起的作用”的评价处于“一般”层次。数据表明，大学生对思想政治教育工作组织人员的满意度呈现不同的态度。由于深入班级、宿舍的次数少，与学生的直接接触少，对学生的思想政治教育较少，所以校级层面的工作人员获得的满意度最低；而院级层面的工作人员与学生朝夕相处的时间长，从事思想政治教育的机会多，思想政治教育的内容丰富，因而思想政治教育的效果佳，获得的满意度最高；学生层面的工作人员即学生党员，虽然与学生接触时间最多、交流最多，但由于自身对思想政治教育的理解不完整、不深刻，故而在学生起带头作用的效果不是特别明显，并且有些学生党员的素质有待提升，其对思想政治教育可能存在一定的负面影响，因此学生对他们的满意度一般。

（二）对思想政治教育活动满意度的分析

从调查数据来看，学生对“学校大学生社会实践和志愿者服务活动”的满意度“非常满意”和“满意”评价比例高达84.8%，且“非常满意”的满意度最高。对“你认为学校思想政治教育对你今后的发展”的评价处于一般层次，“非常有用”和“有用”比例为61.4%。与这一评价相应，学生对“是否愿意参加学校开展的各种思想政治教育活动”的回答中，“非常愿意”和“愿意”比例有59.0%。

数据表明，在各种思想政治教育活动中，大学生社会实践和志愿者服务活动是最受学生欢迎的活动，这是该校思想政治教育活动的特色，但其他活动的组织与开展稍显不足，由此导致“是否愿意参加思想政治教育活动”和“认为思想政治教育对今后的发展”的满意度处于一般甚至略显偏低的情况。

（三）对思想政治教育与思想政治教育活动场地建设的满意度分析

1. 对思想政治教育的满意度分析

据调查可知，学生对“学校思想政治理论课教学效果”的满意度评价为“满意”和“非常满意”的比例达到了75.5%，“非常不满意”的比例仅有1.7%，说明该校思想政治理论课教学效果较好。对“专业课教师是否与学生课下交流”的满意度评价主要为“偶尔”的比例达49.9%，这一情况的出现与“教师与学生课外交流最主要的途径”是“课间休息或下课后聊天”相应，说明教师与学生之间的交流不足。对“本校教师总体印象”的十项评价皆处于“比较强”的层次，约占56.7%，其中“敬业精神”是学生最为满意的教师印象，“非常弱”比例最高的是“创业精神”。

2. 对思想政治教育活动场地建设的满意度分析

通过调查发现，对“学校学生活动场地的建设情况”的评价主要集中在“满意”和“非常满意”层次，比例达86.2%，说明学生对学校学生活动场地的建设比较满意，但“非常满意”的比例仅有18.5%，导致这一现象产生的主要原因是什么呢？我们可以根据调查数据清楚看到，这与“是否了解本校建立的社会实践基地、志愿服务等相关基地”处于“不了解”层次相对应。学生对学校建立的社会实践基地、志愿服务等相关基地的了解处于“不了解”的层次，比例高达55.9%，“了解”的比例仅有32.3%，可见学校虽然投入了一定经费进行思想政治教育场地的建设，但学生并没有及时获知相关信息，其中的问题值得深思。

四、加强和改善思想政治教育工作的建议

（一）进一步加强思想政治教育工作组织的建设，提高思想政治教育工作组织工作人员的素质

思想政治组织是思想政治教育的领导力量，是思想政治工作质量的重要保障，必须建立层次分明、高效运转的完备体制。从该校实际来看，在思想政治

组织的层次性建设方面，已具备学校级、院级和学生级三级层次分明、协调有序的思想政治工作组织，形成了以学校级为主导、学院级为主要负责、学生级为主要实施的组织系统，各级分工明确，各有工作重点，责任到位。然而在思想政治教育工作的完备性建设方面，尚存在短板。根据短板效应，一只木桶能装多少水取决于它最短的那块木板，因此不能忽视思想政治教育工作中的薄弱环节。根据此次调查可知，校园周边治安环境、学生就业工作、校院系学生会工作是该校的短板，因此应具体针对这三个方面进行改善工作，如加强与所在区政府的合作进而大力整治周边治安环境；狠抓就业指导工作，广泛开展对就业观、择业观、价值观有正面引领作用的活动；加强校、院系学生会工作的公开程度和宣传力度，让学生有更多的了解。

在思想政治组织工作中，完备体制是“硬件”，工作人员是“软件”。根据对思想政治教育工作组织人员的满意度调查和分析可知，该校需要在“软件”方面应有两点考虑。其一，学生期望能与校、院系领导有更多的直接接触与交流。其二，学生层面的工作人员的人文素质需要进行培训提高，形成长期有效的培训机制。

（二）加强特色、开展丰富多样的思想政治教育活动

根据调查和分析，社会实践和志愿者服务活动是该校思想政治教育活动的特色，应对这一特色进行着力打造，其不仅需要巩固已有成绩，还需要加强和增加与校外的合作。同时，要使学生思想政治教育工作的内容和形式与时代合拍，奋力赶上年轻人信息化的步伐，采用当前大学生容易接受的工作方式，如微博、微信，多以图文结合的方式满足学生的需求。

（三）积极提升思想政治教育质量，大力宣传活动场地建设

提升思想政治教育的质量的途径不仅包括积极探索思想政治教育的新模式、新方法、新工具，如学习运用慕课、微课等新的教育理念、教育形式，还应该特别注意加强思想政治教育师资队伍的建设。在思想政治教育师资队伍建设方面，首先应加强专业课教师的全员育人意识，对课堂内外的育人时机有敏锐的把握；其次，应大力加强全体教师的传统文化素养，坚持勿忘勿助，形成长效机制，其效果在持续数年后一定会对思想政治教育的整体气象起到变化气质的重要功效。

同时，鉴于调查分析中出现的学生基本不了解思想政治教育活动场地的建

设情况，应着重加强思想政治教育活动场地的公开程度、宣传力度，譬如各层级思想政治教育组织的工作人员有意识地宣传本校的思想政治教育活动场地，鼓励学生体验，认真听取学生意见，采用多渠道做好对工作结果的通告、宣传，让学生有更多的了解和更高的满意度。

总之，要充分利用思想政治教育活动场地，及时掌握学生对本校思想政治教育工作的认知与评价情况，如每年对该校的思想政治教育工作进行满意度调查，具体问题具体分析，有针对性地解决各种问题。

（介江岭，博士，湖北经济学院马克思主义学院讲师）

高校思想政治理论课教育教学效果调查报告
——基于湖北某高校的数据

范文明

此次调查共发放问卷650份，回收有效问卷544份，有效回收率为83.7%。调查涉及湖北某高校四个年级的学生。在接受调查的对象中，男生、女生分别为30.5%和69.5%；农村（村、乡、镇）和城市的生源分别为63.6%和36.4%；从年级梯度看，大一、大二、大三、大四分别占3.7%、22.6%、46.3%、27.4%；从所学专业看，文科经管类、理工类、文体艺术类分别为76.8%、2.4%、20.8%；从政治面貌而言，中共党员、共青团员、群众分别是7.5%、88.6%、3.9%。从调查可以看出，大三、大四学生占比较大，因为这些学生在校时间较长，他们对大学生思政课的感受更为深刻，更能反映出学生对思政课的态度和看法，意见也更为客观。另外，共青团员比例较大，这说明这个占比最大的群体，他们积极要求思想进步，所以对思政课的教学过程及其效果更为关注或者敏感。因此，这份调查报告有较高的可信度。

一、大学生对思政课教师教学表现的看法

（一）学生喜欢的授课方法

从表1中可以看出，如果把照本宣科与自由发挥、重点讲授相比较，显然照本宣科不受欢迎，其否定率高达91.2%。而自由发挥、重点讲授、系统讲授否定率分别为54.8%、56.3%、81.3%。差距如此之大，这说明学生厌弃呆板、枯燥的说教，欣赏教师自由发挥和重难点讲授，对思政课教师对知识宽度、灵活程度提出了较高的要求。

表 1　　学生喜欢的授课方法

	讲授式			
	照本宣科型	自由发挥型	重点讲授型	系统讲授型
否	91.2	54.8	56.3	81.3
是	8.8	45.2	43.8	18.8

	启发式	对话式	研讨式	专题式	案例式	问题式
否	54.4	84.6	76.5	80.5	52.4	90.1
是	45.6	15.4	23.5	19.5	47.6	9.9

另外，表 1 也表明，其他诸如启发式教学（否定者 54.4%，肯定者 45.6%）、案例式教学（赞成者 47.6%，否定者 52.4%），学生喜欢的比例也较高。

而在系统讲授型、对话式、研讨式、专题式、问题式的方法中，学生认同者分别为 18.8%、15.4%、23.5%、19.5%、9.9%。这说明大学生多数还不善于自我表达，不习惯于在对话和交流中提高自己的提高其学识水平，特别是“问题意识”比较薄弱，不善于提出问题。这是学习知识最忌讳的地方，教师应在课堂有意识地灌输相关知识。

（二）大学生喜欢的授课风格

表 2 显示，在学生喜欢的授课风格中，严宽相济型、智慧思想型和幽默风趣型的授课风格受到大多数同学的认同，这样的教学风格不仅有利于学生接受知识，也给予学生宽松良好的消化环境。严格型是学生最不喜欢的授课型，反映出刻板教学方法不利于学生接受思政知识的趋向。另外，在道德风尚型老师方面，学生认同率也不高，这也反映出学生群体对道德的认同度有不足，需要进一步加强道德观的教育。

表 2　　大学生喜欢的授课风格

	严格型	放任型	宽严相济型
否	94.3	77.9	26.1
是	5.7	22.1	73.9

	学术知识型	智慧思想型	实践技能型	道德风尚型	幽默风趣型
否	73.5	40.8	76.1	79.6	31.1
是	26.5	59.2	23.9	20.4	68.9

（三）大学生对教师个人素养的要求

身体语言是动物共有的表达情感的方式之一，良好的社交关系也是人与人沟通的重要渠道。所以，在表3的调查结果中，可以明显反映出老师的言谈举止、个人修养因素，与学生关系的融洽度都成为影响当代大学生是否认可思政课教师本人及其传授知识的重要砝码。而老师是否真信真用马克思主义，老师的年龄、性别因素，则在影响学生方面占有较轻的地位，这就要求教师在教学中、教学外，都要注意自己的言谈举止，身教重于言传，用自己的榜样作用给学生以实际的震撼心灵的教育。同时注意与学生保持密切而友好的关系，在交往过程中，“润物细无声”地影响学生。

表3　**大学生对教师个人素养的要求**

	老师是否真信真用马克思主义	老师的年龄、性别	老师的言谈举止、个人修养	与学生关系的融洽度	其他因素
否	73.5	79.4	30.3	50.2	94.1
是	26.5	20.6	69.7	49.8	5.9

二、大学生对思政课教师运用现代教学手段的看法

大学生是年轻群体，其对现代高科技的接受速度、掌握程度达到相当高的水平，他们对教师运用现代多媒体手段的能力也有较高的期待。

（一）对思政课教师运用多媒体手段进行教育教学的效果评价

表4反映了学生对教师使用多媒体教学进行教育的效果情况，从该表中可以看出，半数以上学生认为多媒体教学的效果是“一般”。只有三分之一的学生认为多媒体教学效果“满意”。这就说明我们的多媒体教学还需要进一步改进；否则不能引起学生的兴趣，最终影响学生对思政教育的接受程度。

表4 对思政课教师运用多媒体手段进行教育教学的效果评价

		频率	百分比	有效百分比	累计百分比
有效	0	1	0.2	0.2	0.2
	A. 非常满意	31	5.7	5.7	5.9
	B. 满意	209	38.4	38.4	44.3
	C. 一般	274	50.4	50.4	94.7
	D. 不满意	27	5.0	5.0	99.6
	E. 非常不满意	2	0.4	0.4	100.0
	合计	544	100.0	100.0	

（二）PPT课件与教学内容的关系

PPT作为多媒体教学中的重要一环，在思政课教育中作用重大。所以，从调查中可以发现（具体见表5），PPT课件在展示教学内容过程中表现出“生动活泼”“简洁明了”“重点突破”等特点。但是，课件毕竟也有缺陷，就是在展示教学内容全貌方面有待改进。

表5 PPT课件与教学内容的关系

	课件展示梗概，简洁明了结合比较好	课件展示全貌，全面细致结合比较好	课件展示特色，生动活泼结合比较好	课件展示难点，重点突破结合比较好	其他结合比较好
否	62.5	85.3	44.9	62.5	97.6
是	37.5	14.7	55.1	37.5	2.4

三、大学生对思政课课后巩固性学习的看法

（一）课后作业布置

调查结果显示（详见表6），学生对课后作业更乐意重点抽查，同时伴随师生交流，对于全面检查、全面讲解显然怀有消极的态度。这就要求思政课教

师在检查作业是注意点面结合，不必面面俱到。

表 6　　学生对课后作业的看法

	全面检查，全部讲解	重点抽查，重点讲解	重点抽查，师生交流	不必检查，全部讲解	不必检查，重点讲解	其他
否	88.1	65.6	61.4	91.4	77.6	95.0
是	11.9	34.4	38.6	8.6	22.4	5.0

（二）学生与思政课教师课后交流的方式

随着现代高科技的发展，网上交流已经成为大势所趋，所以，师生网上交流也成为当前社交活动的新常态。表 7 显示，学生更喜欢用 QQ 等及时通信工具与教师交流。这也说明思政课教师应当积极利用好现代化手段。

表 7　　学生与教师在课后交流的方式

	面谈	QQ 等及时通信工具	短信	电话	组织课后交流小组	其他形式课后交流
否	77.6	52.4	87.7	95.0	55.3	88.2
是	22.4	47.6	12.3	5.0	44.7	11.8

（三）学生与思政课教师课后交流的内容

理论联系实际，教材内容紧扣当前现实，是学生学好思政课的重要方式。从调查中可以看出（详见表 8），学生最关心的是时事热点问题，其次是社会问题，最后才是教材难点和生活感悟。因此，教师应该想方设法多讲授现实问题，这样方能使思政课成为真正解决实际问题的钥匙，使学生真正认识到思政课对生活、工作的实际作用，从而产生学好思政课的动力。

表 8　　学生与思政课教师课后交流的内容

	教材难点	时事热点	社会问题	思想困惑	生活感悟	学习方法	其他
否	65.1	29.6	44.7	69.3	67.1	79.0	96.0
是	34.9	70.4	55.3	30.7	32.9	21.0	4.0

（四）课后交流的效果

从调查中可以发现，目前学生与思政课教师的课后交流仍然是思政教育的一个薄弱环节。受访学生认为课后交流效果“一般”的占多数，而认为“比较好”也只占三分之一。所以，如何提高思政课课后交流效果，是加强和巩固思政课堂知识的重要手段（见表9）。

表9　　思政课教师与学生的课后交流效果

		频率	百分比	有效百分比	累计百分比
有效	A. 非常好	33	6.0	6.0	6.0
	B. 比较好	188	34.6	34.6	40.6
	C. 一般	259	47.6	47.6	88.2
	D. 不好	64	11.8	11.8	100.0
	合计	544	100.0	100.0	

四、思政课实践教学的形式及效果

实践教学是巩固课堂知识的重要环节，一堂成功的思政教育课，必然伴随着成功的实践教学。

（一）思政课实践教学的形式及效果

调查结果表明（详见表10），学生更喜欢“听报告看录像”这一生动形象的教育形式，其次是“课堂讨论”。因为这些教学形式更加直观，更能使人身临其境，起到巩固课堂知识的作用。

表10　　学生喜欢的思政课实践教学形式

	听报告看录像	参观考察	志愿者服务	课堂讨论	演讲辩论	其他
否	42.6	65.3	75.7	63.2	76.3	96.0
是	57.4	34.7	24.3	36.8	23.7	4.0

（二）思政课实践教学开展的效果如何

表11表明，实践教学已经有一定成效，但是认为“一般”也不在少数。所以，思政课教师应该在实践教学方面继续下功夫。

表11　　　　思政课实践教学效果

		频率	百分比	有效百分比	累计百分比
有效	A. 非常好	38	7.0	7.0	7.0
	B. 比较好	232	42.6	42.6	49.6
	C. 一般	233	42.8	42.8	92.5
	D. 不好	41	7.5	7.5	100.0
	合计	544	100.0	100.0	

五、思政课在学生心目中的地位

（一）学生最喜欢的思政课

表12表明，对五门思政课程学生“喜欢”程度由高到低依次是：形势与政策、思想道德修养与法律基础、中国近现代史纲要（简称“纲要”）、毛泽东思想和中国特色社会主义理论概论（简称“概论”）、马克思主义基本原理概论（简称“原理”）。这说明学生更喜欢直观的、与现实联系较为紧密的、生动形象的课程，而“原理”课因为理论性较强，特别是原理、公式等。如果教师案例不生动，很难吸引学生的兴趣，这就要求教师在增强课堂生动性上下功夫。

表12　　　　学生最喜欢的思政课

	形势与政策	“基础”课	“纲要”课	“概论”课	“原理”课
否	52.2	75.2	75.4	86.9	89.3
是	47.8	24.8	24.6	13.1	10.7

（二）学生认为最难学的思政课

表 13 正好与上一表格的排序基本相反，“原理”课成为学生最难学的思政课，而“形势与政策”则成为最好学的课程，原因在上一问题中已经阐明。

表 13　学生认为最难学的思政课

	“基础”课	“纲要”课	“概论”课	“原理”课	形势与政策
否	85.8	71.3	66.4	61.2	85.5
是	14.2	28.7	33.6	38.8	14.5

六、学生自身如何面对思政课

（一）学生学习思政课的方式

从表 14 中可以反映出，学生主要通过“听课方式”来学习思政课，说明学生没有形成自觉学习思政课的思维习惯，特别是以“考前突击为主”，更说明我们当前思政课授课方式应摒弃以往单一的“满堂灌”方式。

表 14　学生学习思政课的主要方式

	自学为主	听课方式为主	考前突击式为主	其他方式为主
否	79.0	48.2	53.7	95.8
是	21.0	51.8	46.3	4.2

（二）学生在学习思政课中遇到的最大问题

表 15 表明，学生“学习动力不足”成为其在学习思政课时遇到的最大问题，这其中原因与前述“听课方式为主”等脱离实际的教学方式有很大联系。

表 15　学生在学习思政课过程中遇到的最大问题

	学习目标不明确	学习动力不足	学习内容抽象难懂	学习氛围不好
否	74.6	44.7	59.9	77.0
是	25.4	55.3	40.1	22.8

（三）学生如何解决自己遇到的思政课问题

从表 16 可以看出，学生解决思政课问题主要依靠网络查询，这就说明思政课堂没有得到学生充分的信任。网络查询固然重要，但在学生没有很强的辨别意识的情况下，只靠网络查询解决问题，就有误入歧途的可能。这就需要思政教师在提升自身教学方法的同时，注意采取适当的方法教学生对网络知识进行去伪存真，去粗取精。

表 16　学生解决思政课问题的方式

	上网查询	到图书馆查询	和同学交流解决	向老师请教
否	35. 1	66. 2	77. 8	86. 2
是	64. 9	33. 8	22. 2	13. 8

七、学生对思政课考核方式的要求及收获

考核是检验思政教师教学成果的重要环节，所以，考查学生思政课的学习状况、了解学生的学习方式可以反映出思政课教师的教学效果。

（一）学生思政课学习的收获

从表 17 可以看出，学生认为学习思政课可以确立正确的世界观、人生观。这一结果说明，学生对当前思政课教学宗旨的领会基本是正确的。

表 17　学生思政课学习的收获

	确立正确的世界观、人生观和价值观	提高了自己的理论水平	增强道德修养和法制观念	加强了知识储备	没太大收获
否	56. 4	63. 1	67. 1	70. 2	85. 3
是	43. 6	36. 9	32. 9	29. 8	14. 7

（二）学生对思政课考核方式的侧重推荐方式

从表 18 的调查结果可以得出，学生希望能够对时事热点进行侧重点考试，

这就说明学生要求老师考试时也要注重实际，理论联系实际，反对枯燥的说教式的考试方式。

表 18　　学生希望的考试侧重点

	思想政治理论知识	思想道德素质	科学思想方法	对时事热点的关注程度	其他方面的素质
否	77.6	44.5	76.1	53.7	91.9
是	22.4	55.5	23.9	46.3	8.1

（三）对思政课的考核方式

由于长期以来满堂灌的授课方式，以及老师单独命题，学生死记答案的弊端，使学生在考核方式上，习惯于“划范围”、记答案的模式。虽然表 19 中说明“学生出题”，但前提是“老师出卷”。所以，在如何促进学生学习思政课方面，考核方式也需要进一步改进。

表 19　　学生希望的思政课考核方式

	老师出卷，学生出题	学生出卷，交换答题方式	小组讨论考核方式	分段考核期末汇总	论文加答辩	实践考核	其他方式
否	62.5	79.6	73.7	79.6	89.7	81.3	95.8
是	37.5	20.4	26.3	20.4	10.3	18.8	4.2

八、学生对待思政课态度的问题、成因及应对措施

（一）对思政课的印象

从表 20 的调查结果看，学生对思政课“不太感兴趣”，这是多年来未能扭转的现象。

表 20　　你对思政课

		频率	百分比	有效百分比	累计百分比
有效	A. 非常感兴趣	43	7.9	7.9	7.9
	B. 比较感兴趣	196	36.0	36.0	43.9
	C. 不太感兴趣	267	49.1	49.1	93.0
	D. 有点反感	23	4.2	4.2	97.2
	E. 非常反感	15	2.8	2.8	100.0
	合计	544	100.0	100.0	

（二）思政课理论教学存在的问题

针对学生对思政课“不太感兴趣”的情况，从表 21 我们可以看出思政课教学问题主要出在教学手段、教学内容、教学方法三个方面。这就要求我们在这三方面狠下功夫。

表 21　　学生对思政课不感兴趣的原因

	教学方法	教学内容	教学手段	教学环境	其他问题
否	55.1	48.5	52.8	80.5	93.2
是	44.9	51.5	47.2	19.5	6.8

（三）学生上思政课的原因

因为上述原因，从表 22 的调查结果可以看出，部分学生上思政课是因为学校规章制度的制约，同时为了应付考试、拿学分，功利色彩较浓，主动性较差。

表 22　　学生上思政课的原因

	对思政课感兴趣	思政课理论感召力	提高自身素质	老师讲授生动	老师的人格魅力	考研需要	遵守学校制度	应付考、试拿学分
否	88.4	78.9	77.9	85.3	83.6	82.9	54.8	71.1
是	11.6	21.1	22.1	14.7	16.4	17.1	45.2	28.9

（四）思政课教师缺乏吸引力的原因

从表23中可以看出，学生认为思政课教师缺乏吸引力的原因，既不是“照本宣科”，也不是“理论功底欠缺”“课堂规模偏大、教学设施老化”“对学生的学习漠不关心，缺少与学生的沟通”，而是“讲授内容与社会现实脱节”，“教学方式陈旧、单一，难以激发学生的学习兴趣”，“语言表达缺乏感染力，导致课堂气氛沉闷”。这再次说明老师讲课紧密结合形势、采取灵活多样的授课方式、丰富语言艺术等方式的重要性。

表23　**思政课教师缺乏吸引力的原因**

	照本宣科	理论功底欠缺	讲授内容与社会现实脱节	教学方式陈旧、单一	语言表达缺乏感染力，导致课堂气氛沉闷	课堂规模偏大、教学设施老化	对学生的学习漠不关心，缺少与学生的沟通
否	87.1	72.2	49.3	37.5	50.4	86.2	74.1
是	12.9	27.8	50.7	62.5	49.6	13.8	25.9

（五）思政课逃课原因及其分析

表24表明，“对思政课不感兴趣”成为学生逃课的重要原因，这再次说明，应扭转思政课在学生中的消极印象。

表24　**思政课逃课原因**

	有其他重要活动	对思政课不感兴趣	老师讲授效果不好	与专业课学习关系不大	学生自身纪律性不强
否	79.8	36.6	71.5	68.9	75.9
是	20.2	63.4	28.5	31.1	24.1

（六）提高思政课教育教学实效性的措施

综合上述所有表格调查，结合表25的调查结果，说明学生理论联系实际，解决当前重大的理论热点问题，加强实践教学环节，在学生学习思政课具有的重要作用。

表25　　提高思政课教育教学实效性的措施

	理论联系实际解决重点难点	缩小课堂规模	采用先进的教学手段	加强实践教学环节	改革考试、评定成绩的方式
否	31.4	86.2	75.9	61.8	72.6
是	68.6	13.8	24.1	38.2	27.4

九、当前大学生思政课教育问题的解决途径

针对高校思政课教育存在的问题，应该采取如下几点措施：

第一，重视教师自身综合素质的提升。教师要在理论知识、实践技能、教学方式、个人修养等多方面打好基础，从多方面给学生树立全面而美好的印象，从而应对学生多元化的思维特征，最终达到多角度、全方位对学生进行思想道德提升的效果。

第二，重视对学生学习态度的正确引导。教师要教育学生正确看待思政课原理与现实的差距，帮助他们克服厌倦思政课的心理。特别是在思政理论与客观现实的结合上下功夫，矫正学生对思政课误解，逐步端正学生学习思政课的态度，培养他们勤于思考，克服他们在学习思政课方面的“工具理性”思想，逐步培养他们对思政课的兴趣。

第三，重视教师对现代教学方式的灵活应用。教师要不断学习现代高科技知识，掌握多方面现代教学技能，正确发挥现代高科技带来的多种效应。适当的时候，教师也应该向那些电脑技术好的学生“请教”，因为在现代高科技的接受方面，学生的接受速度和接受能力远远超过教师。教师的虚心请教，不但能拉近师生之间的感情差距，而且也能使教师更便捷地学习到现代高科技知识；同时，也使教师能了解学生的心理，有利于今后的教学工作。

第四，重视师生课后交流的方式方法。教师要主动适应学生的生活和学习需求，尽量采取学生喜闻乐见的交流方法与学生沟通，逐步把自己融入学生的感情世界之中。教师要深深懂得，如果自己没有进入学生的心灵世界，就不可能真正了解学生的心理需求，更谈不上“对症下药”地教育好学生。

十、结语

从大学生思政课教育的中期调查结果来看，当前大学生思政教育虽然有一定成果，但是不容忽视的是，以往工作中的缺点和疏漏之处仍然是高校思政教师工作成效不显的重要原因。这说明，高校思政教育改革仍然是高校教育改革的重要环节。特别是在网络法制处于健全的过程中，大学生思想政治教育只有找准症结，积极应对，真抓实干，才能取得理想的成效。

（范文明，博士，湖北经济学院马克思主义学院副教授）

大学生思想政治教育中的个性化教育现状调查报告

——基于湖北某高校的数据

吕梦醒

一、研究背景

长期以来，我国的高等教育受传统教育的影响过深，封闭僵化的应试教育、划一教育沿用至今，高校人才培育模式忽视了对学生创造性的培养，严重阻碍了学生个性的发展，素质教育不能得到充分体现。随着社会文化的进步、科学技术的发展，大学生的个性特征越来越受到社会的重视，个性化教育逐渐成为各种教育思想的核心内容和各国教育实践的基本追求。而对于大学生思想政治教育工作来说，提出并实施个性化教育，是有效开展思想政治教育工作的必然要求，也是新时期培养创新型人才的必由之路；它不仅符合高等教育改革的要求，而且有助于推动教育思想和教育观念的转变与更新，推动教育教学改革的不断深化，有助于大学生的个性充分、自由、和谐的发展，并能从更深的层面和更宽的角度体现德、智、体等全面发展的要求。

个性化教育是指将个性化理念渗透到教育各个构成要素和环节之中，它要求思想政治教育工作者去关注、研究学生的差异，坚持教育主客体之间在思想上平等互动的参与，从而增强思想政治教育工作的实效性。我们应采用不同的教育和管理手段，促进学生个性优化与和谐发展。基于个性化教育的重要性，本文试图通过问卷调查的方式了解当前我校思想政治教育中个性化教育的现状及存在的问题，并为今后思想政治教育中的个性化教育工作提供一些可能的思路和参考。

二、调研情况介绍

本文调查对象为在校大学生群体，问卷调查采用分层抽样和随机整群抽样的方法在湖北某高校大一到大四不同专业、班级抽取800位大学生。依照调研惯例，在问卷初稿形成后，正式调研之前进行了测试，首先，试测样本选取了该校某学院随机发放了40份问卷并进行回收和数据整理；然后分别请三位同行学者对问卷初稿进行综合评价并提出修整意见；最后根据试测数据处理情况以及在试测过程中收集到的各类反馈意见对问卷初稿进行了修改和调整。问卷主要分为两个部分：第一部分为个人基本情况调查，包括性别、年级、专业、政治面貌、户籍五个方面；第二部分为大学生思想政治教育个性化现状调查，此部分是问卷的主体，分别设置了有关高校思想政治理论课学习反馈、大学生思想政治教育个性化需求调查以及个性化教育方式调查三个层面共28个问题。

此次调查共发放问卷800份，回收有效问卷762份，问卷回收率为95.25%。样本分布如表1~表5所示：从性别分布来看，男生比例为26.1%，女生比例为73.5%；从地区分布来看，来自农村（村/乡/镇）的比例为58.5%，城市户口比例为40.8%；从年级分布来看，大一学生比例为46.2%，大二学生比例为18.5%，大三学生比例为22.8%，大四学生比例为11.9%；从专业分布来看，文科经管类比例为81.9%，理工类比例为3.1%，文体艺体类比例为13.4%；从政治面貌来看，党员比例为3.7%，共青团员比例为92.7%，群众比例为2.4%。

表1　　性　别

		频率	百分比	有效百分比	累计百分比
有效	男	199	26.1	26.2	26.2
	女	560	73.5	73.8	100.0
	合计	759	99.6	100.0	
缺失	系统	3	0.4		
合计		762	100.0		

表2　　地　区

		频率	百分比	有效百分比	累计百分比
有效	农村（村、乡、镇）	446	58.5	58.9	58.9
	城市	311	40.8	41.1	100.0
	合计	757	99.3	100.0	
缺失	系统	5	0.7		
合计		762	100.0		

表 3 **年　级**

		频率	百分比	有效百分比	累计百分比
有效	大一	352	46.2	46.4	46.4
	大二	141	18.5	18.6	65.0
	大三	174	22.8	23.0	88.0
	大四	91	11.9	12.0	100.0
	合计	758	99.5	100.0	
缺失	系统	4	0.5		
合计		762	100.0		

表 4 **专　业**

		频率	百分比	有效百分比	累计百分比
有效	文科经管类	624	81.9	83.2	83.2
	理工类	24	3.1	3.2	86.4
	文体艺术类	102	13.4	13.6	100.0
	合计	750	98.4	100.0	
缺失	系统	12	1.6		
合计		762	100.0		

表 5 **政治面貌**

		频率	百分比	有效百分比	累计百分比
有效	中共党员	28	3.7	3.7	3.7
	共青团员	706	92.7	93.9	97.6
	群众	18	2.4	2.4	100.0
	合计	752	98.7	100.0	
缺失	系统	10	1.3		
合计		762	100.0		

三、大学生思想政治教育个性化的现状分析

（一）大学生思想政治教育中的个性化教育基本情况

关于“大学生对于思想政治理论课程的看法”问题，调查显示（详见表6），有43.6%的学生认为思想政治理论课能够有效提高思想政治素养，24.8%的学生认为思想政治理论课缺乏与实践的结合，13.9%的大学生认为思想政治理论课重视考试，不利于学生个性发展，另有16.3%的大学生认为思想政治理论课过于枯燥乏味，对其不感兴趣。

表6　对思想政治理论课教学看法

		频率	百分比	有效百分比	累计百分比
有效	A. 有效提高思想政治素养	332	43.6	44.2	44.2
	B. 缺乏与实践的结合	189	24.8	25.2	69.4
	C. 重视考试，压抑个性发展	106	13.9	14.1	83.5
	D. 枯燥乏味，不感兴趣	124	16.3	16.5	100.0
	合计	751	98.6	100.0	
缺失	系统	11	1.4		
合计		762	100.0		

关于“希望从思想政治理论课中学到什么”这一问题（详见表7），63.3%的学生希望能够将学到的知识有效地应用到实际生活中，帮助自己能够更深入严谨地看待和分析问题；10.5%的学生希望能够了解课程中讲述的一些思想；17.1%的学生希望能够知道一些基本的政治知识；8.3%的学生认为自己学不到什么东西。

表 7　　希望从思想政治教育课程中学到

		频率	百分比	有效百分比	累计百分比
有效	A. 把所学应用于实际，看待问题更深入严谨	482	63.3	63.8	63.8
	B. 了解课程中讲述的一些思想	80	10.5	10.6	74.4
	C. 知道一些基本的政治知识	130	17.1	17.2	91.7
	D. 觉得学不到什么东西	63	8.3	8.3	100.0
	合计	755	99.1	100.0	
缺失	系统	7	0.9		
合计		762	100.0		

调查显示，23.2%的学生认为高校思想政治教育非常重视大学生的个性培养；37.3%的学生认为高校思想政治教育偶尔能做到重视大学生个性培养；29.3%的学生认为高校思想政治教育没能做到重视大学生个性培养；10.2%的大学生表示对此问题并不清楚。如表 8 所示；

表 8　　高校思想政治理论教育有没有重视大学生个性培养

		频率	百分比	有效百分比	累计百分比
有效	A. 非常重视	177	23.2	23.2	23.2
	B. 偶尔做到	284	37.3	37.3	60.5
	C. 没有	223	29.3	29.3	89.8
	D. 不知道	78	10.2	10.2	100.0
合计		762	100.0	100.0	

在关于“思想政治理论教育是否重共性而忽视学生思想、个性和特长发展”这一问题的认识上，如表 9 显示，38.1%的学生认为是，40.8%的学生认为不是，另有 20.3%的学生对这一问题不能确定。而对于当前思想政治理论课教学效果的评价上，如表 10 显示，16.7%的学生认为效果好，65.1%的学生认为效果一般，17.6%的学生认为效果差。在对思想政治理论课实践部分的评价上，如表 11 显示，24.9%的学生认为有实践效果，57.5%的学生认为基

本没实践效果，另有16.4%的大学生认为实践效果差。

表9　　是否认为思想政治理论教育是重共性的教育

		频率	百分比	有效百分比	累计百分比
有效	A. 是	290	38.1	38.4	38.4
	B. 不是	311	40.8	41.1	79.5
	C. 不知道	155	20.3	20.5	100.0
	合计	756	99.2	100.0	
缺失	系统	6	0.8		
合计		762	100.0		

表10　　对大学生思想政治理论课教学效果的评价

		频率	百分比	有效百分比	累计百分比
有效	A. 效果好	127	16.7	16.8	16.8
	B. 效果一般	496	65.1	65.5	82.3
	C. 效果差	134	17.6	17.7	100.0
	合计	757	99.3	100.0	
缺失	系统	5	0.7		
合计		762	100.0		

表11　　对大学生思想政治理论课的实践教学的评价

		频率	百分比	有效百分比	累计百分比
有效	A. 有实践	190	24.9	25.2	25.2
	B. 基本没实践	438	57.5	58.2	83.4
	C. 实践效果差	125	16.4	16.6	100.0
	合计	753	98.8	100.0	
缺失	系统	9	1.2		
合计		762	100.0		

（二）大学生对思想政治教育个性化的需求分析

众所周知，相比以前的大学生，当代“90后”大学生对于追求个性，张扬自我的诉求已经不可同日而语。调查显示（详见表12），34.8%的大学生认为加强大学生思想政治教育队伍建设已经势在必行，非常有必要；49.2%的大学生认为有必要，累计百分比达到84.0%。同时，大学生认为当前高校思想政治教育队伍在以下方面的存在的问题比较严重（如表13所示）：26.4%的大学生认为教育内容陈旧；24.8%的大学生认为教育方式落后；24.3%的大学生认为教育队伍的素质有待提高。

表12　　加强大学生思想政治教育队伍建设

		频率	百分比	有效百分比	累计百分比
有效	A. 非常必要	263	34.5	34.8	34.8
	B. 有必要	372	48.8	49.2	84.0
	C. 无所谓	56	7.3	7.4	91.4
	D. 没必要	25	3.3	3.3	94.7
	E. 说不清楚	40	5.2	5.3	100.0
	合计	756	99.2	100.0	
缺失	系统	6	0.8		
合计		762	100.0		

表13　　大学生思想政治教育队伍存在的主要问题

		频率	百分比	有效百分比	累计百分比
有效	A. 人员素质有待提高	185	24.3	28.8	28.8
	B. 教育内容陈旧	201	26.4	31.3	60.1
	C. 教育方式落后	189	24.8	29.4	89.6
	D. 责任心不强	57	7.5	8.9	98.4
	E. 其他	10	1.3	1.6	100.0
	合计	642	84.3	100.0	
缺失	系统	120	15.7		
合计		762	100.0		

表14表明，30.8%的学生认为思想政治教育工作者首先应当加强的素质是与人沟通的能力，其次是政治素质、理论水平、自身的学习和科研能力；表15表明，53.1%的学生最喜欢语言生动、善于制造学习气氛、开发学生思维的老师；表16则说明，在思想政治课的教学方式上，大学生更偏爱开展课外学习及社会实践活动以及进行课堂材料分析和案例教学，分别占到整体比例的36.0%和20.7%，还有11.3%的学生对主题讨论式教学比较感兴趣。

表14　　从事大学生思想政治教育工作者需加强的能力

		频率	百分比	有效百分比	累计百分比
有效	A. 政治素质和理论水平	199	26.1	32.0	32.0
	B. 与人沟通能力	235	30.8	37.8	69.8
	C. 危机处理能力	70	9.2	11.3	81.0
	D. 自身学习和科研能力	83	10.9	13.3	94.4
	E. 其他	35	4.6	5.6	100.0
	合计	622	81.6	100.0	
缺失	系统	140	18.4		
合计		762	100.0		

表15　　喜欢哪种类型的思想政治教育工作者

		频率	百分比	有效百分比	累计百分比
有效	A. 学识渊博	59	7.7	9.9	9.9
	B. 品德高尚	77	10.1	12.9	22.8
	C. 语言	405	53.1	67.8	90.6
	D. 仪表有风度	6	0.8	1.0	91.6
	E. 有创新思想	26	3.4	4.4	96.0
	F. 有个性	24	3.1	4.0	100.0
	合计	597	78.3	100.0	
缺失	系统	165	21.7		
合计		762	100.0		

表 16　　　　最希望思想政治课采取哪种教学方式

		频率	百分比	有效百分比	累计百分比
有效	A. 理论性教学	71	9.3	11.2	11.2
	B. 主题讨论式教学	86	11.3	13.6	24.8
	C. 课堂材料分析与案例教学	158	20.7	24.9	49.7
	D. 开展课外学习及社会实践活动	274	36.0	43.2	92.9
	E. 网络互动	33	4.3	5.2	98.1
	F. 其他	12	1.6	1.9	100.0
	合计	634	83.2	100.0	
缺失	系统	128	16.8		
合计		762	100.0		

(三) 关于思想政治教育个性化实现途径

此次调查收集了大学生对于思想政治教育个性化的许多意见和建议，摸清了大学生对于不同方式的思想政治理论课个性化路径的接受程度。

1. 心理咨询

对于心理咨询在大学生思想政治教育过程中的作用，表 17 显示，有 34.9%的学生认为心理咨询在大学生思想政治教育过程中能够发挥非常重要的作用，39.1%的学生认为心理咨询在大学生思想政治教育过程中有一些作用，累计百分比达到 75.1%。表 18 指出，61.2%的学生认为，心理咨询能够有效提高思想政治教育的针对性。表 19 说明了心理咨询的具体效用，结果表明，50.4%的学生认为心理咨询能够帮助学生提高思想、道德和心理素质，36.4%的学生认为能够帮助学生树立正确的世界观和人生观。

表 17　　　　心理咨询在思想政治教育过程中发挥的作用

		频率	百分比	有效百分比	累计百分比
有效	A. 非常重要	266	34.9	35.4	35.4
	B. 有点作用	298	39.1	39.7	75.1
	C. 形同虚设	118	15.5	15.7	90.8
	D. 不知道	69	9.1	9.2	100.0
	合计	751	98.6	100.0	
缺失	系统	11	1.4		
合计		762	100.0		

表 18　　　　心理咨询能否提高思想政治教育的针对性

		频率	百分比	有效百分比	累计百分比
有效	A. 能	466	61.2	63.1	63.1
	B. 不能	58	7.6	7.9	71.0
	C. 不明显	214	28.1	29.0	100.0
	合计	738	96.9	100.0	
缺失	系统	24	3.1		
合计		762	100.0		

表 19　　　　心理咨询对思想政治教育的帮助如何

		频率	百分比	有效百分比	累计百分比
有效	A. 帮助学生学习提高思想、道德和心理素质	384	50.4	53.3	53.3
	B. 帮助学生树立正确的世界观和人生观	277	36.4	38.5	91.8
	C. 为社会主义事业培养合格的建设者与接班人	59	7.7	8.2	100.0
	合计	720	94.5	100.0	
缺失	系统	42	5.5		
合计		762	100.0		

2. 社团活动

通过社团活动进行思想政治教育也是较受学生认可的方式。表 20 说明，39. 8%的大学生认为通过社团活动能够实现思想政治教育理论与实践的结合，且表示看好；41. 1%的大学生认为具体效用要视具体的落实情况而定；也有一部分大学生秉持不同的观点，认为在社团活动中融入思想政治教育，有可能会破坏社团的自主性。

表 20　　**在社团活动融入思想政治教育**

		频率	百分比	有效百分比	累计百分比
有效	A. 理论与实践结合，看好它	303	39. 8	40. 6	40. 6
	B. 视具体的落实情况而定	313	41. 1	41. 9	82. 5
	C. 可能破坏社团的自主性	131	17. 2	17. 5	100. 0
	合计	747	98. 0	100. 0	
缺失	系统	15	2. 0		
合计		762	100. 0		

在利用社团活动开展思想政治教育的具体内容上，如表 21 所示，33. 1%的大学生更倾向于进行一些与社团性质相近的文化活动；23. 6%的大学生希望能够进行一些与就业创业相关的实务学习；22. 6%的大学生对时政交流更感兴趣。

表 21　　**社团中开展思想政治教育，您更感兴趣的是**

		频率	百分比	有效百分比	累计百分比
有效	A. 理论学习	45	5. 9	6. 7	6. 7
	B. 时政交流	172	22. 6	25. 6	32. 2
	C. 与社团性质相近的文化活动	252	33. 1	37. 4	69. 7
	D. 就业创业的相关实务学习	180	23. 6	26. 7	96. 4
	E. 法律知识的实务模拟	24	3. 1	3. 6	100. 0
	合计	673	88. 3	100. 0	
缺失	系统	89	11. 7		
合计		762	100. 0		

3. 网络学习

调查显示，网络对于大学生思想政治教育发挥的作用不容忽视。如表22所示，有37.5%的大学生认为网络对思想政治教育的影响要大于课堂教育，这一比例超出了认为课堂学习影响更大的比例（31.2%），另有16.0%的大学生认为两者之间的影响效果不相上下。但与此相对应的是，调查结果（见表23）显示，高校思想政治教育网络宣传、学习的现状不容乐观，有53.7%的大学生不清楚是否有思想政治教育相关网站，8.8%的学生认为网站信息更新较为滞后，只有28.9%的学生对思想政治教育网络学习保持关注，认为更新较为及时。

表22 **学校与网络对思想政治教育的影响比较**

		频率	百分比	有效百分比	累计百分比
有效	A. 学校的学习影响大	238	31.2	31.8	31.8
	B. 网络的影响大	286	37.5	38.2	70.0
	C. 差不多	122	16.0	16.3	86.2
	D. 没注意	103	13.5	13.8	100.0
	合计	749	98.3	100.0	
缺失	系统	13	1.7		
合计		762	100.0		

表23 **思想政治教育网站更新情况**

		频率	百分比	有效百分比	累计百分比
有效	A. 更新及时	220	28.9	29.3	29.3
	B. 更新滞后	67	8.8	8.9	38.2
	C. 从不更新	38	5.0	5.1	43.2
	D. 不清楚	409	53.7	54.4	97.6
	E. 没有此类网站	18	2.4	2.4	100.0
	合计	752	98.7	100.0	
缺失	系统	10	1.3		
合计		762	100.0		

四、当前大学生思想政治教育个性化中存在的问题及原因分析

（一）对思想政治教育个性化培养的重视程度不足

调查显示，仅有23.2%的学生认为高校思想政治教育非常重视大学生的个性培养；37.3%的大学生认为高校思想政治教育偶尔能做到重视大学生个性培养；29.3%的大学生认为高校思想政治教育没能做到重视大学生个性培养；有10.2%的大学生表示对此问题并不清楚。这表明当前高校思想政治教育对个性化教育的重视程度不够。

对这一问题，究其缘由在于当前思想政治教育理念相对落后，对受教育者的主体性缺乏重视。从思想政治教育主体构成来分析，包括教育者与被教育者，在教育实践中二者是交互主体的关系。其中，高校思想政治教育过程中的受教育主体性是指在思想政治教育过程中，受教育者发挥的主观能动性、创新性与自主性。但是传统的思想政治教育观念存在明显的片面性，具体表现为：重视教育者主体性，轻视受教育者主体性；注重外在的理论教育，忽视自我教育的重要性和理论的内化；强调社会性政治性的工具价值，轻视个体个性和全面发展的价值。

（二）教学内容更新缓慢，教育方法创新性不足

调查显示，有26.4%的大学生认为教育内容陈旧；24.8%的大学生认为教育方式落后。实际上，最近几年，思想政治教育改革已经取得了一定成效，教育内容也在一直更新，但是相对于当代大学生的思想转变速度，我们的教育内容更新速度依然显得缓慢；依旧存在着教育内容针对性不强，脱离学生思想实际，缺乏现实生活根基的现象。这主要与高校思想政治教育教师队伍的综合素质有关。教师除了要对丰富的教学内容进行归纳、调整、提炼、更新，力求做到结构合理，减少重复以增强教学的实效性外，还应当注重理论与实际的联系，根据社会实际，创新理论内容。思想政治理论如果脱离现实生活和社会实践，就会丧失其理论的生命力和说服力。只有加快内容的更新，紧密联系学生生活、学习实践，才能使教育内容得到检验，从而增强其实效性。

在教育方法上，当前大学生思想政治教育方式中缺少探索和创新的问题依然存在，与大学生希望的主题讨论式教学、课堂材料分析与案例教学、开展课

外学习及社会实践活动等多种方法相结合的思想政治理论课教学方式不一致。特别是当前思想政治教育实践活动与理论教学结合和渗透不到位，重视理论教学轻实践活动，实践活动重视形式轻视效果等现象仍然存在，在一定程度上造成了思想政治教育的知行脱节。这一问题主要是受到传统的思想政治教育方法的影响。一直以来，理论教学是中心，实践教学只是附属教学形式，需要时就用，不需要时就抛弃，可有可无、可重可轻，造成了形式主义的盛行。可以说，大部分高校的思想政治理论课实践教学实际操作与课程计划、教学大纲、实施方案可能相差甚大，所谓的实践教学仅仅是教师利用现有资源，在课堂上组织学生观看视频然后讨论，或者干脆让学生交一份暑期社会实践作业即可，真正让学生深入社会实践的活动几乎没有。虽然有学校团学系统组织的社会实践，但由于缺少必要的协调整合，思想政治教育系统和团学系统基本上是分兵作战、各自为政，没有协调与合作。可以说，思想政治理论课实践教学在实际操作上基本流于形式，落不到实处。

（三）教学评价模式不健全

高校思想政治教育的教学评价是对大学生思想政治觉悟和道德水平的评价，是大学生思想政治教育工作不可或缺的重要环节之一，是衡量高校思想政治教育质量的指标。思想政治教育教学评价具有判断、诊断反馈、预测和导向四种基本功能。随着高校思想政治教育改革的推进，教学评价机制受到普遍的重视，获得了一定的发展，但由于教学评价模式的不完善，导致在具体的教学评价实践中存在着诸多问题。例如此次调查结果显示，在当前高校思想政治理论课成绩评定方面，一般采用理论考试和行为考核相结合的方式，其中又以理论考试成绩为主，行为考核成绩为辅。在考核内容方面，也局限于教材和教师课堂讲授的范围，理论考核和实践考核结合度欠缺，有的甚至只有理论考核，实践能力考核处于缺失状态。这种考核评价体系，不能将课堂教学和实践过程有机结合起来，不利于发挥评价体系的教学管理功能。因此，建立一套完善、科学、有针对性的教学评价模式对于提高大学生思想政治教育个性化水平意义重大。

五、大学生思想政治教育个性化的实践路径探索

第一，掌握学生的思想实际，针对大学生关注的国内外热点、难点问题进行课堂教学内容的选择。

思想政治教育工作者在教育过程中要把学生放在他所处的生活或学习的整体环境下看待，放在学生成长发展的时间序列里看待，完整全面地分析问题产生的各种主客观因素，找到帮助学生解决问题的切入点，找到引导学生的合适途径。只有努力贴近学生，了解学生的实际需要，而不是仅仅从思想觉悟方面进行教育，才能更好地从本质上解决学生的思想问题。思想政治理论课教师应"弹性"设计教育教学方案，为教学过程的动态生成创设条件，不能将目标仅仅局限于认知，要准确洞察学生心灵的秘密，敏锐地捕捉、判断、重组从学生那里涌现出来的各种信息，适时调整教育进程和教育内容，使教育更贴近每个学生的实际状态，使学生学有所思、思有所悟、悟有所得，促进学生充分自由的发展。

第二，教学手段、方法要多样化、科学化，以满足不同学生的需求。

首先，大学生思想政治教育个性化要求我们的课堂能够克服传统重教有余、重学不足，灌输有余、启发不足，学生参与程度较低的弊端。著名教育家叶澜教授提出：教师在教学过程中的角色，不仅是知识的"呈现者"、对话的"提问者"、学习的"指导者"、学业的"评价者"，更重要的是教学过程中呈现出信息的重组者。教学中教师不仅应把心思放在教材、教案这些既定的内容上，同时还要关注"学生在课堂中的状态"，在变动不已的课堂中发现、判断、整合信息，并自觉地尊重、理解、接纳和充分利用这些"生成性资源"，由此点燃大学生思考的火花，拓展思维的空间，尊重学生的现实思考，彰显生命的力量，促进高质量课堂的动态生成。

其次，应该加强高校思想政治理论课的实践教学部分，实践教学形式是富有创意、具有多样性的，重视思想政治教育实践教学可以有效提高大学生思想政治教育个性化水平。实践教学既可以采取研究讨论、原著阅读、专题辩论、案例分析等方式。也可以采取课外学习小组、学习竞赛活动、社团活动、校园文化等方式，还可以采取社会调查、生产劳动、志愿服务、专业课实习、红色旅游、公益活动等方式。这些活动方式能够较好地调动起学生的学习兴趣，使他们积极主动地参与到实践活动过程之中，从而大大增强思想政治教育的实效性。

第三，建立统一性与个性化目标相结合的思想政治教育测量和评价方式。

在传统模式化教育中，由于过分注重统一性和标准化，实际上不能对学生的思想政治素质和发展状态做出科学的测量和评价，甚至扭曲学生个性。思想政治教育的个性化要求适应学生个性化发展的需求，设计和实施既有统一要求，又有灵活性的教育测量和评价方式；能对学生的学习成绩和发展情况进行综合考察尤其是个性式的考察与评价，有利于引导鼓励学生形成坚实基础，鼓励学生独立思考，发挥其创造个性。思想政治教育测量和评价方式要更加突出时代性、开放性、竞争性、整体性、针对性、层次性和实践性，其内容应着眼大局，贴近时代、贴近大学生心灵，与大学生思想产生共鸣，使思想政治教育测量和评价方式由封闭型向开放型转变，实现思想政治教育的社会化；使思想政治教育测量和评价方式的平面型向立体型转变，实现思想政治教育的综合化。

（吕梦醒，博士，湖北经济学院马克思主义学院讲师）

大 事 记

大　事　记

(2017.1.1—2017.12.31)

齐志坚

1. 湖北省高校毕业生就业工作领导小组召开就业工作会议

2017年1月10日，2017年湖北省高校毕业生就业工作领导小组召开会议，总结成绩，分析形势，研究部署2017年工作。省政府副省长、省高校毕业生就业工作领导小组组长郭生练出席并讲话。省政府副秘书长刘仲初主持会议。郭生练副省长在充分肯定2016年湖北省大学生就业创业工作取得的成绩的同时，对做好2017年工作提出要求。他指出，大学生就业创业工作是关乎民生和社会稳定的大事。各单位要认真贯彻省委省政府要求和教育部视频会议精神，加大力度，统筹谋划、主动作为，进一步推进教育改革、强化指导服务、促进产教融合，努力实现就业局势持续稳定、就业质量稳步持续提高、到基层就业人数和大学生创业人数持续增长，争取2017年湖北省大学生就业创业工作再上新台阶。湖北省高校毕业生就业工作领导小组成员单位相关负责同志参加了会议。

2. 湖北省民办高校学习贯彻新修订的《中华人民共和国民办教育促进法》座谈会暨湖北省民办高等学校联盟成立大会召开

为深入学习新修订的《中华人民共和国民办教育促进法》和《国务院关于鼓励社会力量兴办教育促进民办教育健康发展的若干意见》等一系列有关民办教育的法律及政策文件精神，做好贯彻落实工作，湖北省教育厅于2017年3月8日在武汉生物工程学院召开全省民办普通高等学校学习贯彻新修订的《中华人民共和国民办教育促进法》座谈会，同时召开湖北省民办高等学校联盟成立大会。全省42所民办高校的董事长（理事长）、党委书记、校长参加了会议。会上，省教育厅围绕湖北省贯彻落实新修订的《中华人民共和国民办教育促进法》，推进民办学校分类登记、分类管理，加强民办高校党的建设，规范办学行为，创新民办高校体制机制，完善扶持政策，深化教育教学改革，加强内涵建设等问题，分别召开了民办高校董事长（理事长）、党委书记、院长（校长）三次座谈会。同时，成立了湖北省民办高等学校联盟，该联盟是以湖北省民办普通高校为主，相关社会团体及个人自愿组成的非独立法人的协作组织。武汉生物工程学院被推选为首届轮值主席单位、秘书长单位，武汉东湖学院、武汉工商学院等 14 所高校当选为联盟的首届理事单位。湖北省教育厅发展规划处、高等教育处、组织处及省教育科学研究院的有关负责同志出席了会议。

3. 湖北省同教育部会商高等教育改革发展工作

2017 年 3 月 9 日下午，利用全国“两会”间隙，郭生练副省长赴教育部与林蕙青副部长会商湖北省高等教育改革发展工作。教育部发展规划司巡视员张泰青、高等教育司副司长范海林、高校学生司副司长孙海波及省教育厅副厅长徐雁冰参加会议。郭生练副省长首先感谢教育部长期以来对湖北教育给予的大力关心和支持。郭生练介绍，湖北是一个高等教育大省，高等教育在全国有一定的地位和影响，但湖北的高等教育存在结构性矛盾，发展不均衡，部委高校整体实力很强，而省属高校在教学、科研和服务社会等方面，整体实力较弱。下一步，湖北省将大力推进“双一流”建设，进一步深化人才培养模式改革，全面提升高校科技创新能力，将科教优势真正转化为发展优势，也希望教育部继续加大对湖北省高等教育事业改革与发展工作的指导与支持力度。

4. 湖北省教育厅召开 2017 年度全省高校本科教学工作会议

2017 年 3 月 10 日，湖北省教育厅在武汉召开 2017 年度全省高校本科教学工作议会，学习贯彻全国、全省年度教育工作会议精神，分析当前高等教育改革发展面临的新形势，安排部署 2017 年本科教学工作。省委高校工委副书记、省教育厅党组成员余学敏出席会议并讲话。全省本科高校分管校领导和教务处长参加会议。余学敏强调，2017 年要重点抓好六个方面的工作：一是深化创新创业教育改革；二是实施“十三五”本科教学质量工程；三是组织实施第八届省级高校教学成果奖励工作；四是推进在线开放课程建设与应用；五是提升教师教学能力；六是完善质量控制机制。余学敏要求，做好高校本科教学工作：一是要保持定力，克服浮躁心理，坚守本科教学本位，多些埋头苦干，少些急功近利，将人才培养这项细致、专业的工作常抓不懈；二是要务实重行，要抓牢人才培养的重点领域和关键环节，瞄准本科教学的突出问题和薄弱环节，尽快补齐人才培养短板，保证人才培养质量；三是要勇于担当，不遗余力地为本科教学工作争地位、争资源，为本科教学提供良好的发展环境，切实把教学过程规范起来，把关键环节监控起来，抓出水平、管出质量。武汉大学、湖北大学、武汉科技大学、湖北文理学院、武汉生物工程学院等6所高校代表分别就重视本科教学工作、推进在线开放课程建设与应用、加强教学质量内控管理、依托区域经济发展提升学生实践创新能力、深入开展创新创业教育等工作，在会上作典型发言。

5. 湖北省委高校工委、省教育厅召开2017年全省高校和省教育厅直属系统党风廉政建设工作会议

2017年3月17日，省委高校工委、省教育厅召开2017年全省高校和省教育厅直属系统党风廉政建设工作会议。省委巡视组正厅级巡视专员刘黎明，省委高校工委书记、省教育厅党组书记、厅长刘传铁，省纪委派驻省教育厅（省委高校工委）纪检组组长孙晓蓉出席会议并讲话。省纪委六室负责人林祖华，省委高校工委、省教育厅厅领导出席会议。省纪委派驻省教育厅（省委高校工委）纪检组成员、全省129所高校党委书记、党的关系归口省委高校工委管理的25所高校党委纪委书记、省教育厅机关干部及直属单位班子成员共360人参加会议。

刘传铁指出，2016年，湖北省高校和厅直系统系统各级党组织牢固树立“四个意识”，深入落实全面从严治党各项要求，为教育事业改革发展提供了有力保证。他强调，2017年要重点抓好六项工作，一是要进一步严明政治纪律，强化“四个意识”，强化理论武装，坚持知行合一。二是要进一步拧紧责任链条，强化清单管理，强化压力传导，强化考核问责。三是要进一步严肃党内政治生活，从领导干部严起，从基层组织严起，从制度规范严起。四是要进一步强化党内监督，完善监督体系，突出监督重点，突出立行立改。五是要进一步强化作风建设，紧盯中央“八项规定”精神的落实，紧盯重点领域的突出问题，健全长效机制。六是要进一步保持高压态势，坚持遏制腐败定力不动摇，正确运用“四种形态”不走样，严厉查处群众身边腐败问题不放松。他特别强调，各高校党委要主动担负起党要管党、从严治党的主体责任，自觉接受纪委的监督，也要为纪委履行职责提供全方位的保障。

6. 2017 年湖北省高等学校就业创业工作会议在汉召开

2017 年 4 月 7 日，湖北省教育厅在华中师范大学召开 2017 年全省高等学校就业创业工作会议，总结工作，交流经验，分析形势，进一步部署推进 2017 年高校就业创业工作。全省 129 所高校分管校领导及职能部门负责同志、省人才服务局、厅高校学生处、省高校毕业生就业指导服务中心负责同志参加会议。省教育厅副厅长张金元要求，各高校要高度重视，综合施策，主动作为：一是要进一步强化机制建设，形成协同推进、齐抓共管的工作合力；二是要进一步拓展就业渠道，深化校地、校企的就业合作交流，建立双方人才培养和输送的良好机制；三是要进一步提升就业服务质量。充分运用“互联网+就业”和新媒体应用技术新模式开展就业指导服务，有效提升人岗匹配效率；四是要进一步做好精准帮扶，针对困难群体开展优先指导、优先推荐、优先服务，实现精准帮扶全覆盖；五是要进一步推进创新创业，以深化高等教育改革为契机，提升大学生创业能力和水平；六是要进一步激发入伍热情，引导鼓励更多的优秀大学生携笔从戎、献身国防；七是要进一步健全督评体系，充分发挥就业质量年报、就业统计核查作用；八是要进一步加强配套改革，以就业状况倒逼教育教学和人才培养模式改革。

7. 湖北省贯彻落实《普通高等学校学生管理规定》工作部署推进会议暨专题培训班在汉举办

为全面贯彻落实教育部新修订颁布的《普通高等学校学生管理规定》（教育部令第 41 号），2017 年 4 月 24—25 日，湖北省教育厅在汉召开了全省高校部署推进会议，举办了专题培训班。省教育厅副厅长张金元出席会议并讲话。教育部高校学生司学籍管理处处长解汉林到会宣讲解读。解汉林就修订原规定的原因和过程、重要意义、主要内容、及高校应注意的问题等四个方面进行了解读和释义，现场与参训人员进行了互动，解答了提出的问题。在培训会上，省教育厅法律顾问孙才华、武汉工程大学教务处处长韩高军等专家学者作了专题辅导报告。全省 129 所普通高校、17 个科研院所的分管校（所）领导和负责学生工作、教学管理工作部门负责同志、厅高校学生处负责同志近 400 人参加了会议和培训。

8. 王艳玲安排部署高校党建和思政工作

2017 年 5 月 8 日下午，湖北省委常委、省委宣传部部长、省委高校工委书记王艳玲，在汉与省委高校工委有关负责人座谈交流，安排部署近期工作。针对今后一段时期高校党建和思政工作。王艳玲要求，要在坚决贯彻落实习近平总书记系列重要讲话精神上下功夫，结合湖北高校实际，加强调查研究，将中央精神转化为湖北的实际行动。要在准确把握湖北省高校党建和思想政治工作新形势上下功夫，要加强党对高校的领导，强化“四个服务”，为高校发展提供坚强保障，要树立正确的育人导向，为培养合格建设者和接班人营造良好环境。要在创新适应新时期高校党建和思想政治工作上下功夫，要坚持问题导向进行创新，坚持务求实效进行创新，通过解决问题实现工作创新，通过不断创新适应形势新变化。

9. 蒋超良强调落实立德树人根本任务改进高校思想政治工作

2017 年 5 月 26 日下午，湖北省高校思想政治工作会议在汉召开。省委书记蒋超良出席会议，强调要认真学习贯彻习近平总书记关于高校思想政治工作的重要讲话精神，在事关办学方向的问题上要旗帜鲜明站稳立场，全面落实立德树人根本任务，切实加强和改进高校思想政治和意识形态工作。武汉大学党委书记韩进、华中科技大学党委书记路钢和湖北大学、三峡大学、武汉东湖学院、武汉职业技术学院党委负责人在会上作交流发言。全省高校党委书记和校（院）长，省直有关单位负责同志，各市、州、直管市、神农架林区党委组织部、宣传部主要负责同志和政府分管教育工作的负责同志参加会议。

10. “建行杯”第三届中国“互联网+”大学生创新创业大赛湖北省复赛成功举行

2017 年 7 月 31 日，由湖北省教育厅、发改委、经信委、科技厅、人社厅、知识产权局、团省委共同主办的“建行杯”第三届中国“互联网+”大学生创新创业大赛湖北省复赛在湖北工业大学举行。省教育厅党组书记、厅长陶宏出席开幕式并讲话。省委高校工委副书记、省教育厅党组成员余学敏主持开幕式。开幕式后，陶宏同志参观了大学生创新创业成果展，观摩了创意组、成长组 3 场比赛。此届大赛自 2017 年 3 月开赛以来，师生参赛热情空前高涨。全省高校 1.2 万个项目、5 万多名大学生报名参赛，参赛项目数和参赛学生人数是上一届的 2 倍。在各高校校级初赛基础上，有 12290 个项目参加省级复赛。经过专家网络评审，共遴选出 241 个项目入围奖励，其中 91 个项目进入省级复赛现场赛。在复赛现场，由行业企业、创投风投机构、高校等领域的专家组成评委会，通过项目演示、讲解等环节，最终评出金奖 41 个、银奖 50 个、铜奖 150 个。大赛全国总决赛将于 9 月中下旬在西安电子科技大学举行，湖北省将根据大赛全国组委会分配的名额择优推荐省级金奖项目参加全国总决赛。

11. 湖北省在第三届中国“互联网+”大学生创新创业大赛中荣获佳绩

9 月 16—18 日，第三届中国“互联网+”大学生创新创业大赛总决赛在西安电子科技大学举行。此次大赛，湖北省高校共获金、银、铜奖 29 项，其中金奖 4 项，金奖总数和获奖总数均并列全国第二。湖北省教育厅荣获优秀组织奖，武汉大学、华中科技大学荣获先进集体奖。湖北省教育厅高度重视大学生创新创业教育和大赛工作，全省高校积极参与。全省高校报名项目 1.2 万个、参与学生 5 万多人，参赛项目数和参赛学生人数是上一届的 2 倍。全国大赛期间，湖北省教育厅厅长陶宏专程赴西安，慰问湖北代表团，并出席了闭幕式和“互联网+”大学生创新创业大赛高校创新创业教育成果展等活动。

12. 湖北省委高校工委、省教育厅召开全省高校 2017 年秋季学期重点工作推进会

为进一步贯彻落实中央、省委省政府近期重点工作部署，做好迎接学习宣传贯彻落实十九大的各项工作，9 月 28 日，湖北省委高校工委、省教育厅召开全省高校 2017 年秋季学期重点工作推进会。会议强调，从即刻起到 2017 年年底，是一个重要而特殊的阶段，高校是党建要地、人才高地、安全稳定重地，肩负特殊使命，也要作出特殊贡献。党的十九大召开以后，各高校要根据中央、省委的部署，学习十九大、宣传十九大、贯彻十九大、落实十九大，用党的十九大精神统一思想、武装头脑、指导实践，推动高校党的建设、思想政治工作和高等教育改革发展迈上新的台阶。会议要求，全省高校要突出五项重点工作，在五个方面创造新业绩，展现新形象。一是要履行全面从严治党主体责任；二是要坚决打赢维护高校稳定攻坚战；三是要加强改进高校思想政治工作；四是要持续推动高等教育内涵发展；五是要共同营造良好氛围和教育生态。会议还就全省高校政务值班值守、党政主要负责人外出报备、信息报送、教育宣传等工作提出了具体要求。

13. 全国民办高校党建工作推进会在湖北召开

2017 年 11 月 19 日，教育部在湖北武汉东湖学院召开全国民办高校党建工作推进会，学习贯彻落实党的十九大精神，贯彻习近平新时代中国特色社会主义思想，研究部署进一步加强民办高校党建工作的举措安排。教育部党组成员、部长助理刘大为出席会议并讲话，他强调，深入学习宣传贯彻党的十九大精神，是当前和今后一个时期民办高校的首要政治任务和头等大事。各地各民办高校党委要提高政治站位，用十九大精神统领民办高校党的建设，始终把牢正确政治方向、正确办学方向、正确服务面向，完善体制机制，延伸工作手臂，促进民办高校党的建设和思想政治工作全面提升、全面加强。要强化政治核心，扎实推进党的组织和工作覆盖，选育管并举建强党组织书记队伍，推动党的领导与民办高校法人治理有机融合。中组部组织二局、教育部发展规划司、思想政治工作司等有关负责同志，全国 31 个省（区、市）党委教育工作部门负责同志参加会议。全国民办高校党组织书记培训班 100 余名学员列席会议。

14. 黄国斌要求：贯彻党的十九大精神，做好高校后勤工作

2017 年 12 月 2 日，湖北省高校后勤管理研究会在随州举办高校后勤高层管理培训班。省教育厅副厅长黄国斌出席，要求深入学习宣传贯彻落实党的十九大精神，做好高校后勤工作。黄国斌同志结合后勤工作的实际，要求全省高校后勤战线要以新作为开创新气象；要牢记立德树人的根本宗旨；要始终坚守安全底线，把学校后勤工作领域的廉政安全、食堂食品安全、消防安全等放在突出位置；要运用新技术提升后勤服务水平；要营造有利于高校后勤发展的舆论氛围，奋力开创高校后勤工作新局面。黄国斌同志强调，目前湖北省教育厅和省食品药品监督管理局正在联合开展高校食品卫生安全专项督查工作，各高校要高度重视排查隐患，确保学校食品安全；要切实做好放假前，寒假期间、开学前三个时间节点的安全教育和后勤保障工作。省部分高校分管校长，后勤保障处处长、后勤集团书记、总经理参加了培训。

15. 徐雁冰副厅长要求 以党的十九大精神为引领加快我省应用型高校建设

12 月 7 日，湖北省应用型高校联盟 2017 年年会暨应用型人才培养工作研讨会在湖北汽车工业学院召开，省教育厅副厅长徐雁冰出席会议并讲话。在总结试点以来取得的成绩和存在的问题后，徐雁冰强调，当前，各高校要深入学习领会、贯彻落实党的十九大精神，以习近平新时代中国特色社会主义思想指导、推动应用型高校建设工作。他指出，在我省应用型高校建设中，要发挥好三个作用，一是发挥各高校的主体作用。各试点高校要认真总结转型发展的经验，学习借鉴省内外应用型高校建设好的做法，定型固化建设成果，深入推进创新发展。二是发挥应用型高校联盟的作用。进一步推进工作交流，开展应用型高校建设标准、评价标准的研究，为教育行政部门当好参谋、提供咨询。三是发挥政府在顶层设计、政策引导上的指导作用。研究制定高校分类管理差异化的支持政策，研究、改进高校评价标准和评价办法，加大力度，推进应用型高校发展，建设一流的应用型高校、一流的应用型学科专业。十堰市政府有关领导，全国应用技术大学（学院）联盟代表和湖北省应用型高校联盟 26 所成员高校的领导、职能部门负责人、相关教师及有关企业负责人参加会议。

16. 湖北省教育厅部署岁末年初重点工作 要求筑牢校园安全防线

2017 年 12 月 11 日，湖北省教育厅党组书记、厅长陶宏主持召开专题会，就岁末年初校园安全等重点工作做出部署。陶宏同志要求，要牢固树立安全发展理念，弘扬生命至上、安全第一的思想，切实强化校园安全工作责任，进一步健全校园安全体系，筑牢安全防线，确保岁末年初的各项工作结好尾，开好局。陶宏同志强调，要对照各项工作清单，逐项逐条梳理年度工作完成情况。尽快完成全省教育系统“再识教情”大调研工作，全面谋划好 2018 年各项工作，一手抓当年工作收尾，一手抓开创新局面。要扎实抓好十九大精神的学习宣传贯彻，以习近平新时代中国特色社会主义思想为指引，系统谋划好各个方面的工作。

17. 湖北省教育厅组织召开 2017 年湖北省本科高校大学生创业示范基地建设推进会

为贯彻落实十九大精神，深化推进湖北省大学生创业示范基地建设，服务创新创业人才培养，助力新时代发展战略，12 月 8 日上午，湖北省教育厅组织召开“2017 年湖北省本科高校大学生创业示范基地建设推进会”。省教育厅副厅长张金元出席会议并讲话。湖北省 68 所本科高校领导、职能部门负责人参加会议。张金元同志强调，党中央、国务院高度重视创新创业工作，对大学生创新创业尤为关注，寄予厚望。各高校要深入学习贯彻十九大精神，进一步增强在中国特色社会主义进入新时代、我国社会主要矛盾已经转化背景下推进创业基地建设、抓好大学生创新创业工作的使命感和责任感。要进一步提高对创新创业工作的认识，进一步抓好基地建设，进一步加强体制机制建设，进一步加强专业指导，进一步加强经验推广，形成可学习、可复制、可借鉴的模式和做法，努力推进我省大学生创业示范基地建设和创新创业工作取得新成效。会上，印发了《湖北省大学生创业示范基地建设发展情况报告》《2017 年“长江学子”创新创业事迹》《湖北省大学生创新创业典型选粹》《示范基地建设特色亮点》等材料。

18. 徐雁冰副厅长要求学习领会习近平关于教育的重要论述，推进民办高校健康发展

2017 年 12 月 15 日，湖北省民办高等学校联盟第一届年会暨湖北省民办普通本科高校第八届教学协作会年会在武汉生物工程学院召开，省教育厅副厅长徐雁冰出席会议并讲话。徐雁冰指出，当前，全国上下都在深入学习宣传贯彻落实党的十九大精神，各民办高校要以习近平新时代中国特色社会主义思想为指导，学习领会习近平关于教育的重要论述的深刻内涵，进一步增强建设民办高等教育强省的自觉性、主动性。习近平总书记在治国理政过程中，高度重视教育在社会主义现代化建设中的地位和作用。党的十八大以来，他在各种会议上和考察学校时，对教育工作发表了一系列重要讲话，深刻论述了新时期我国教育改革和发展的重大理论问题和实践问题。深入学习和研究习近平关于教育的重要论述，对于促进民办高等教育发展，具有十分重要的理论意义与实践意义。徐雁冰要求，联盟及各民办高校要充分发挥民办教育体制机制的作用，在民办高校分类管理、分类发展上进一步统一思想，形成共识；进一步聚焦民办高校内涵发展、特色发展，加强应用型高校建设；进一步加大投入，着力改善办学条件，坚持质量立校。进一步优化联盟组织结构，团结各民办高校，加强民办高等教育的理论研究与实践探索。湖北省教育厅发展规划处、高教处负责人和全省各民办高校负责人及相关职能部门负责人参加了会议。

（齐志坚，湖北经济学院马克思主义学院副教授）

附录

大学生党建工作问题调查问卷

为了加强提高全省高校大学生党建工作在人才培养中的贡献度，为社会主义建设和党培养出更多优秀合格的人才，改革调整目前大学生党建工作存在的问题，湖北省大学生思想政治评价中心以问卷形式组织了此次问卷调查。此次调研的结果仅作为研究之用，问卷为匿名填写，我们对问卷中可能涉及的个人信息将严格保密。谢谢！

如果没有特别说明，问卷默认为单项选择，请在（　　）内填上相应的数字。

一、基本情况（了解被调查者的基本身份信息）

1. 您的性别？（　　）

①男　　②女

2. 您现在的政治身份是？（　　）

①中共党员　　②中共预备党员

③入党积极分子　　④群众

二、对党和高校党建工作的总体认识及评价（了解被调查者对党和党建工作的基本认识）

3. 您认为身边的大学生党员整体形象如何？（　　）

①很好，在同学中很多地方起到了模范带头作用

②比普通同学积极一点，政治觉悟高一点

③一般，没什么感觉

④不怎么样

4. 您认为一名优秀的党员应该具备哪些条件？（可多选）（　　）

①全心全意为人民服务

②高尚的道德情操

③艰苦奋斗的精神

④能自重、自省、自警、自励

⑤必要时刻懂得个人利益服从集体利益
⑥学习成绩优秀
⑦人际关系良好
⑧经常关心时事政策，了解国内、国际形势
您最看重哪一点：（　　）

5. 根据重要程度，您认为党员考察的主要指标应该是？（限选三项）（　　）

①入党动机　　②道德品质
③理论素养　　④专业成绩
⑤群众基础　　⑥社会实践能力
⑦其他

6. 您认为高校在加强大学生思想政治教育上的形式多吗，您的态度如何？（　　）

①泛滥，很反感　　②比较多，很有收获
③适当减少，注重效果　　④形式不多，没感觉

7. 您认为高校如何提高学生党员的思想政治理论水平？（可多选）（　　）

①以学习党的历史、文件和领袖著作为主，提高入党积极分子的理论水平
②以调查研究、参观访问为主，在实践中提高入党积极分子的觉悟
③以交流心得体会为主，引起入党积极分子要求入党的思想共鸣
④以加强专业学习和本职工作为主，提高入党积极分子在工作、学习中的能力，在群众中起到模范带头作用
⑤以观看专家、领导专题报告会和优秀影视作品为主，用权威的报告、生动的作品引导入党积极分子
⑥以组织开展为人民服务的具体活动为主，加强入党积极分子的党性修养锻炼
⑦其他行之有效的方式

8. 您认为在大学生群体中发展党员工作存在的问题和困难主要是？（　　）

①入党积极性不高、吸引力不强
②入党程序手续复杂
③学生在校时间短

④团组织的“推优”工作与党组织的工作衔接不好
⑤申请入党的学生太多，党务部门和基层党组织人手不足
⑥教育引导缺乏针对性和实效性

9. 您认为在大学生群体中发展党员工作最需要从哪些方面改进？(　　)
①选好培养对象　②加强培养联系
③改进培养方式　④改进党支部设置形式
⑤发挥“双高”党员的影响　⑥完善培养制度

10. 您认为党员发展工作中质量与数量的关系应当是？(　　)
①保证质量的前提下扩大数量　②只要质量不要数量
③只要数量不要质量　④在扩大数量的前提下保证质量

11. 您对所在学校学生党员发展工作中的态度？(　　)
①坚持标准，公平公开公正，严格按照程序
②特色鲜明，管理规范
③民主渠道不够畅通
④存在照顾关系、走后门的歪风邪气

12. 您认为学生党员发展工作出现问题的关键原因是？(　　)
①发展党员的数量与质量不和谐
②思想政治教育深入不够
③党员发展制度虽齐全，但落实不到位
④学生党员发展的评价体系有待完善

13. 您认为党员考核体系应该包括哪些方面？(可多选)(　　)
①政治素质考核　②学习成绩考核
③群众基础考核　④实践活动考核
⑤思想觉悟考核　⑥其他

14. 您认为学校党的制度建设情况如何？(　　)
①制度健全，并能严格地贯彻执行
②虽然制定了制度，但得不到很好的贯彻执行
③建立了一些制度，但具体的规定大家不甚清楚
④根本没有制定、建立任何制度
⑤对制度建设不太了解

15. 您认为大学生党建工作对大学生成才的贡献大吗？(　　)
①很重要　②作用不大
③起了一点作用　④不起作用

三、当前大学生党建工作调查（16～31 题党员、入党积极分子完成，第 32～37 题非党员完成）

16. 您的入党动机是？（可多选）（　　）

①信仰型，相信共产主义理想、马列主义理论

②被迫型，家人再三要求

③盲目型，跟风入党

④被动型，不小心就被党组织发展了

⑤功利型，为了将来好就业

⑥投机型

17. 决定入党前您在思想上对党的认识如何？（　　）

①很清晰，知道自己为什么入党，思想能达到一定的境界

②比较模糊，并不是非常清楚思想要达到一个怎样的境界

③完全没认识

18. 您是在何时入党的？（　　）

①大学前　　②大一

③大二　　④大三　　⑤大四

19. 入党前学校在哪些方面使您对党的思想政治理论认识有提高？（可多选）（　　）

①党课、政治理论课、形势政策课等学校教育

②身边亲人党员的言传身教

③辅导员、班主任及身边党员同学的介绍

④各种形式的政治学习和活动宣传

列出您认为比上述更好的形式和途径：________

20. 您认为大学思想政治教育工作在您成为党员的道路上发挥了多大作用？（　　）

①各种思想政治教育基本流于形式

②各种思想政治教育工作卓有成效

③各种思想政治教育工作有所成效，但效果不大

如果您认为效果不好，列出您认为好的方式：________

21. 您认为入党的先决条件是？（　　）

①思想觉悟高　　②领导能力强，责任心强

③学习成绩优异　　④群众基础好

22. 您对学校开展党校培训等形式的党前思想政治教育有何看法？（　　）

①很有帮助，通过老师的讲解，我学到了很多党的基本理论知识
②效果较好，通过老师的引导，我算是有了些入门知识
③效果一般，很多老师的讲授不够生动，比较枯燥
④没有效果，我基本上靠自学

23. 入党时写思想政治汇报，您认为这对自己思想政治教育的认识提高帮助大吗？(　　)
①很有帮助，思想认识提高很快
②效果较好，还是认真反思了自己的不足，有利于自己的成长
③效果一般，基本上没什么反省
④没有效果，在网上抄的
您认为何种方式对自己思想认识的提高会促动大：________

24. 您认为在学生党建工作中大学生党员应该处于什么地位？(　　)
①被动接受　　②主动参与
③自主管理　　④把组织管理与学生的自我管理相结合

25. 您认为您所在支部的组织生活是一种怎样的状况？(　　)
①活泼且有教育性和政治性
②活泼但欠教育性和政治性
③有时活泼有时严肃，有教育性和政治性
④有时活泼有时严肃，但欠缺教育性和政治性
⑤单调严肃，调动不起积极性，但有教育性和政治性
⑥单调严肃，调动不起积极性，没有教育性和政治性
您认为如何改善：________

26. 您对所在支部的组织生活和实践活动态度？(　　)
①这是党员的责任和义务，很高兴参加
②没什么价值和意义，可有可无
③不调愿意参加，但没有办法必须参加
您希望的支部活动是：________

27. 您认为您所在支部目前存在的问题？(可多选)(　　)
①执委会领导不力　　②党员教育管理不严
③党内生活制度坚持得不好　　④凝聚力战略斗力不强
⑤党员发展工作薄弱

28. 您在什么时候才想到自己是党员？(　　)
①交纳党费的时候　　②参加党组织生活的时候

③在任何时候　　　　　　　　④很少意识到自己是党员

29. 您认为哪些措施有利于进一步做好大学生的党员发展工作？（可多选）（　　）

①严格把关，认真履行发展程序，保证党员发展质量

②加强校、院两级党校建设，完善学生入党积极分子培训体系

③壮大党建工作队伍

④优化基层党组织设置

⑤搭建网络工作平台

30. 您所在支部书记官僚作风严重吗？（　　）

①严重，从不深入学生入党实际

②还好，平易近人

③非常好，工作细致与学生打成一片

31. 您认为党组织在扩大党内民主、保障党员民主权利方面最需要加强的是？（　　）

①推行党务、政务公开，对于涉及党员政治、经济权利的事务，决策前必须广泛听取党员意见

②党组织会议内容应及时通过组织渠道告知党员

③党组织应主动了解党员的思想动态，尊重并满足党员的正当合理需求

32. 您不想入党的原因是？（可多选）（　　）

①党员贪污腐败现象严重，影响党的形象

②党的威信下降，党员形象不佳

③自我觉得未达到入党条件

④更想加入民主党派

⑤党的宗旨不符合个人信仰

⑥觉得入党没什么用，与个人成才，生活美好没什么直接联系

⑦其他

33. 您认为身边党员的入党动机是？（可多选）（　　）

①周围的同学都入党，随大流

②更好地发挥自己的社会作用

③为了全心全意为人民服务

④为了今后的工作学习

⑤党员光荣，在亲戚朋友面前也好看

⑥想入党整治党内的歪风邪气

⑦遵照父母的意愿

⑧其他

34. 您认为身边的党员在校风、学风等各方面发挥了先锋模范带头作用？（　　）

①很好地发挥了模范带头作用

②发挥了一定作用

③发挥了作用，但不明显

④根本没有发挥作用

35. 您觉得您身边的大学生党员信仰共产主义吗？（　　）

①坚信　　②不是很确定，应该信吧

③不清楚他们的想法　　④看上去不信

⑤因人而异

36. 您身边大学生党员的整体素质对您入党是否有影响？（　　）

①有，他们让我更加向往中国共产党

②有，他们让我对中国共产党有点失望

③毫无影响，入党一直是我的追求

④毫无影响，我对入党不感兴趣

⑤说不清楚

37. 您认为现在的学生党员在思想上存在哪些不足？（可多选）（　　）

①不关心时事政策，大局和全局意识有所缺乏

②学习成绩尚可，但综合素质不够

③政治理论知识缺乏，政策素养偏低

④追逐个人名利，只注重个人发展

⑤以自我为中心，缺乏奉献意识

⑥其他

38. 您认为身边的大学生入党前后有无变化？（　　）

①能在各个方面很好地起到带头作用

②入党后放松了对自己的要求

③感觉没有任何变化

④似乎有优越感，看不起别人

39. 学生党员发展管理过程中支部领导和学生党员干部是否有作风不正现象？（　　）

①有　　　　　　　　②没有

40. 你认为应该如何对大学生党员的作风进行有效监管？（　　）

①学生监督　　　　　　②辅导员管理

③建立机制　　　　　　④不清楚

41. 您认为当前大学党建存在的最突出问题是？（　　）

①缺乏监督机制，制度不完善

②理想信念教育不到位，大学生党员思想不过硬

③党风问题影响到学风校风

④组织管理差，重发展轻管理

非常感谢您在百忙之中对本问卷的耐心回答！

后　记

为贯彻落实《关于进一步加强和改进新形势下高校宣传思想工作的意见》的主旨以及习近平新时代中国特色社会主义新思想的重要精神，对一省大学生思想政治教育发展状况的了解和研究必不可少。本书通过五大部分力图展示湖北省高校思想政治教育工作在2017年度的新进展、新变化和新思路，在此基础上，对湖北省内各高校的思政工作从总体上进行科学评价，以此建立一个不同层次高校之间以及同一层次高校之间的交流平台，为下一年的工作提供借鉴和支持。

专题研究部分选定一些重要主题对过去省内高校思政工作进行描述和挖掘，反映大学生思想政治教育在这些方面的基本数据、工作的基本情况、重要举措和特色亮点等，从而总结经验，发现不足，成为湖北省高校思政工作的交流平台、数据中心和风采窗口。具体而言，此部分对湖北省校园文化建设和党建工作进行了深度调查和剖析。分析结果表明，在校园文化方面，湖北各高校现在已经形成一批校园文化建设品牌，道德模范形象、志愿者精神、理论提升平台等各个方面亦日益展现出新的亮点和特色。另外，各高校加强学校科学道德和校风学风建设，注重结合传统节庆日、重大事件和开学典礼、毕业典礼等开展主题教育活动；立足学生学习生活实际，开展学生宿舍及生活园区文化活动。在党建工作方面，高校大学生党建工作的各方面教育状况对人才培养的贡献度较大，高校大学生党建工作的教育方式方法得当，有效地促进了社会主义核心价值观的“三进”工作，从而为国家社会培养出更多爱党爱国、政治立场坚定、专业素质优秀的党和国家事业合格的接班人。

深度调查部分则是反映十八大以来高校思想政治教育工作成效的重要支点，这一部分将对大学生的政治认同和政治心理进行实证调查，以此检验大学生思想政治教育工作的有效性，并且对大学生政治认同和政治心理方面的突出问题进行分析，提出治理这些突出问题的思路和对策。

科学评价部分是对湖北省大学生思想政治教育发展状况的总体反映，同时对一个重要的项目——辅导员专项奖励项目的绩效进行了评价。在所调查的百余所高校当中，教学管理方面，各高校组织领导较为有力，均成立了大学生思想政治教育工作校级领导机构，把思想政治理论课列入了学校事业发展规划，能够切实落实思想政治教育工作各项政策和措施。在队伍建设方面，多数高校马克思主义学院的师资力量达到了全校的平均水平。在学科建设方面，马克思主义理论学科在近年来均有了长足的发展，部分高校在精品课程设置、科学研究等方面均高于全校平均水平，开展思想政治理论课教学改革与创新取得显著成果。在专项评价方面，2016 年度辅导员专项奖励经费资金管理规范，各项工作均按计划完成，社会效益较好，项目产出成本可控，产出数量、产出时效、产出质量指标均达到绩效目标，服务对象总体满意，辅导员工作积极性和稳定性均得到提升，项目可持续性强。

特点关注部分意在通过对湖北省内某一高校思想政治教育工作的全面调查，反映十八届三中全会以来高校思政工作的基本状况以及所面临的问题、挑战和应对策略。调查结果表明，大学生信仰与价值观状况整体良好，思想政治教育教学效果整体令人满意。然而在全球化浪潮席卷世界各个角落，大学生价值取向多元化的新形势下，也存在一些问题，包括大学生信仰与价值观存在一定程度偏失，思政课教学仍然有些亟待解决的问题，课堂外思想政治教育工作仍需提高等。要改善这些问题，需要以习近平新时代中国特色社会主义思想为指导，不断改革思政工作领导体制、运行机制，提升教育者素质，改善网络思想政治教育状况等方面着手加强高校思想政治教育工作，从而使高校成为推进马克思主义中国化时代化大众化的重要阵地，为祖国培养合格的社会主义事业接班人。